U0262913

自动驾驶汽车位姿估计与组合导航

熊　璐　夏　新　余卓平　陆逸适　高乐天　著

科学出版社

北　京

内 容 简 介

本书系统地介绍了基于全球导航卫星系统与里程计类系统的自动驾驶汽车位姿估计与组合导航方法，包括自动驾驶汽车多源异构传感系统时空对准方法，GNSS 信号不良时融合车辆动力学、多轴 IMU 与视觉信息对车辆姿态与速度进行估计的方法，GNSS 信号良好时基于 GNSS/INS 信息融合的车辆姿态、速度和位置估计方法，GNSS 信号失效时基于视觉信息、轮速、单轴陀螺仪以及车道线地图的位置估计方法，并详细介绍了算法原理、设计过程和实验验证效果。

本书可供企业、科研机构和高等院校中从事自动驾驶汽车技术开发的工程技术人员参考，也可作为车辆工程、自动控制专业研究生和高年级本科生的教材。

图书在版编目(CIP)数据

自动驾驶汽车位姿估计与组合导航 ／熊璐等著. —北京：科学出版社，2022.3

ISBN 978-7-03-069891-9

Ⅰ．①自… Ⅱ．①熊… Ⅲ．①汽车驾驶－自动驾驶系统－高等学校－教材 Ⅳ．①U463.61

中国版本图书馆 CIP 数据核字（2021）第 195138 号

责任编辑：梁广平／责任校对：任苗苗
责任印制：吴兆东／封面设计：陈 敬

科 学 出 版 社 出版
北京东黄城根北街 16 号
邮政编码：100717
http://www.sciencep.com

北京中石油彩色印刷有限责任公司 印刷
科学出版社发行 各地新华书店经销

*

2022 年 3 月第 一 版 开本：720×1000 1/16
2022 年 3 月第一次印刷 印张：15
字数：290 000

定价：118.00 元
（如有印装质量问题，我社负责调换）

前　　言

自动驾驶技术是当前汽车技术领域研发的焦点。自动驾驶的关键技术包括环境感知、导航定位、智能决策、运动规划、运动控制等，其中的高精度导航定位技术是主要技术瓶颈之一。2020 年 8 月，中国科学技术协会发布了 2020 重大科学问题和工程技术难题，将无人车如何实现在卫星不可用条件下的高精度智能导航列为十大工程技术难题之一，这也是本书研究和探讨的内容。

自动驾驶汽车的导航定位技术主要分为两类：第一类是基于全球导航卫星系统(GNSS)与里程计类系统(如惯性导航系统)融合的定位方法；第二类是基于车载的视觉、激光等主被动环境感知传感器的即时定位与建图(SLAM)方法。两类方法均存在一定的局限性，难以覆盖复杂场景，实际应用中需融合两类方法。本书主要探讨第一类方法，同时将车辆动力学与相机信息引入里程计类方法中，提升在 GNSS 短时缺失时的位姿估计效果。过往关于位姿估计和组合导航的著述，内容大都集中在测绘学科下的惯性导航以及机器人学科的室内导航，缺少面向室外自动驾驶汽车的位姿估计与组合导航技术领域的专著。作者基于多项国家级、省部级和校企合作项目，在自动驾驶汽车位姿估计与组合导航领域开展了大量理论研究与实践，总结经验后形成本书，对自动驾驶汽车位姿估计与组合导航的研究具有重要的学术与工程应用价值。

本书第 1 章为绪论，介绍自动驾驶汽车位姿估计与组合导航的发展现状，提出基于自动驾驶汽车多源异构传感单元的位姿估计与组合导航系统架构。第 2 章介绍基于硬件和车辆动力学辅助的融合算法中两类多源传感系统的时间与空间同步方法，针对航向角安装误差的能观性时变问题，基于分段线性连续系统对时变能观性进行分析，在变加速运动工况下，该角度可以被准确估计。第 3 章介绍自主式车辆位姿估计技术，针对基于惯性测量单元(IMU)积分方法的累积误差问题，融合车辆动力学、多轴 IMU 和视觉信息等无累积误差测量在 GNSS 信号异常的条件下对车身姿态、速度和位置进行了准确估计。第 4 章在直接状态法和误差状态法的 GNSS/IMU 松耦合组合架构下，针对 GNSS 信号低频以及延迟等问题，提出基于估计-预测和稳健回归的升频方法对车身姿态、速度和位置进行准确的估计。在撰写第 2 ~ 4 章内容时，首先用少量篇幅概述该内容的研究现状与基本原理，然后基于多源传感系统的特点和问题，结合作者团队的研究经验，详细地介绍位姿估计系统的设计过程，并给出实验的验证效果。

　　本书所述的研究得到了国家 973 计划(2011CB711200)、国家重点研发计划(2016YFB0100901、2018YFB0105101)和国家自然科学基金(51975414)的资助。感谢同济大学新能源汽车工程中心智能汽车研究所学生朱佳琪、王添、宋舜辉、陈梦源、沈翔翔、朱周麟、何子航和谢智龙等的协助。感谢科学出版社的大力支持。

　　由于作者水平所限，书中难免有疏漏之处，欢迎读者提出宝贵意见。

作　者

2020 年 9 月

目　　录

第1章 绪　　论

1.1　背　　景

　　智能化是汽车技术发展的趋势，智能汽车技术已成为整车企业乃至信息技术(IT)企业的竞争焦点。2020 年 2 月 24 日国家发展改革委等 11 部委联合印发《智能汽车创新发展战略》，明确指出"智能汽车已成为全球汽车产业发展的战略方向"，需要加快推进智能汽车创新发展。高精度导航定位技术是自动驾驶汽车的关键技术之一，《智能汽车创新发展战略》将多源传感信息融合感知和高精度时空基准服务列为要突破的关键基础技术，中国科学技术协会将无人车如何实现在卫星不可用条件下的高精度智能导航列为 2020 重大科学问题和工程技术难题之一。

　　准确的位姿和导航信息包括车辆的位置、速度与姿态。这些位姿和导航信息对于自动驾驶的实现至关重要(位置信息包含经度、纬度和高度，速度信息包括纵向速度、侧向速度和垂向速度，姿态信息包含侧倾角、俯仰角和航向角)。决策控制功能需根据车辆的导航信息和参考信息计算控制输入，精确的导航信息是保证控制精度的必要条件。车辆导航信息为环境感知的诸多模块提供支持，准确的车身姿态可辅助视觉和雷达等传感系统的识别算法。低成本、实时可靠的车辆导航信息估计技术是自动驾驶汽车研发中的核心技术。

　　自动驾驶汽车配备的多源异构传感系统(图 1.1)通常包括底盘标配的轮速传感器、方向盘转角传感器、多轴惯性测量单元(inertial measurement unit，IMU)、全球导航卫星系统(global navigation satellite system，GNSS)接收机、相机、激光雷达和磁力计等。多源异构传感系统中单一传感器无法完全满足车辆的位姿测量要求。基于多源信息融合的位姿估计与组合导航技术是获取准确的车辆导航信息的重要方法。本书将重点关注多源传感信息的时序混杂问题，并通过融入车辆动力学信息辅助 GNSS、IMU 和相机等运动学传感器，实现自动驾驶汽车位姿和导航信息的准确估计。

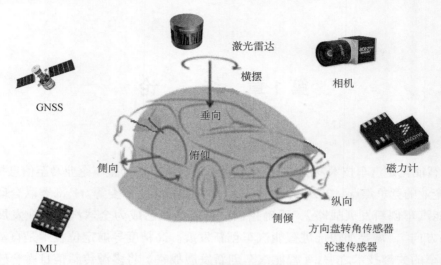

图 1.1　多源异构传感系统配置

1.2　自动驾驶汽车位姿估计与组合导航发展现状

基于自动驾驶汽车的多源异构传感系统, 国内外学者针对车辆位姿估计问题展开了大量研究。单一信息源无法提供低成本和实时可靠的位姿信息, 大多数学者通过多源异构信息融合来估计车辆位姿与导航信息。这些信息通常包括车辆姿态、速度和位置。本节首先介绍自动驾驶汽车中常用传感器的基本功能, 然后分别介绍姿态估计、速度估计和位置估计技术的发展现状。

1.2.1　自动驾驶汽车中常用传感器

自动驾驶汽车搭载了丰富的运动传感测量单元, 包括传统汽车的车载传感器(方向盘转角传感器、轮速传感器)、多轴 IMU、GNSS 接收机、相机、磁力计、激光雷达和拉压力传感器等。基于这些传感器, 即可设计融合组合导航算法以对车辆位姿进行估计。本节重点简要介绍这些传感器的基本功能, 以增强读者关于自动驾驶汽车上搭载的常用传感器的认知。对传感器相关原理感兴趣的读者可参考相关专业文献。

1. 车载传感器

近年来, 车辆电子控制技术如电子稳定系统(electronic stability program, ESP)被广泛应用, 一些必备的传感器如方向盘转角传感器、轮速传感器、纵向/侧向加速度传感器和横摆角速度传感器成为大多数车型的标配[1]。部分传感器示意图如

图 1.2 所示。这些传感器可测量车辆部分运动参数。

(a)方向盘转角传感器　　　　(b)车载IMU　　　　(c)轮速传感器

图 1.2　车载传感器示意图

方向盘转角传感器可对驾驶员操纵方向盘转动的角度进行测量;轮速传感器可对车轮转动的角速度进行测量;纵向/侧向加速度传感器和横摆角速度传感器一般集成于三轴 IMU 中,并安装于车辆质心附近,对车身的纵向(车辆前进方向)和侧向(横向)的加速度进行测量;横摆角速度传感器可测量车辆水平旋转的角速度。

2. 多轴 IMU

传统非自动驾驶汽车的车载传感器一般已搭载有三轴 IMU。在自动驾驶汽车中,为了应对更加复杂的工况和环境,六轴 IMU 被大量采用。相较于三轴 IMU,六轴 IMU 增加了车身俯仰角速度、侧倾角速度和垂向加速度传感器,即可测量车身的三轴转动的角速度与三轴平动的加速度,采用六轴 IMU 可以结合外界辅助的信息源来设计融合算法对车身的三维姿态、三维速度和三维位置进行更好的估计[2,3]。由于微机电系统(micro-electro-mechanical system, MEMS)近年来快速发展,MEMS 类型的 IMU 已经在成本和性能上同时具备较大的优势,在自动驾驶系统开发中被大量采用[4]。本研究采用了 Analog Devices 公司的一款 MEMS IMU,型号为 ADIS16495,如图 1.3 所示。

图 1.3　六轴 IMU 示意图

3. GNSS 接收机

由 GNSS 发出的卫星信号,如中国的北斗导航卫星系统、美国的全球定位系统(global positioning system, GPS)、欧洲的伽利略导航卫星系统和俄罗斯的全球导航卫星系统(GLONASS)发出的卫星信号,在车端由卫星信号接收天线接收后发送至 GNSS 接收机解算得到卫星天线处的位置和速度[3]。本研究采用的卫星信号接收天线和 GNSS 接收机如图 1.4 所示,GNSS 接收机型号为 NovAtel OEM718D。

(a)卫星信号接收天线　　　　　　(b)GNSS 接收机

图 1.4　卫星信号接收天线和 GNSS 接收机

4. 相机

常用于位姿估计的相机有单目相机和双目立体相机。视觉相机可将三维世界中的物体拍摄并映射到二维像素图像平面上，基于相机模型，算法可根据捕捉到的二维像素图像设计物体识别算法或者里程计对车辆的位姿进行估计[5]。本研究选用了 Mobileye 公司的一款 630 智能相机，如图 1.5 所示。该智能相机内置算法可输出车辆前方预瞄点与车道线间距离，该距离可用于车辆的位姿估计。

图 1.5　Mobileye 公司的 630 智能相机

5. 激光雷达

激光雷达通过一组激光发射器主动发射并接收反射的激光计算发射器与物体间的距离和激光的反射强度。随着车辆位姿的改变，该测量距离也相应发生改变，基于该距离即可设计里程计算法解算当前车辆的位姿[6]。常用的旋转式激光雷达如图 1.6 所示。

图 1.6　速腾聚创 16 线激光雷达

6. 磁力计

类似于加速度传感器可测量地球重力加速度矢量，磁力计可对地球磁场矢量进行测量。当车辆的姿态发生改变时，地球磁场投影在磁力计三轴上的分量也相应发生改变，基于磁力计三轴测得的磁场分量即可计算车辆相对于地磁场的位姿[7]。磁力计如图 1.7 所示。

图 1.7　磁力计示意图

7. 拉压力传感器

自动驾驶汽车的线控系统也可提供传感信息，如线控转向系统可提供轮边的回正力矩信息或者转向横拉杆处拉压力信息。本研究中将拉压力传感器安装至转向横拉杆处，以测量横拉杆处拉压力信息，进一步可测量轮边回正力矩信息，该信息将被用于车辆的侧向速度估计。拉压力传感器如图 1.8 所示，型号为 Kistler 9321B。

图 1.8　Kistler 9321B 拉压力传感器

1.2.2　姿态估计

车辆的姿态估计是指通过融合算法处理多源传感器信号，计算出车辆的姿态。车辆的姿态一般指车身坐标系相对于导航坐标系或者世界坐标系的姿态。以车身坐标系相对于导航坐标系为例说明，两个坐标系的相对关系如图 1.9 所示。车身坐标系以车身前进方向为 x 轴，横向向左为 y 轴，垂直 x 和 y 轴形成的平面向上为 z 轴，坐标系三轴标记为 x_b-y_b-z_b，坐标轴下标为 b；导航坐标系以当地位置东向为 x 轴，北向为 y 轴，天向为 z 轴，坐标系三轴标记为 x_n-y_n-z_n，坐标轴下标为 n。车身坐标系与导航坐标系的相对角度即为车身姿态角，分别为绕 z 轴的航向角 φ，绕 y 轴的俯仰角 θ，绕 x 轴的侧倾角 ϕ。由此可以看出，这里定义的车身姿态角是绝对姿态，实际包含了两个部分，即悬架变化导致的车身相对于车辆底盘的姿态和当前道路的坡度。

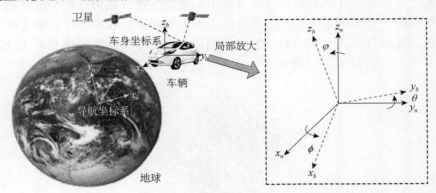

图 1.9　车身坐标系 b 和导航坐标系 n 关系示意图

下面将根据传感器配置的不同从四个方面介绍姿态估计研究进展。

1. 基于角速度与加速度传感器的估计

通常，姿态角的表示方法有三种：欧拉角法、直接方向余弦法和四元数法。它们之间可以互相转化，在实际应用中应根据表达形式的便捷性加以选择。以欧拉角法为例，最直接获取姿态角的方法是对从 IMU 获取的三轴角速度积分得到的。然而 MEMS IMU 中陀螺仪包含非正交误差、非线性度误差、轴间耦合误差、温度漂移和不稳定零偏误差等[3]，即使经过出厂的校准，不稳定零偏误差仍然具有一定的随机性，不可被忽略；对角速度长时间积分将导致较大的姿态角误差。为了解决角速度零偏时变问题，迈阿密大学的 Wang[8]发现角速度零偏与角加速度直接相关，通过估计角加速度对角速度进行在线补偿后，姿态角的估计精度可以显著提升。尽管如此，经过一段时间，由于估计误差，姿态角仍然存在一定估计误差。

因此，在进行姿态估计时，一般将角速度传感器与其他可获取姿态且无累积误差的传感器一同使用。IMU 中的加速度传感器就是一种可辅助角速度传感器进行姿态估计的信息源，加速度传感器可测量重力矢量，根据三轴测得的加速度分量即可计算车身的姿态。从加速度传感器中获取姿态后，即可通过算法与从角速度积分获取的姿态信息进行融合，从而获取更加准确的姿态。

除了重力加速度外，车辆运动导致的加速度同样可被加速度传感器测量，这为使用加速度传感器带来了挑战[9]。有学者试图将车辆运动的加速度建模为一阶马尔可夫过程，首先根据加速度测量信号使用卡尔曼滤波(Kalman filter, KF)算法对车辆运动的加速度进行估计，将加速度传感器中测得的总加速度除去估计得到的运动加速度，余下部分即可用于姿态角估计，然后通过卡尔曼滤波算法对从角速度积分得到的姿态角与加速度传感器中估计得到的姿态角进行融合以获取准确的姿态角[9]。为了进一步提升利用一阶马尔可夫模型对外界加速度估计的精度，有学者提出利用阈值法进一步根据加速度传感器测量值来调节马尔可夫模型的参数，与调节卡尔曼滤波测量协方差矩阵的权值一同实现更优的根据加速度传感器估计姿态角的性能[10,11]。随着人工智能技术的发展，柏林工业大学的 Weber 等[12]试图训练递归神经网络来直接获取从加速度和角速度到姿态角的端到端估计。这种方法较依赖训练数据，当实际工况超出了训练数据集时，算法的估计精度难以得到保障。

2. 基于角速度、加速度与磁力计的估计

前面已经提到，除了加速度传感器外，三轴磁力计同样可用于车身姿态的测量。根据三轴磁力计测得的地磁场，可直接计算车身姿态角。因此，在加速度和角速度传感器的基础上，有学者融入磁力计信息以对车身姿态进行估计。

北京理工大学的 Deng 等[13]基于反向传播(back propagation，BP)神经网络利用磁力计建立了角速度传感器的姿态误差模型，然后基于该模型补偿基于角速度积分得到的姿态角中包含的误差。清华大学的 Zhu 等[14]将重力加速度和磁场在加速度和磁场的三轴上的投影作为状态变量，通过递推卡尔曼滤波算法估计这些分量，然后基于这些分量解算出车身姿态角。在实际使用过程中，车内环境磁场较复杂，磁力计周围的磁场可能会发生改变，为磁力计测量地球磁场带来扰动。为了解决这个问题，北京科技大学的 Shi 等[15]根据磁场和加速度与角速度的相关性定义了一个系数，该系数可反映磁力计和加速度传感器受干扰程度，基于该系数调整由磁力计与加速度传感器得到的姿态角在卡尔曼滤波测量更新中所占的权重，以实现对外来干扰的剔除。增加了磁力计后，处理加速度传感器中运动部分导致的姿态测量误差方法也变得更加丰富，因为即使当运动加速度较大时，仍可通过磁力计估计姿态角对卡尔曼滤波进行测量更新。在文献[16]中，卡尔曼滤波测量协方差矩阵中加速度传感器部分的协方差值被设置成与运动加速度大小相关，当加速度较大时，协方差值被增大以削弱带误差的测量对卡尔曼滤波时间更新的影响。利用类似的思想，基于直接状态反馈的姿态观测器被设计来融合加速度传感器和磁力计以估计姿态角[17]。除此之外，为了融合加速度传感器和磁力计，角速度的变化频率也作为一个指标来驱动模糊逻辑融合由加速度传感器和磁力计中获取的姿态角，基于融合后的姿态角更新卡尔曼滤波的测量部分[18]。磁力计与加速度传感器在一定程度上具备冗余特性，可以提升姿态估计系统的鲁棒性。

有了更加丰富的信息源，伊朗科技大学的 Fazelinia 等[19]尝试对角速度的零偏进行估计以提高卡尔曼滤波中时间更新的精度，从而提高整体的姿态估计精度。

3. 基于 IMU 和车载传感器的估计

除了磁力计外，一些车载传感器也可用于补偿加速度传感器中测量的运动加速度部分，在文献[20]和文献[21]中，在一般工况下，基于车辆动力学模型（vehicle dynamic model，VDM）设计观测器来对车辆运动的加速度进行估计，然后将该部分加速度从加速度传感器测量值中去除，剩下的加速度即为由车身姿态变化导致的，可用于解算车身的俯仰角和侧倾角，然后用于修正角速度积分方法中的累积误差。在一般工况下，这类方法通常不受磁场变化和车辆运动加速度的影响，比磁力计和使用马尔可夫模型估计运动加速度具有更好的可靠性，可以作为 3.1.2 节和 3.1.3 节中方法的重要补充，从而使得估计算法能够适应更多工况。详细内容将在第 3 章中介绍。

4. 基于 IMU 与 GNSS 组合的估计

除了从加速度传感器或者磁力计等类似的传感器中直接获取姿态角测量值外，还可通过 IMU 积分建立一个惯性导航系统(inertial navigation system，INS)得到姿态、速度和位置。当存在姿态角误差时，该误差将被传递至速度误差和位置误差，也就是说从姿态误差到速度误差和位置误差存在一个映射，当速度误差或者位置误差可以测量时，即可对 INS 的姿态误差进行观测[3]。基于这个基本原理，将 INS 的位置和速度与 GNSS 输出的位置和速度进行组合得到 INS 速度误差和位置误差的测量值。基于 INS 中的姿态误差、速度误差和位置误差间的耦合关系模型，从测量的速度和位置误差中间接估计 INS 的姿态误差，进而修正 INS 以从 INS 中获取准确的姿态角估计[22-25]。此类方法的详细内容将在第 4 章中介绍。

1.2.3 速度估计

车辆的速度估计是指通过多源信息融合算法处理来自不同的传感器的信息源，对车辆在某个坐标系下的速度进行估计。对于自动驾驶汽车而言，车辆速度一般是指车辆在车身坐标系或者导航坐标系的速度。在获取准确的姿态角估计结果后，车辆在两个坐标系下的速度便可以相互转化。在姿态角估计发展现状中可以了解到，大多数算法多依赖于车辆的空间运动学模型，并未涉及车辆的轮胎和整车动力学模型，这是因为，车身旋转运动的动力学模型较复杂，模型精度一般，过多地依赖动力学模型难以获取准确的姿态估计结果。而在速度估计的现有方法中，在一定工况下，车辆动力学模型的精度可以得到保证，基于车辆动力学模型的速度估计方法具备一定的可靠性，所以除了使用基于车辆运动学的速度估计方法外，基于动力学模型的速度估计方法也被一定程度地广泛采用。下面将从基于车辆运动学模型的估计与基于车辆动力学模型的估计两个角度来概述现阶段发展现状。

1. 基于车辆运动学模型的估计

1)纵向速度估计

运动学估计方法是指通过车辆运动学模型对车辆状态进行估计。运动学模型指车辆的运动学几何关系，通过传感器信息简单转化计算即可获取速度。该方法无须依赖车辆动力学模型，在传感器信息准确的情况下，具有较高的估计精度且简单实用，因此大量学者基于运动学模型对纵向速度估计展开了研究。

测量车辆纵向速度和车身侧偏角的传感器主要有瑞士奇石乐(Kistler)仪器公司的 S-Motion 非接触式光学传感器(图 1.10)和英国牛津仪器公司的 RT 系列产品如 RT3003(图 1.11)等，但这些传感器售价高昂，如 RT3003 售价接近 42 万元人民币，量产车无法使用[26,27]。

图 1.10　S-Motion 非接触式光学传感器　　　　　图 1.11　RT3003

(1)基于 IMU 的估计。

北京理工大学齐志权等[28]研究制动防抱死系统(antilock brake system，ABS)、驱动防滑系统(acceleration slip regulation，ASR)和自适应巡航控制(adaptive cruise control，ACC)系统时，在加速时选用轮速最小的车轮轮速估计速度，在减速时使用轮速最大的车轮轮速估计速度。当监测到各个车轮滑移率均较大时，不再使用轮速信息，而对纵向加速度传感器输出进行积分，进而估计车辆纵向速度，但加速度较大导致车身俯仰角较大或者加速度传感器输出零偏较大时，长时间积分会导致较大的纵向速度积分误差。美国加利福尼亚大学伯克利分校的 Hedrick 等[29]设计了相应规则判断每个车轮是否打滑及其滑移率大小，基于各轮滑移率计算轮速，然后对各个轮速信息融合以估计车辆纵向速度。国防科技大学的刘国福等[30]考虑车辆减速时轮胎半径的改变和车身俯仰角或者传感器自身导致的加速度零偏，使用递归最小二乘(recursive least square，RLS)算法融合各个车轮转速和纵向加速度估计车辆纵向速度。类似地，清华大学的褚文博等[31]设计了判断轮胎滑移程度的规则确定加速度和各轮轮速在融合时的权重，当轮胎打滑时，估计纵向速度时不再使用轮速信息，速度估计结果由加速度积分得到。

判断轮胎打滑的机制对估计算法影响较大。当可获取轮边力矩时，可利用该力矩结合各轮轮速信息设计轮胎打滑监测方法。基于该思想，在选取滑移率最小轮速信息后，瑞典的 Klomp 等[32]利用卡尔曼滤波算法融合轮速和加速度估计车辆纵向速度，在估计速度的过程中考虑了坡度对于纵向加速度传感器测量值的影响。当轮胎滑移率较小时，对轮速信号简单处理后作为速度信息大部分时候也满足要求，当监测到打滑后，基于轮速的初值对加速度进行短时积分估计纵向速度，韩国又石大学的 Hwang 等[33]基于模糊逻辑方法设计了相应规则轮速和加速度积分获取纵向速度的切换。

以上方法在监测到轮胎打滑时，对加速度积分估计车辆纵向速度，然而影响加速度积分精度的因素众多，如车辆加速或者减速时车身姿态角改变会造成加速度中包含重力分量、加速度传感器噪声短时积分非零均值和加速度传感器不稳定零偏，这些因素导致加速度积分累积误差。为消除累积误差的影响，Neto 等[34]设计了车辆静止判断规则，一旦监测到车辆处于静止状态，即将速度积分值置零。基于纵向加速度传感器，Lotfi 等[35]设计了速度和位置解算方法。使用 Smooth 过程对加速度噪声进行滤波平滑处理，该方法可减小长时间积分中由有色和非零均值噪声造成的累积误差。这些方法仍无法解决车身俯仰运动或者道路坡度造成的重力加速度分量导致的累积误差问题。

随着智能汽车的发展，车辆开始搭载 GNSS、相机和雷达等，这些传感器均可辅助进行车辆状态估计，提高估计精度。

(2)基于 GNSS/IMU 的估计。

瑞典隆德大学的 Karl[36]使用 GPS 信息对加速度计和陀螺仪的偏差进行校正，然后使用单轮的滑转模型和整车运动的几何模型通过 Rao-Blackwellized 粒子滤波(particle filter，PF)技术对速度进行了估计。

阿联酋沙迦美国大学的 Abdel-Hafez 等[37]使用 KF 算法对 GPS/IMU 信息进行融合，利用速度约束和车辆的非完整约束进行融合来估计里程计的偏差，并提高了速度估计精度。但文中假设车辆直线行驶，在转向工况下的适用性有待研究。Bonnabel 等[38]考虑非完整约束后使用陀螺仪、GPS 和轮速对车辆位置和速度进行估计。当 GPS 信息可用时，使用三个级联的非线性观测器分别估计横摆角和陀螺仪偏差、轮速偏差、速度和位置；当 GPS 信号丢失时，使用开环的观测器对以上状态进行估计，开环估计算法严重依赖 GPS 信号丢失时的初值。

(3)基于 GNSS/IMU/里程计的估计。

Saadeddin 等[39]基于 GNSS、IMU 和里程计等传感器使用扩展卡尔曼滤波(extended Kalman filter，EKF)算法对 GPS 信息和 IMU 信息进行融合以改善 IMU 的累积误差，然后使用扩展信息滤波代算法替 EKF 算法减小了计算量[39]。

Lahrech 等[40]基于里程计、GPS 和数字地图利用航位推算法进行速度估计，当轮胎打滑或者电子地图失效时可靠性有待提高。

(4)基于雷达的估计。

吉林大学的 Gao 等[41]基于无人驾驶车辆平台的激光雷达和毫米波雷达使用联合自适应卡尔曼滤波(adaptive Kalman filter，AKF)算法对纵向速度进行估计。激光雷达和毫米波雷达分别通过单独子滤波器对速度进行估计，然后利用全局滤波器对子滤波器估计结果进行融合，同时根据融合结果对子滤波器和全局滤波器过程和测量噪声的协方差矩阵进行自适应，融合结果反馈至主滤波器进行下一步估计。使用插值方法对采样间隔中的数据进行补充以解决采样频率不一致问题。

(5)基于视觉的估计。

加拿大皇家军事学院的 Lins 等[42]研究无人驾驶车辆时使用视觉里程方法对速度进行估计，该方法使用立体相机对目标的特征点进行提取，然后通过相邻两幅图片中该特征点在车辆相对目标的几何模型上的变化使用尺度不变特征变换(scale invariant feature transform，SIFT)算法对速度进行计算。该算法的速度更新频率只有1s，需要环境中存在目标，当该假设不满足时，单纯使用该算法无法估计速度。韩国万都公司的 Han 等[43]在研究前方碰撞预警和主动制动时，使用单目相机通过小孔成像原理对前方车辆的宽度和高度分别进行识别来估计相对前车的距离和速度。但是当车辆处于驱/制动工况或者转向工况时，车辆自身的俯仰和侧倾运动会导致相机成像与标定成像模型产生偏差，进而导致速度估计误差。

(6)基于手机 Wi-Fi 的估计。

近年来，随着智能手机的普及，有学者使用手机中的传感器研究速度估计，中国台湾地区中华电信股份有限公司的 Chen 等[44]使用手机中的 Wi-Fi 计算车辆至当前多个基站的距离和速度，但是受限于网络传输延迟和与多个基站连接不稳定问题，该方法的估计误差相比于传统的运动学估计算法要大，尚难投入实际应用。

(7)基于视觉/GNSS/气压计的估计。

与汽车类似，在轮式机器人和无人机领域，通过异构多源传感器信息进行融合而获取车辆速度的研究较汽车更为成熟，如新加坡国立大学的 Zhao 等[45]在研究小型无人机的速度、姿态估计时，基于视觉的单应性和光流原理，使用 EKF 算法对相机、IMU、气压计和指南针的信息进行融合，从而对无人机的三维位置、三维速度、三维姿态和三维角速度偏差进行了估计。

美国明尼苏达大学的 Andersh 等[46]研究小型无人机在 GPS 丢失情况下的速度估计时，融合视觉光流法和对极几何法对速度方向进行估计，进而利用低频的视觉信息准确修正 IMU 的偏差和高频噪声，然后基于无人机的动力学模型通过 EKF 算法对其速度和姿态进行估计。

综上可以看出，运动学估计方法主要存在以下问题：加速度信息噪声较大并存在偏移，长时间积分会导致累积误差；车辆紧急制动或转向时，车身姿态会发生改变，重力传感器会在相应方向上产生分量，也会导致累积误差；GNSS 信息和视觉信息与 IMU 相比，采样频率较低且存在延迟，即不同信息间存在不同步问题；在低速起步打滑阶段或者紧急制动阶段，这些运动学传感器的信噪比较低；在汽车领域，与轮式机器人和无人机相比，运用异构多源信息进行融合，充分发挥各个传感器的优势对速度进行估计的研究相对较少。

2)侧向速度/车身侧偏角估计

在实际应用中，当车辆的纵向速度已知时，车辆的侧向速度与车身侧偏角在一定程度下等价，二者可以相互转化，且车身侧偏角与车辆横向稳定性直接相关，有更加广泛的用途，因此在车辆侧向速度估计时，更多地以车身侧偏角表达，下面的介绍也将重点围绕车身侧偏角估计展开。

(1)基于 IMU 的估计。

韩国汉阳大学的 Chung 等[47]在进行车辆稳定性控制时,使用横摆角速度与侧向加速度和车辆质心侧偏角间的函数关系通过积分法直接获取质心侧偏角。英国曼彻斯特大学的 Farrelly 等[48]基于车辆的纵/侧向几何平面运动方程设计了龙贝格观测器对侧向速度进行估计，对观测器的能观性分析表明，车辆在侧偏角较小时，观测器的能观性较差，单独使用基于运动学的观测器难以保证估计精度。在其工作的基础上，台北大学的 Chen 等[49]考虑了加速度传感器的不确定性，设计了EKF 算法基于运动学关系对质心侧偏角进行估计，在侧向速度较小时，切换至基于动力学的估计方法，保证了估计精度。吉林大学的施树明等[50]提出了基于模糊逻辑的质心侧偏角估计方法，首先基于 4 个车轮转速和纵向加速度制定了模糊规则确定各个车轮速度的权重系数对车辆纵向速度进行估计，然后基于侧向加速度也制定相应规则对侧向速度进行了估计,最终根据纵/侧向速度对质心侧偏角进行估计。

(2)基于 GPS/IMU 的估计。

美国斯坦福大学的 Bevly 等[51-53]使用 GPS 和 IMU 对质心侧偏角进行估计，使用 GPS 输出的轨迹角减去估计的横摆角估计质心侧偏角会由于 GPS 信息延迟产生较大误差，所以其团队提出了两种估计方案：方案一使用单天线 GPS 与IMU 设计 KF 算法对车辆质心侧偏角进行估计，使用 IMU 的加速度和角速度作为 KF 时间更新的输入，GPS 测量速度作为测量更新的输入，由于 GPS 采样频率为 10Hz 而 IMU 采样频率为 200Hz，只在 GPS 速度更新时对 KF 的测量进行更新，其余时刻使用 IMU 作为输入，通过时间更新来继续保持对质心侧偏角的估计；方案二为双天线方案，一方面可以对质心侧偏角进行估计，另一方面还可以对车辆的侧倾角和路面坡度进行估计，可以进一步校正加速度信息。

吉林大学的 Miao 等[54]使用 INS 和 GPS 对质心侧偏角进行估计,使用目标模糊插值的方法解决 GPS 信息延迟和 GPS 与 INS 信息采样频率不一致问题。基于车辆运动学模型,首先使用 KF 算法融合 GPS 航向角和陀螺仪输出的横摆角速度估计车辆的横摆角进而估计质心侧偏角,基于该质心侧偏角估计车辆的纵/侧向速度,然后利用 INS 输出的纵/侧向加速度融合纵/侧向速度使用 KF 算法对质心侧偏角进行最终估计。

美国密歇根大学的 Yoon 等[55]基于双 GPS 和 IMU 对质心侧偏角进行估计,重点解决了 GPS 信息的接收不同步和延迟问题。当两个测量更新不同步时,采用异步更新技术,选择已到达的数据作为测量更新对估计器进行更新;当 GPS 信息存在较大延迟时,采用测量平移技术将延迟的信息平移至原来的时间轴处,然后根据之前的状态通过时间更新对下一时刻的质心侧偏角进行估计,从而解决两个 GPS 信息之间的异步更新问题,但未解决 GPS 信息和 IMU 信息之间的异步问题。

随着智能交通系统的发展,GPS 和无线通信技术开始被应用于交通管理和车辆控制领域。清华大学的谢伯元等[56]提出了基于车路协同的质心侧偏角估计方法。使用车身坐标系下的水平纵/侧向速度动态方程作为状态方程,使用 GNSS 位置作为测量量设计了 KF 估计车辆的质心侧偏角,通过 KF 间接实现了异步信息融合,但时间同步误差导致的位置和速度测量误差一般难以满足 KF 的高斯噪声假设,需要进一步研究。

(3)基于磁力计/GPS/IMU 的估计。

Yoon 等[7]使用磁力计、GPS 和 IMU 的方案对质心侧偏角进行估计。磁力计的优势在于对方向的测量,其测量航向精度较高,对俯仰角和侧倾角测量精度较低,因此在使用磁力计时忽略了车辆的俯仰和侧倾运动。基于 IMU 和磁力计的输出通过 KF 对车辆的横摆角速度进行滤波处理并估计航向角。然后基于估计所得的航向角和 GPS 输出的速度作为第二个 KF 的测量量,以 IMU 的纵/侧向加速度进行时间更新,对车辆的纵/侧向速度进行估计,进而估计质心侧偏角。该工作假设车辆的纵向运动为准静态,当车辆在极限工况下存在纵侧耦合情况时,估计器的效果有待进一步验证。

(4)基于视觉的估计。

日本金泽大学的 Matsui 等[57]使用双目相机通过光流技术估计车辆纵/侧向速度并对质心侧偏角进行了估计。南非比勒陀利亚大学的 Botha 等[58]利用数字图像相关技术使用单目相机(图 1.12)设计了质心侧偏角方法。

图 1.12　单目相机

综上可以看出基于运动学方法估计质心侧偏角有以下不足：IMU 测得的纵/侧向加速度信息和横摆角速度信息存在较大的噪声和偏移，特别是在低速情况下，信噪比较低，长时间积分会造成累积误差；在极限工况下，车身存在剧烈的俯仰和侧倾运动，并且当道路存在纵/侧向坡度角时，重力会在加速度传感器的纵/侧向上产生分量，这些分量也造成了累积误差；GPS、视觉等信息多伴随低频采样和延迟问题，与 IMU 信息进行组合时这两个问题有待解决。

2. 基于车辆动力学模型的估计

1)纵向速度估计

动力学纵向速度估计方法是指根据整车纵向动力学模型和车轮动力学模型设计相应的观测器对车辆纵向速度进行估计。这一类方法适用于轮边驱动或者制动力矩可以测量的车辆，如分布式驱动电动汽车。利用分布式驱动电动汽车轮边力矩和转速精确可知的优点，韩国成均馆大学的 Ko 等[59]基于轮边驱动力矩、轮速信息和纵向加速度信息结合车辆纵向动力学估计车辆纵向运动加速度，然后积分估计纵向速度。车辆纵向动力学模型精度决定了纵向速度估计精度。

为解决加速度或者轮速传感器信号噪声问题，KF、EKF、无迹卡尔曼滤波(unscented Kalman filter，UKF)和 PF 算法被大量使用。

吉林大学的 Guo 等[60]基于三自由度(degree of freedom，DOF)车辆动力学模型使用 EKF 算法对纵向速度和质心侧偏角进行估计，使用现场可编程门阵列(field programmable gate array，FPGA)运行 EKF 算法。德国博世公司的 Antonov 等[61]在双轨 3DOF 车辆模型的基础上，考虑悬架 KC 特性(悬架运动学特性和弹性运动学特性)估计轮胎垂向载荷以提升整车模型精度，同时使用魔术公式描述轮胎纵向力学特性，使用 UKF 算法估计车辆质心侧偏角和纵向速度。同济大学的 Zhao 等[62]基于混合动力分布式驱动汽车，设计了用 UKF 算法估计纵向速度以解决使用 3DOF 整车动力学模型时面临的非线性问题，随后又对系统噪声和观测噪声进行了自适应[63]。北京工业大学的 Yu 等[64]同样使用 UKF 算法对车辆纵向速度进行估计，估计结果被应用于自动驾驶汽车路径跟踪。吉林大学的张家旭等[65]使用 UKF 算法对车辆纵向速度、侧向速度和轮胎-路面峰值附着系数同时进行了估计，并使用次优 Sage-Husa 方法对系统噪声和观测噪声协方差矩阵实时更新，引入遗忘因子限制噪声估计器的记忆长度。加拿大滑铁卢大学的 Hashemi 等[66]提出了一种适用于纵侧耦合工况的纵向速度估计算法，使用了能够自适应路面条件的集中 LuGre 轮胎模型和车轮动力学模型，并通过 UKF 算法对轮胎的纵向力进行估计，然后利用 EKF 算法根据车辆平动方程对速度进行估计。伊朗科技大学的 Moaveni 等[67]对纵向速度估计时使用单轨车辆模型，假设车辆直线行驶，为解决轮边力矩无法获取问题，使用了一种未知输入的卡尔曼滤波(unknown input Kalman filter, UIKF)算法对纵向速度进行估计并对估计器的收敛性进行了分析。

为了解决整车模型参数(如整车质量、横摆转动惯量和车辆质心位置)时变问题，英国考文垂大学的 Wenzel 等[68]使用双卡尔曼滤波(dual Kalman filter, DKF)算法对车辆质心侧偏角和纵向速度以及以上诸多整车参数联合在线估计，由于考虑了整车模型的多个参数和状态，该估计方法使用的估计模型维数较高，导致了较大的计算量。

哈尔滨工业大学的赵林辉等[69]使用模型预测控制理论中滚动时域估计(moving horizontal estimation, MHE)算法，基于车辆的纵/侧向 2DOF 平动动力学并将路面峰值附着系数扩展成慢变量，以对其和车辆纵向速度同时估计，与 EKF 算法对比表明，该算法的优势在于可对路面峰值附着系数的估计结果施加约束。针对分布式驱动电动汽车，Zhao 等[70]使用滑模观测器对单轮纵向力进行估计，并运用 Dugoff 轮胎模型的纵/侧向力耦合关系求解侧向力，然后基于车辆运动的 3DOF 动力学模型，设计了滑模观测器估计纵/侧向速度。

卡尔曼滤波一类算法的协方差矩阵需要大量的实车实验标定，这些协方差矩阵选取不当可能会导致估计误差发散。因此有学者开始设计非线性观测器对车辆状态进行估计。

日本横滨国立大学的 Fujii 等[71]基于一阶车轮动力学方程根据李雅普诺夫函数提出了单轮滑移率估计算法，并与滑移率控制联合进行了仿真验证。但该算法假设轮胎垂向载荷不变，在车辆急加减速时车辆的垂向载荷变化剧烈，算法难以保证仍然收敛，4 个车轮速度如何融合是另一个挑战。挪威科技工业研究院的 Imsland 等[72]基于输入状态稳定(input state stability, ISS)理论提出了一种级联的非线性观测器对车辆的纵/侧向速度进行估计，无须作出线性化假设，并且对于模型的不确定性从理论上具有一定的鲁棒性，但是估计误差只是有界收敛，且在估计纵向速度时假设了纵向滑移率为零。在 Imsland 等工作的基础上，Zhao 等[73]基于车辆 3DOF 动力学模型利用李雅普诺夫稳定性理论设计了非线性观测器对车辆的纵/侧向速度进行了估计，该方法无须假设滑移率为零，而且无须在线求解反馈增益，计算量较小。由于轮胎模型的建模误差以及忽略了侧倾动态，该估计器在紧急转向的瞬间估计效果欠佳。清华大学的 Li 等[74]也根据 3DOF 车辆模型设计了纵/侧向速度非线性级联观测器，并对路面的侧倾角进行了补偿。桂林电子科技大学的 Zhang 等[75]在研究 ABS 时，基于车轮动力学方程和 Burckhardt 轮胎模型利用滑模观测器对车辆的纵向速度进行了估计。Magallan 等[76]在研究 ASR 时使用同样方法结合单轮动力学方程(LuGre 轮胎模型)和整车纵向动力学方程以估计纵向速度，该方法对轮胎模型精度的要求较高，随着轮胎的磨损、胎压变化和路面条件变化，算法估计效果可能变差。

基于动力学模型的估计方法对传感器信息噪声鲁棒性较好，但依赖模型精度，而轮胎和车辆参数是时变的，并且具有强非线性，给卡尔曼滤波技术和非线性观测器带来了挑战，因此一些学者开始融合运动学和动力学方法对车辆状态进行估计。

2)车身侧偏角估计

意大利都灵理工大学的 Canale 等[77]使用滚动时域优化技术和直接虚拟传感器(direct virtual sensor, DVS)技术对质心侧偏角进行估计，在小侧向加速度下，仿真结果表明二者估计效果都较理想。DVS 技术无须使用车辆模型，直接对输入和输出数据进行处理获取质心侧偏角，MHE 算法需要用到车辆模型，当车辆处于大侧向加速度时，DVS 的效果明显优于 MHE 算法，但是 DVS 需要存储大量数据，而且需要在线优化计算。

吉林大学的武冬梅等[78]假设轮胎纵向力很小并忽略轮胎纵侧耦合特性，使用HSRI(美国密执安大学公路安全研究所)轮胎模型计算侧向力，在局部将车辆模型线性化，基于车辆的侧向力平衡方程使用 KF 对侧向速度进行估计，进而计算车辆质心侧偏角。当纵向力较大时，该方法难以保证估计精度。Li 等[79]使用了平方根容积卡尔曼滤波和基于平方根容积的滚动时域卡尔曼滤波算法，前者具有快速的收敛速度但鲁棒性较差，后者具有较强的鲁棒性但收敛速度较慢，将二者同时运行以对质心侧偏角进行估计，Blom 等[80]通过多模型交互方式选取各个模型的权重系数进行融合。上海理工大学的 Sun 等[81]基于 2DOF 车辆模型设计 EKF算法对质心侧偏角进行估计。法国索邦大学的 Baffet 等[82]使用滑模观测器对车辆前后轴侧向力进行估计，然后基于估计所得侧向力作为输入，将侧偏刚度扩张成为状态和车辆侧向平动微分方程使用 EKF 算法设计质心侧偏角估计器。意大利布雷西亚大学的 Gadola 等[83]基于非线性单轨车辆模型设计了 EKF 算法对质心侧偏角进行估计。清华大学的 Li 等[84]使用非线性 2DOF 车辆模型进行质心侧偏角观测器设计，在系统方程中引入质心侧偏角速度这一可测量作为反馈，并且为消除累积误差在状态方程中引入阻尼项，使用修正后的车辆模型设计了 KF 算法对质心侧偏角进行估计。Jia 等[85]考虑车辆在大侧向加速度下存在较强的侧倾动态，根据车轮是否离地建立了两种带侧倾动态的车辆模型，然后设置了判断机制，根据两种车辆模型使用 UKF 算法设计了质心侧偏角、侧倾角和侧倾角速度估计算法。

相比于卡尔曼滤波一类算法，非线性观测器如广义龙贝格观测器、高增益观测器、滑模观测器和直接基于李雅普诺夫函数的非线性观测器无须进行大量的矩阵运算，而且从理论上可以证明估计误差收敛的条件，赢得了大量学者的青睐。

东华大学的朱绍中等[86]基于车辆的非线性单轨模型设计了广义龙贝格观测器和 EKF 观测器，二者具有相当的估计精度；在其工作的基础上，同济大学的 Gao 等[87]基于输入输出线性化理论设计了高增益观测器，为了提高算法在不同路面条件下的效果，同时实现对路面峰值附着系数的自适应，并对比了朱绍中的方法，结果证明高增益观测器具有更好的收敛速度。日本京都大学的 Hiraoka 等[88]在研究车辆主动转向时，基于 2DOF 线性单轨车辆动力学模型设计了龙贝格估计器估计质心侧偏角，并通过李雅普诺夫函数证明了稳定性，与此同时，对车辆的侧偏刚度进行了自适应。

法国贡比涅技术大学的 Stephant 等[89]基于线性 2DOF 单轨车辆动力学模型设计龙贝格估计器，并基于非线性 2DOF 单轨车辆动力学模型设计了广义龙贝格观测器、扩展卡尔曼滤波器和滑模观测器，对比四者发现，在侧向加速度较小时，面对路面和轮胎等带来的不确定性，滑模观测器具有较大的优势。但是当侧向加速度到达极限时，以上这些观测器均不能较好估计质心侧偏角。其随后工作中基于 3DOF 车辆模型设计了滑模观测器，并且进行了能观性分析，能观性矩阵与纵向速度和侧偏刚度相关，在侧向加速度小于 $0.6g$ 时，该估计器能够准确估计出质心侧偏角，当侧向加速度进一步增大时，估计误差明显增大[90]。

对于车辆侧偏刚度和路面峰值附着系数存在不确定性的情况，北京航空航天大学的 Zhang 等[91]基于 H 无穷鲁棒观测器实现了车辆质心侧偏角的鲁棒估计；为解决在使用线性 3DOF 单轨车辆模型时假设速度往往不能恒定的情况，将速度作为系统参数，则车辆系统转化为线性时变系统，然后设计了增益调度的滑模观测器对车辆质心侧偏角进行估计，解决了速度时变问题[92]。同样借助 LMI(线性矩阵不等式)工具箱，土耳其耶尔德兹技术大学的 Delibaşı[93]提出了定阶数鲁棒 H 无穷估计器对质心侧偏角进行了估计，也将速度和侧偏刚度作为系统时变参数。

韩国首尔大学的 You 等[94]基于线性单轨 2DOF 车辆模型对车辆的侧偏刚度进行辨识，然后基于辨识出的侧偏刚度利用李雅普诺夫方法设计了质心侧偏角估计器，并对路面的侧倾角进行了估计。土耳其盖迪慈大学的 Solmaz 等[95]对不同路面峰值附着系数进行分类，然后依据车辆侧向动力学方程根据李雅普诺夫函数设计了多个非线性观测器对质心侧偏角进行估计，根据设计的二次型代价函数选择最为准确的估计器，间接实现了路面峰值附着系数的自适应。美国明尼苏达大学的 Phanomchoeng 等[96]设计了非线性观测器对质心侧偏角进行估计，使用中值定理将车辆非线性表示成为已知时变矩阵的组合，基于这些时变矩阵的组合表示的非线性单轨车辆模型设计了观测器，使用 LMI 工具箱寻求反馈系数，最后证明了在这些时变矩阵组合下，观测器均能够满足李雅普诺夫函数收敛条件。挪威科技工业研究院的 Grip 等[97]基于非线性单轨 2DOF 车辆模型提出了非线性观测器，对质心侧偏角和路面峰值附着系数同时进行估计，实现了路面自适应，使用李雅普诺夫稳定性证明了该估计器能够满足全局渐近稳定和局部的指数渐近稳定，该方法需要足够的激励来保证估计误差收敛，在直线工况和长时间圆周运动下，该估计器的稳定性无法保证。

吉林大学的 Chen 等[98]为解决车辆模型维数过高导致的观测器计算量较大问题，使用降阶的滑模观测器对质心侧偏角进行估计，并引入阻尼项来加速估计误差收敛和颤振现象。Lian 等[99]对线性单轨 2DOF 模型通过变形消去质心侧偏角后对前后轴侧偏刚度进行估计，然后基于估计的侧偏刚度更新单轨模型，并且将侧偏刚度扩张成状态和可测量量用来间接反映路面附着信息，最后基于扩张的状态方程使用一阶斯特林插值滤波(first-order Stirling's interpolation filter)算法设计了估计器对质心侧偏角进行估计，该方法相比于 EKF 算法无须进行泰勒一阶近似。

为充分描述车辆模型的非线性，一些智能算法，如 T-S(Takagi-Sugeno)模糊原理和神经网络等被应用于估计质心侧偏角。澳大利亚伍伦贡大学的 Du 等[100]使用 T-S 模糊原理对车辆的侧向动力学特性进行建模以解决轮胎的非线性和速度时变问题，将轮胎力表示成简化函数的组合，各个函数的权重通过隶属度函数来表示，然后基于 LMI 工具箱设计观测器对车辆质心侧偏角进行估计。在研究全指向型车辆时，考虑到转向系统优势，利用转向电机电流对回正力矩进行估计，然后根据回正力矩和侧偏角的关系在单调区间内对侧偏角进行数值求解，该方法为开环方法，而且当侧偏角处于非单调区间时，难以保证估计精度[101,102]。

为解决车辆模型的强非线性问题，日本防卫厅的 Sasaki 等[103]将车辆看作黑箱系统，使用横摆角速度、侧向加速度和质心侧偏角对多层神经网络进行训练以对质心侧偏角进行估计；江苏理工学院的 Wang 等[104]基于单轨 3DOF 车辆模型设计了广义回归神经网络算法对车辆质心侧偏角进行估计，可将车辆系统看作黑箱，质心侧偏角被看作横摆角速度和侧向加速度时间序列的映射，权重根据实验数据进行计算，与 BP 神经网络相比，该算法的实时性更好。西班牙卡洛斯三世大学的 Boada 等[105]提出了自适应神经模糊推理系统来对质心侧偏角进行估计，该方法结合了神经网络和模糊逻辑的优点，可充分描述车辆的非线性，通过神经网络针对每一种情况自动建立模糊逻辑估计器。其在后续研究中，将自适应神经模糊推理系统估计的质心侧偏角再使用 UKF 算法进一步处理，以获取准确的质心侧偏角[106]。湖南大学的 Zhang 等[107]在研究主动转向控制时，根据测得的横摆角速度和速度，基于单轨非线性 2DOF 车辆模型设计了 T-S 模糊观测器对前轮转角和质心侧偏角同时进行估计，估计器设计问题转化为了凸优化问题。

　　综上可知，动力学估计方法需要对整车模型和轮胎模型进行准确建模，然而实际设计算法时，需简化整车动力学模型，如简化成线性 2DOF 单轨车辆动力学模型，简化的模型不能反映内外侧车轮和前后车轮的垂向载荷变化，造成了较大的建模误差；另外，车辆在行驶过程中，整车质量、侧偏刚度和路面峰值附着系数等参数经常发生变化，也带来了建模误差。

　　这些建模误差需要通过算法的鲁棒性保证，而实际使用中，难以顾及各种情形下的车辆参数，单纯地使用动力学估计方法难以获得满意的估计效果。

　　随着智能汽车的发展，一些学者开始挖掘智能汽车配置传感器的潜力，基于异构多源传感器信息，设计了运动学和动力学方法融合的算法来估计质心侧偏角。

　　3. 基于多方法融合的估计

　　1)纵向速度估计

　　法国米鲁兹大学的 Basset 等[108]使用纵/侧向加速度、横摆角速度和轮速对车辆的运行工况进行了划分。在不同工况(如对开路面、侧滑工况等)使用不同轮速估计速度，根据车辆的动力学特性和运动学特性通过专家模糊系统对各轮速进行融合，然后制定模糊规则选取最优轮速计算速度。

　　基于分布式驱动电动汽车，同济大学的高博麟等[109]使用联邦卡尔曼滤波技术对基于轮速法、基于轮胎模型法和基于车轮动力学法的速度估计结果进行融合，制定了相应的融合规则，提高了速度估计算法的适用范围。余卓平等[110]使用一种非线性自适应观测器方法对单轮的滑移率进行估计，然后使用滑移率作为反馈项以修正纵向加速度，从而间接融合了基于运动学与动力学观测器的估计结果，该方法能够从理论上保证估计误差收敛，并在实际应用中取得了较好效果。

　　德国亚琛工业大学的 Katriniok 等[111]使用 GNSS(u-box LEA-6T)和 IMU 对原始数据进行运动学融合，消除惯性单元的传感器误差，然后以融合过的纵/侧向加速度、横摆角速度和速度作为测量量，使用 EKF 算法对车辆的纵/侧向速度进行估计，并利用两个额外的观测器来校准轮胎力以解决轮胎模型不准问题，对观测条件进行了分析，提出了当激励不足时的解决策略以保证估计误差能够收敛。

　　从以上纵向速度估计的研究可知：基于车辆运动学的纵向速度估计方法和基于车辆动力学的纵向速度估计方法具备不同优势，运动学估计方法依赖传感器精度但无须依赖车辆动力学模型精度，而动力学估计方法依赖车辆动力学模型精度，对传感器精度依赖较小。对将运动学方法和动力学方法融合来进行速度估计的研究相对较少，而且大都停留在对基于 IMU 运动学估计方法和对车辆模型的估计方法进行融合层面，涉及更多传感器(如相机、GNSS、雷达等)的融合方法尚少。

　　2)车身侧偏角估计

　　南京理工大学的 Pi 等[112]融合运动学和动力学方法对轮胎侧向力进行估计，

然后通过估计的横摆角速度与测量值的偏差表征车辆的非线性程度，基于此非线性程度使用模糊规则对两个侧向力估计结果进行融合，基于融合的侧向力和车辆侧向平动微分方程设计 EKF 估计器对质心侧偏角进行估计，使用估计得到的质心侧偏角进一步对侧偏刚度进行辨识，用于更新车辆模型实现自适应。

意大利米兰理工大学的 Cheli 等[113]使用运动学几何关系根据侧向加速度、横摆角速度和速度积分得到质心侧偏角，然后基于线性 2DOF 单轨车辆模型通过 KF 算法估计质心侧偏角，利用模糊逻辑制定融合规则将两种估计结果进行融合，并使用估计所得质心侧偏角对线性单轨模型的侧偏刚度进行自适应。

清华大学的 Chen 等[114]基于 7DOF 车辆模型设计了 UKF 算法对质心侧偏角进行估计。为解决车辆模型的不确定性问题，其根据侧向加速度和横摆角速度对系统噪声和测量噪声协方差矩阵进行自适应，根据侧向速度的大小提出基于 UKF 估计结果和基于运动学模型估计结果的加权融合，为解决运动学方法的累积误差问题，设计了积分重置条件。

东南大学的 Li 等[115]基于车辆动力学模型、GPS 和 IMU 设计了运动学和动力学融合的质心侧偏角估计算法，通过 EKF 算法设计的运动学估计器对 IMU 的偏差和纵/侧向速度进行估计，基于线性单轨模型使用 KF 算法设计了质心侧偏角估计器，为解决路面附着条件变化问题，使用 RLS 算法设计了侧偏刚度辨识算法，最后通过模糊模块识别车辆的非线性程度确定运动学和动力学估计结果在融合估计结果中所占的比例。

日本爱信精机公司的 Nishio 等[116]基于车辆运动学模型积分得到质心侧偏角，基于线性单轨 2DOF 模型设计了龙贝格观测器，通过判别车辆是否侧滑来切换运动学估计器和动力学估计器，实现二者的融合，提升整体的估计精度。

美国伊顿公司的 Piyabongkarn 等[117]基于线性单轨模型通过变形将质心侧偏角的动态消去，得到质心侧偏角和侧向加速度与横摆角速度的关系，结合由运动学关系估计质心侧偏角，指出在低频阶段基于动力学模型估计结果的可信度较高，在高频阶段基于运动学模型估计结果的可信度较高，并通过一组高低通滤波器实现了运动学估计结果和动力学估计结果的融合。

美国加利福尼亚大学伯克利分校的 Gonzales 等[118]在研究无人驾驶车辆漂移控制时使用 IMU 和相机并融合非线性单轨车辆动力学信息基于 EKF 算法对质心侧偏角进行估计，使用 Lucas-Kanade 光流算法对侧向速度进行计算，然后将其作为测量量通过 EKF 算法实现 IMU 和视觉信息的融合。

德国信息技术研究中心的 Kaiser 等[119]在研究无人机和无人车的导航时，将相机信息和 IMU 信息进行融合实现车辆的双向速度和姿态估计，该工作重点使用相机信息对 IMU 的偏差进行估计，利用视觉信息作为估计器的初始值将有助于估计器快速收敛至真实值。

视觉信息比如车道线特征也可用于车辆状态估计，日本东京大学的 Wang 等[120]融合相机、IMU 和车辆动力学模型信息估计车辆质心侧偏角。将视觉识别车道线的静态信息进行建模，然后将预瞄点至车道线距离和航向角增广至线性单轨 2DOF 车辆模型，基于该模型设计了 KF 算法，为解决视觉信息延迟问题，该方法使用平移技术对延迟状态进行估计；为解决传感器采样频率不匹配问题，提出在视觉信息更新时进行测量更新，在视觉采样间隔，则由上一次采样的视觉信息作为测量更新。

综上，这些融合了运动学方法和动力学方法的质心侧偏角估计算法充分发挥了车辆模型和传感器信息所包含信息的互补特性。

回顾国内外近年来在速度估计领域的研究进展，尚有以下几点不足：IMU 中加速度、横摆角速度和轮速信息存在较大噪声和漂移误差，加速度中包含车身俯仰和侧倾运动导致的重力分量，单纯使用运动学方法对纵向速度和质心侧偏角进行估计，不可避免地造成较大累积误差，因此应充分考虑车身姿态角对加速度传感器测量值的影响。一般情况下，IMU 信息输出频率为 20~200Hz，方向盘转角和转速信息输出频率通常为 50~100Hz，远高于低成本的 GNSS 与相机输出信息的频率，这些信息采样频率呈现混杂特性；车载信息输出有不同形式的通信接口，存在通信延迟问题，加剧了信息不同步问题。另外，这些信息在传输中可能会掉包，加剧信息采样时序混杂和时滞阻塞问题，需针对不同信息延迟问题和多频采样问题展开研究。悬架和轮胎是车辆模型的非线性和不确定性的主要来源，大量研究表明，使用动力学观测器大都基于简化的车辆模型设计，模型简化带来了建模误差，极大地约束了估计器的估计精度。为保证估计精度，有学者提高模型的阶数和复杂程度设计估计算法，但复杂模型存在大量参数需要标定，也带来了较大的计算量。为了解决以上问题，有必要通过多源异构传感信息融合方法从算法层次减弱对于车辆动力学模型精度的依赖，通过多轴 IMU 和 GNSS 等外界传感器信息弥补车辆动力学模型的不足。

1.2.4 位置估计

车辆的位置估计是指通过多源信息融合算法处理来自不同传感器的信息源，对车辆在某个坐标系下的位置进行估计，位置通常表达在地球坐标系或者当地局部坐标系下。选择地球坐标系表达位置可确定车辆在地球表面的位置。地球坐标系定义如下：该坐标系与地球固连，坐标原点通常选在地心，z 轴与地球极轴重合，指向北极为正，x 轴和 y 轴都在地球的赤道平面内，x 轴是格林尼治子午面与赤道平面的交线，y 轴与 x 轴和 z 轴构成右手正交坐标系。在该坐标系下，通常以纬度、经度和高度为坐标表示位置。当地局部坐标系类似于导航坐标系，可选取局部某个位置为原点，东向为 x 轴正向，北向为 y 轴正向，天向为 z 轴正向。由于位置估计需要外界提供位置信息，本节将根据不同外界信息的来源来分析国内外研究进展。

1. 航位推算

航位推算是一种自主式定位方式，无须外界信息辅助。一种获取方式是对某个坐标系下的速度进行积分，从而估计位置，例如，INS 根据从 IMU 获取的角速度信息积分得到车身坐标系相对于导航坐标系的姿态角信息，然后利用该姿态角将 IMU 测得的加速度信息积分得到速度信息，进而对该速度积分，得到位置信息[3]。除了 INS 这一类方法，速度的获取方式还有很多，具体参考 1.2.3 节。由于速度中或多或少存在误差，长时间积分将导致累积误差。另一种获取方式是根据相机获取的帧间图片或者激光雷达获取的帧间点云的相对位姿变化，对其进行累加，从而获取位置。同样，由于帧间匹配存在一定误差，长时间累加也将导致位置累积误差[5,6]。因此这一类航位推算方法通常不单独使用，而与外界辅助信息一同使用以消除累积误差。

2. 基于 GNSS 辅助的位置估计

GNSS 是一种能够提供全局位置信息的重要信息源。在 GNSS 信号正常条件下，该位置虽然包含一些随机噪声误差，但是没有累积误差，是一种良好的信息源，在位置估计领域占据着举足轻重的位置。但是其也有一些缺点，GNSS 接收机中根据各个卫星信号解算当前位置的算法计算量很大，因此需要一定计算时间，另外，其信号一般以串口形式传输，因此计算单元由 GNSS 接收机获取的位置信息通常频率较低，并且通常伴随有较大的时间延迟。单独使用 GNSS 接收机输出的位置信息也无法满足自动驾驶汽车感知、决策和控制等模块的需求。因此，GNSS 接收机通常与航位推算算法一同使用。

最典型的是 GNSS/INS 组合系统，由于 IMU 的更新频率很高，INS 输出的姿态、速度和位置也具备很高的频率，与低频的 GNSS 组合后，即可估计出 INS 中的姿态误差、速度误差和位置误差，然后使用该误差对 INS 进行修正，这样，INS 中便不存在累积误差，同时以高频率输出姿态、速度和位置信息[121,122]。除了使用 GNSS 和 INS 中输出的位置速度进行组合外，也可对 GNSS 接收的伪距和伪距率进行组合，这种组合方式称为紧耦合组合[123,124]。由于使用了更加底层的信息，即使在 GNSS 可用卫星数目少于 4 颗的情况下，该组合系统仍然可以融合 INS 和 GNSS 中的伪距信息，进而对 INS 中的伪距误差进行修正，从而换算得到准确的当前位置信息。进一步，如果可以获取 GNSS 接收机更加底层的信息，将 INS 中估计得到的伪距和伪距率信息引入 GNSS 接收机位置解算算法中以对 GNSS 接收机解算进行辅助，可进一步提升 GNSS 接收机的动态性能，提高接收机的抗干扰能力。这种组合方式称为超紧耦合组合[125]。这几种组合方式中使用到的融合算法通常分为两类：一类是卡尔曼滤波方法，如卡尔曼滤波、扩展卡尔曼滤波和联邦卡尔曼滤波等；另一类是非线性优化方法，如非线性最小二乘和因子图等[126]。

除了使用 INS 外，基于相机或者激光雷达的里程计也可以引入 GNSS 信息消除累积误差[127,128]。在这类方法中，GNSS 信息以约束项引入里程计的后端优化算法中，待优化的变量通常为车辆在一段时间内的各个帧的位姿和环境中特征点的位姿，GNSS 信息提供了全局位置信息，这样便可以消除里程计中的累积误差。

3. 基于地图匹配的位置估计

近年来，高精度地图受到大量关注，因为其能够提供环境中不同层级的各种信息(如静态建筑、车道线等)，可被应用于高精度位置估计、感知以及规划和控制系统中。对于位置估计而言，高精度地图的形式有多种，如点云地图、栅格地图、占据地图、正态分布地图和车道线特征地图等[129,130]。

利用相机拍摄到的图片或者激光雷达当前点云信息与高精度地图的数据进行匹配，以得到当前车辆的位置和姿态，通常匹配算法有迭代最近点(iterative closest point，ICP)法和正态分布变换(normal distribution transformation，NDT)法[130]。这些匹配方法属于优化算法，较依赖匹配位姿的初始值，当该初始值有较大误差时，匹配可能失败，因此在使用中，类似于 GNSS/INS 松耦合组合的方式。基于高精度匹配的定位方法一般也与航位推算方法一同使用，根据由高精度地图匹配得到的当前车辆位置和姿态信息作为测量量以计算航位推算算法中的位置误差和姿态误差，然后根据航位推算的误差动力学模型设计误差状态估计器以估计航位推算中的姿态误差、速度误差和位置误差进而修正航位推算算法，得到准确的姿态、速度和位置估计。将该姿态、速度和位置引入匹配算法中可进一步提升匹配的可靠性。这样，航位推算算法的误差得到了修正，匹配算法的可靠性也得到加强。

1.3　本书主要内容

作者团队 2010 年起开始研究智能汽车的关键状态估计，即智能汽车的姿态、速度和位置估计，相继承担了国家 973 计划、国家重点研发计划、国家自然科学基金面上项目等国家级和多项省部级项目/课题，建立了一套基于车辆动力学、多轴 IMU、GNSS 和视觉等多源异构信息融合自动驾驶汽车姿态、速度与位置估计系统，如图 1.13 所示。针对多源异构传感系统时间与空间同步问题提出了基于车辆动力学辅助的新方法。在不依赖外界传感条件下，创新性地融合车辆动力学与多轴 IMU 信息提出了姿态与速度估计方法，提高了算法对多工况的适应性，显著减轻了对于车辆动力学模型的精度要求；在良好 GNSS 或者车道线的条件下，融合多轴 IMU 与 GNSS 及视觉信息提出了自动驾驶汽车姿态、速度与位置估计方法。该方法能够在 GNSS 存在或异常条件下准确估计出车辆姿态、速度与位置。

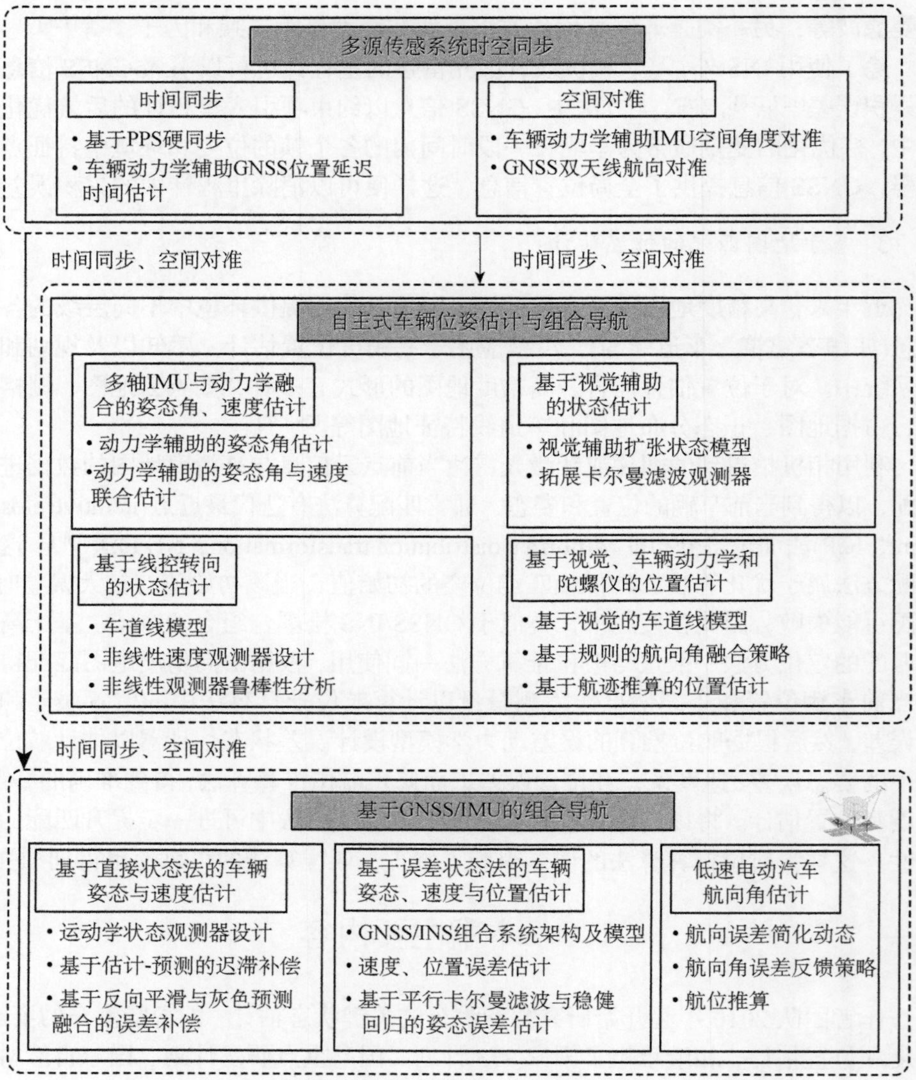

图 1.13　自动驾驶汽车多源异构传感融合的位姿估计与组合导航系统

　　本书各章逻辑关系为：第 2 章研究自动驾驶汽车多源异构传感系统时空同步问题，对 GNSS 位置延迟时间误差、视觉信息输出车道线延迟误差和 IMU 航向角安装误差进行估计，为第 3 章和第 4 章在使用 GNSS、视觉和 IMU 信息时提供支撑；在第 2 章的基础上，第 3 章在不依赖 GNSS 信号的条件下，使用车辆动力学和视觉信息作为补充，融合车辆动力学、视觉与多轴 IMU 对车辆姿态与速度进行估计；第 4 章在 GNSS 信号良好条件时，基于直接状态法与误差状态法设计

GNSS/INS 组合算法以对车辆姿态、速度和位置进行估计,在利用 GNSS 和视觉信息预制的车道线地图的基础上,当 GNSS 信号失效时,基于视觉信息、轮速、单轴陀螺仪和车道线地图持续对位置进行估计。各章主要研究内容概括如下。

第 1 章为绪论。阐述本书的背景,对当前自动驾驶汽车位姿估计与组合导航国内外现状进行分析。

第 2 章为多源传感系统时空同步。针对 GNSS、视觉和多轴 IMU 组合系统时间同步问题,提出基于轮速和航向角的位置推算方法和在车辆水平坐标系下的车身姿态/速度解算方法,提出车辆动力学辅助的 GNSS 接收机位置延迟估计算法以及视觉信息延迟估计算法和车辆动力学辅助的 INS 空间角度对准算法,并使用时变系统状态能观性理论对 GNSS 位置延迟时间误差和 IMU 航向角安装误差进行能观性分析,后者可在无 GNSS 接收机的条件下对 IMU 的航向角安装误差进行估计。

第 3 章为自主式车辆位姿估计与组合导航。在不依赖 GNSS 等外界信息的条件下,基于车辆动力学与多轴 IMU 松耦合组合架构,利用车辆动力学辅助提出基于多轴 IMU 的姿态和速度估计方法,在纵/侧向小激励条件下,通过视觉与车辆动力学辅助可消除基于多轴 IMU 的姿态/速度估计累积误差;在纵/侧向大激励条件下,基于准确的姿态信息,可将加速度中由于姿态变化而变化的重力分量剔除,实现短时高精度的姿态、速度和侧偏角估计。为防止基于车辆动力学的估计器失准导致误反馈和反馈延迟,提出基于延迟观测器与预测器的速度姿态估计方法,估计误差可稳定收敛,实现姿态/速度的鲁棒估计;基于自动驾驶汽车线控转向信息并结合车道线地图信息,设计车辆侧向速度和轮胎-路面峰值附着系数估计算法;基于李雅普诺夫函数提出非线性观测器对侧向速度、轮胎-路面峰值附着系数以及质心至车道线距离进行估计,并对估计误差的稳定性和鲁棒性进行分析,估计误差可渐近收敛且估计器具备一定的鲁棒性。

第 4 章为基于 GNSS/IMU 的组合导航。基于 GNSS 和 IMU 传感器,利用直接状态法和误差状态法设计了考虑 GNSS 测量延迟以及低频特性的姿态、速度和位置估计方法;对于 GNSS/INS 松耦合组合系统,基于 Sage-Husa 测量新息自适应估计的卡尔曼滤波算法提出 INS 速度误差估计方法;针对 GNSS 采样频率低和二者采样频率不一致导致姿态误差估计精度差的问题,提出两种姿态误差估计方法加以解决:基于多目标平行自适应卡尔曼滤波组合算法,利用累积的位置误差和速度误差对姿态误差进行估计;基于 Huber-M 估计的鲁棒回归的 GNSS 信息处理方法,提升 GNSS 速度输出频率,基于高频 GNSS 速度信息可使用单个主滤波器对姿态误差和速度误差同时进行估计,以降低对 GNSS 接收机的要求,提升 GNSS/INS 组合系统性能。针对 GNSS/INS 组合系统在低速低动态下航向角误差能观性弱的问题,提出使用双天线辅助的车辆航向角估计方法。针对 GNSS 长时间异常问题,高精度 GNSS 与视觉信息预制车道线地图,当车载 GNSS 接收机发生异常时,利用视觉信息与车道线地图继续辅助定位,从而实现亚米级的位置估计精度。

第 2 章　多源传感系统时空同步

自动驾驶汽车中搭载了丰富的多源异构传感器，有些传感器由于计算量或者数据量较大，其测量数据经由传感器传输到使用终端时存在延迟。以 GNSS 接收机输出的数据为例，其位置信息一般存在 30~200ms 的延迟，而在进行多源异构传感系统融合估计车辆姿态、速度和位置时，被融合的数据必须是时间和空间轴上同一点的数据，将时空中不一致点的数据直接融合会导致较大的时空同步误差，影响融合算法性能。

现有研究在实际应用过程中，对于时间同步而言，有些传感器中存在时间同步接口，例如 GNSS 接收机可提供秒脉冲信号，若 IMU 可接受该同步信号，则使用该秒脉冲信号即可实现对 GNSS 接收机和 IMU 的时钟对齐，然后根据二者的时间戳即可在算法中实现同步[131]。有些传感器缺乏同步接口，如低成本 IMU 或者已经封装好的相机模块。对于这类传感器，只能通过软件算法对传感器间的同步误差进行软估计，如瑞典皇家理工大学的 Skog 等[122]在研究 GNSS 与 IMU 时间同步时，将同步时间误差当作状态扩张至 INS 误差状态方程中，然后通过一个统一的卡尔曼滤波器对 INS 误差和同步时间误差进行估计。

对于空间同步而言，不同传感器间的空间同步包含两个部分，一个是相对位置同步，另一个是相对角度同步。针对空间同步问题，现有研究大都采用软估计方法，即将不同传感器间相对位置误差(杆臂误差和相对角度误差)都建模为状态并扩张到算法中。例如，韩国釜山大学的 Hong 等[132]在研究 GNSS/IMU 空间同步时，将相对位置误差建模为状态，然后通过卡尔曼滤波算法对相对位置误差和 INS 误差一同估计。

针对本研究所使用的多源异构传感系统，本章将首先对所使用到的传感器进行简要介绍。为解决 GNSS 和 INS 时空对准问题，使用车辆动力学信息辅助 GNSS/INS 组合系统和相机与 IMU 间的时间对准，同时完成 IMU 和 GNSS 双天线航向角的空间对准过程，并基于奇异值分解(SVD)理论分析时空对准系统状态的能观性，为第 3 章和第 4 章在使用 GNSS、多轴 IMU 和车辆动力学信息融合时估计车辆关键状态提供基础，本章内容架构如图 2.1 所示。

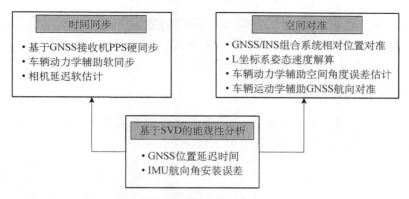

图 2.1　多源异构传感系统时空同步示意图

2.1　多源传感系统介绍

图 2.2 展示了本研究所使用的多源异构传感系统。光学/惯性测量仪 Kistler S-Motion 测量车身的俯仰角、侧倾角、纵向速度和侧向速度信息，NovAtel OEM718D 载波相位差分(real time kinematic，RTK)GNSS 接收机用于测量 GNSS 天线处的航向、速度和位置信息，Mobileye 630 单目相机用于测量车辆前方预瞄点至车道线的距离，ADIS16495 提供车辆的加速度和角速度及其相应增量信息，转向横拉杆处的拉压力使用 Kistler 力传感器测量，进而使用该拉压力计算转向系统的回正力矩来模拟线控转向单元。所有传感器节点的数据通过 STM32 型号 32 位的单片机转化

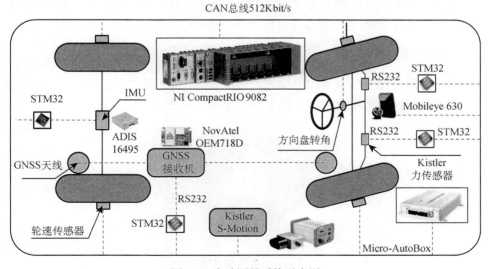

图 2.2　实验测量系统示意图

为 CAN(controller area network，控制器局域网络)信号发送至 CAN 网络。实验数据通过 NI Compact-RIO 9082 采集，提出的算法在 Micro-AutoBox 中运行。下面将对涉及的传感器及其他设备进行简单介绍。

1. 光学/惯性测量仪

光学/惯性测量仪采用 Kistler 公司的 S-Motion 系列产品(图 2.3)，用于实时测量车辆动力学参数。其主要参数见表 2.1。

(a)Kistler S-Motion　　　　　　　　　　　　(b)S-Motion安装位置

图 2.3　Kistler S-Motion 示意图

表 2.1　S-Motion 系统参数

参数名称	输入电压/V	速度测量精度/(km/h)	侧偏角测量精度/(°)	更新频率/Hz	天线数量
参数值	10~28	0.2	0.2	100	1

Kistler S-Motion 使用了光学辅助惯性元件的组合方案。其可测量安装位置处的纵/侧向速度、侧偏角和姿态角(俯仰角和侧倾角)、三轴加速度和三轴角速度。

2. 惯性测量单元

惯性测量单元型号为 ADIS16495，如图 2.4 所示，可测量三轴加速度和角速度以及速度增量和角增量信息，其主要性能参数见表 2.2。

图 2.4　惯性测量单元

表 2.2　ADIS16495 性能参数

物理量	物理量描述	数值
角速度	量程	±125°
	非正交误差角	±0.5°
	零偏稳定性	0.8(°)/h
	零偏重复性	0.07(°)/s
	随机游走	0.09(°)/$\sqrt{\text{h}}$
加速度	量程	±8g
	非正交误差	±0.035°
	零偏稳定性	3.2μg
	速度随机游走	0.008m/s

3. GNSS 接收机

GNSS 接收机使用双天线 NovAtel OEM718D GNSS 接收机，如图 2.5 所示。其可输出 GNSS 主天线处经/纬度信息、GNSS 主天线处东向和北向速度信息、双天线相对正北方向航向角信息和 GNSS 主天线处速度方向信息。

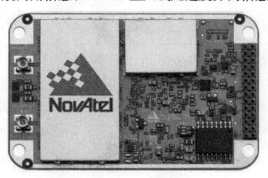

图 2.5　NovAtel OEM718D GNSS 接收机

GNSS 接收机的部分性能参数见表 2.3。

表 2.3　NovAtel OEM718D GNSS 接收机部分性能参数

物理量	数值
RTK 位置精度	1cm$^{+1} \times 10^{-6}$RMS
2m 基线航向角精度	0.08°
速度精度	0.03m/s RMS
时钟精度	20ns

4. 拉压力传感器

Kistler 9321B 拉压力传感器如图 2.6 所示。实验车辆原转向横拉杆被截断，拉压力传感器安装于转向横拉杆处，用于测量转向横拉杆处拉压力信息。该拉压力传感器的主要性能参数见表 2.4。

图 2.6　Kistler 9321B 拉压力传感器

表 2.4　拉压力传感器主要性能参数

物理量	数值
量程	±10kN
0~10kN 灵敏度	−3.694pC/N
0~0.1kN 灵敏度	−3.697pC/N
0~−10kN 灵敏度	−3.658pC/N

5. 相机

基于模块化思想，相机采用了 Mobileye 公司的 630 型单目相机，如图 2.7 所示。该相机能够输出特征级别的信息，即可输出车辆前方视场范围内的车辆和行人等障碍物信息和预瞄点至车道线的横向距离信息。

图 2.7　Mobileye 630 单目相机

6. 数据采集设备

数据采集程序在 LabView 中搭建，采集程序刷写至 NI CompactRIO 9082 中对数据进行采集。NI CompactRIO 9082 如图 2.8 所示。CAN 板卡为 NI 9853 双通道高速 CAN 模块，模拟量通过 NI 9220 模块采集。数据采集程序架构如图 2.9 所示，底层与硬件接口由 CompactRIO 9082 中的 FPGA 板卡提供，然后通过在 NI RT 系统中编写的数据解析与存储程序对相应信息进行解析与存储。

图 2.8　NI CompactRIO 9082

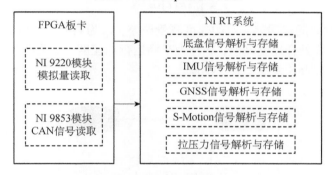

图 2.9　数据采集程序架构

7. 控制器

本书所提部分算法在 dSpace Micro-AutoBox 控制器中运行，控制器如图 2.10 所示，算法在 MATLAB/Simulink 平台中搭建，控制器中含两路 CAN 接口，接收相应传感器数据。

图 2.10　dSpace Micro-AutoBox 控制器

2.2　多源传感系统时间同步

在对 GNSS 与 IMU 进行信息融合或者相机与 IMU 等其他传感器融合时，被融合的传感器测量值需要在时间轴上同步，否则将导致融合算法中出现误差。以 GNSS/INS 组合系统为例，若未对二者作时间同步处理，GNSS 速度和位置测量延迟带来的时间同步误差会导致速度和位置测量误差。为描述时间同步误差的影响，速度误差与时间同步误差的关系为

$$
\begin{aligned}
\delta v_{e} &= v_{r} - v_{G} \\
&= v_{r} - \left(v_{r} - \int_{0}^{\tau} a(t) \, \mathrm{d}t \right) \\
&= \int_{0}^{\delta T} a(t) \, \mathrm{d}t
\end{aligned}
\tag{2.1}
$$

式中，δv_{e} 为时间同步误差导致的速度测量误差；v_{G} 为 GNSS 天线处测量合速度；v_{r} 为 GNSS 天线处合速度真值；$a(t)$ 为车辆运行加速度；τ 为时间同步误差。如图 2.11 所示，GNSS 天线安装于车顶。

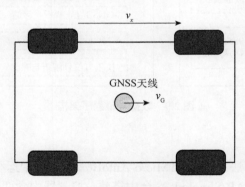

图 2.11　GNSS 天线处速度示意图

需要说明的是，为了便于描述，本书在讨论惯性导航系统时一般使用 INS 符号，在讨论传感器信息时使用 IMU 符号，INS 根据 IMU 中的加速度和角速度信息搭建。

同理，带时间同步误差的位置测量误差为

$$
\begin{aligned}
\delta P_{e} &= P_{r} - P_{G} \\
&= P_{r} - \left(P_{r} - \int_{0}^{\delta T} v_{r} \, \mathrm{d}t - \int_{0}^{\delta T} \int_{0}^{\delta T} a(t) \, \mathrm{d}t \mathrm{d}t \right) \\
&= \int_{0}^{\delta T} v_{r} \, \mathrm{d}t + \int_{0}^{\delta T} \int_{0}^{\delta T} a(t) \, \mathrm{d}t \mathrm{d}t
\end{aligned}
\tag{2.2}
$$

式中，δP_{e} 为时间同步误差导致的位置测量误差；P_{r} 为 GNSS 天线处真实位置；

P_G 为 GNSS 天线处测量位置。

时间同步误差带来的测量误差会导致 GNSS/INS 组合算法估计出错误的姿态误差、速度误差和位置误差。该误差使用不当可能会导致 GNSS/INS 组合系统输出的姿态、速度和位置发散。

时间同步误差通常由传感器通信延迟和测量延迟产生。通信延迟与具体的通信形式相关，测量延迟由各自传感器决定。

IMU 通信接口一般为 SPI(serial peripheral interface，串行外设接口)或者 IIC(inter-integrated circuit，集成电路总线)。这两种形式的信号传输波特率较高，发送一包 IMU 数据所消耗的时间一般在 2ms 以下。GNSS 接收机的通信接口一般为 UART(universal asynchronous receiver/transmitter，通用异步收发传输器)串口形式。

GNSS 接收机输出的速度和位置信息一般包含较大的时间延迟。时间延迟包含 GNSS 接收机在收到卫星信号后的速度和位置的解算时间以及 GNSS 接收机与外部通信的传输时间，如图 2.12 所示。不同接收机解算速度和位置消耗时间不同。

延迟时间=解算时间+传输时间

图 2.12　GNSS 信息延迟时间

为实现与 GNSS 接收机时间同步，部分 IMU 具备接收 GNSS 接收机秒脉冲 (pulse per second，PPS)信号的接口，可通过硬件测量延迟时间。对于无 PPS 接口的 IMU，本节提出使用软件算法估计 GNSS 位置延迟时间误差，即软同步方法。

2.2.1　硬同步

硬同步方法是指通过硬件设计实现 GNSS 与 INS 的时间同步。对于可接收 GNSS 接收机 PPS 信号的 IMU，当接收到 PPS 信号后，其调整内部采样时钟周期实现与 GNSS 时钟的精确同步。

本书所述工作所使用的 GNSS/IMU 系统硬件同步架构如图 2.13 所示。由于实验验证控制器采用的 Micro-AutoBox 接口为 CAN 信号形式，而 IMU 一般通过串口(SPI/IIC)输出，所以采用微控制单元 1(micro control unit，MCU1)实现 IMU 信号读取与 CAN 发送，同时将 PPS 信号输入 MCU1 中以实现 IMU 和 MCU1 与 GNSS 时间的精确同步。GNSS 接收机接口为 UART 形式，因此采用微控制单元 2(MCU2)实现 GNSS 接收机信息读取与 CAN 发送，而 GNSS 接收机报文中一般已包含时间戳，只需将 GNSS 接收机的报文解析后通过 CAN 发送出去。IMU 和 GNSS 接收机输出的信息均标上时间戳，主控制器根据该时间戳实现二者的精确同步。

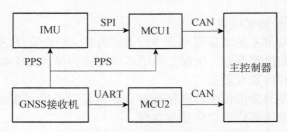

图 2.13　GNSS/IMU 系统硬件同步架构

为计算 GNSS 输出信息延迟，以 INS 为基准，GNSS 接收机输出信息相较于惯导的时间延迟按照式(2.3)计算：

$$\tau = T_{\text{INS}} - T_{\text{GNSS}} \tag{2.3}$$

为验证 GNSS 接收机位置延迟时间误差估计算法和硬同步模块，使用 NovAtel OEM718D GNSS 接收机、ADIS 16495 传感器和 E50 原车底盘传感器信息作为传感器硬件平台，使用 NI CompactRIO 9082 搭载两块 NI 9853 高速 CAN 模块作为数据采集平台，然后基于 MATLAB/Simulink 运算，硬件系统架构如图 2.14 所示，部分硬件及实验车辆如图 2.15 和图 2.16 所示。

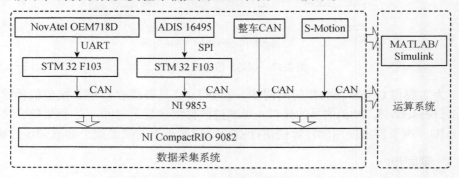

图 2.14　离线实验验证硬件系统架构图

图 2.15　GNSS 接收机与 INS 硬同步模块

图 2.16　实验车辆

下面给出硬同步方法实验结果。

实验车辆行驶轨迹如图 2.17 所示，车辆在同济大学嘉定校区校园内行驶。GNSS 接收机输出位置延迟时间估计结果如图 2.18 所示，IMU 的采样周期为 10ms，可知位置延迟时间为 40~50ms。

图 2.17　延迟时间误差估计轨迹图

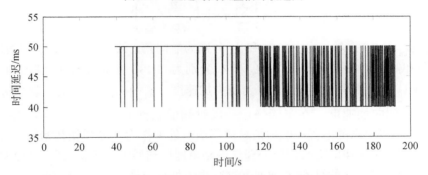

图 2.18　GNSS 接收机延迟时间估计(硬同步估计)

2.2.2　软同步

软同步方法是指使用软件估计算法估计出不同传感器间的时间同步误差。以 GNSS 接收机为例，即估计出 GNSS 接收机输出位置和速度延迟时间误差，从而使用该延迟时间误差对 GNSS 接收机输出位置和速度与其他信息同步。本节首先介绍 GNSS 位置延迟估计方法，然后介绍相机输出的预瞄点至车道线距离的时间延迟估计方法。

1. GNSS 信号软同步

1)基于轮速辅助 GNSS 接收机位置延迟时间误差估计系统模型

为估计 GNSS 接收机位置延迟，在小纵向动态和小侧向动态下，使用轮速信息对惯导进行辅助，以对位置延迟时间误差进行估计。该方法假设位置延迟时间误差为慢变量，轮胎半径已知，车身侧偏角已知。

估计算法架构如图 2.19 所示，包括 4 个部分。初始化模块，实现对角速度零偏、航向、位置的初始化。初始化模块为

$$\varphi_{\text{ini}} = \frac{1}{k}\sum_{i=1}^{k}\varphi_{Gi} \tag{2.4}$$

$$L_{\text{ini}} = \frac{1}{k}\sum_{i=1}^{k}L_{Gi} \tag{2.5}$$

$$\lambda_{\text{ini}} = \frac{1}{k}\sum_{i=1}^{k}\lambda_{Gi} \tag{2.6}$$

$$\omega_{\text{ini}} = \frac{1}{k}\sum_{i=1}^{k}\omega_{Ii} \tag{2.7}$$

$$\theta_{\text{ini}} = \frac{1}{k}\sum_{i=1}^{k}-\arcsin\left(\frac{a_{x_{\text{bg}}i}}{g}\right) \tag{2.8}$$

$$\phi_{\text{ini}} = \frac{1}{k}\sum_{i=1}^{k}\arcsin\left(\frac{a_{y_{\text{bg}}i}}{g\cos\theta_{\text{ini}}}\right) \tag{2.9}$$

式中，φ_{ini}、L_{ini}、λ_{ini}、ω_{ini}、θ_{ini} 和 ϕ_{ini} 分别为航向角、纬度、经度、三轴角速度、俯仰角和侧倾角的初始值；φ_G、L_G 和 λ_G 分别为 GNSS 测得的航向、纬度和经度；ω_I 为 IMU 模块测得的角速度；g 为重力加速度；$a_{x_{\text{bg}}}$ 和 $a_{y_{\text{bg}}}$ 分别为车辆坐标系下的纵向和侧向加速度。在车辆静止一段时间的条件下，通过式(2.4)~式(2.6)对 GNSS 接收机输出的位置和航向信息进行均值处理作为 INS 模块初始值，通过式(2.7)对 IMU 中角速度进行均值处理后得到角速度初始上电零偏，通过式(2.8)和式(2.9)对 IMU 中测量的纵/侧向加速度进行均值处理求解 INS 初始姿态角。初始化时间取 30~60s 即可。

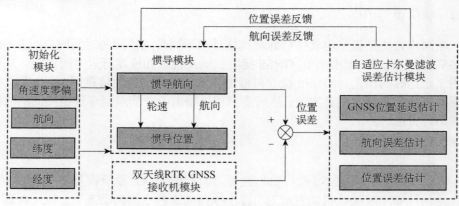

图 2.19　GNSS 接收机位置延迟估计算法架构

从初始化模块可知，初始化操作在车身处于静止条件下进行，然而车身在底盘静止时仍可一定程度地转动，因此根据 IMU 中测量的加速度和角速度通过阈值判断方法对车身是否处于静止状态进行判断。当三轴加速度和三轴角速度前后时刻的差值与最近 5 个采样点的方差超过某个阈值时，即认为车身处于运动状态，否则车身处于静止状态。当判断车身处于运动状态时，停止初始化操作，当判断车身处于静止状态时，继续初始化操作。

惯导模块根据轮速估计位置和航向。

双天线 RTK GNSS 接收机模块输出 GNSS 天线位置的测量。

自适应卡尔曼滤波误差估计模块对 GNSS 接收机输出位置延迟误差、航向误差和位置误差进行估计。

轮速是在车身坐标系下的车辆纵向运动速度。为了在导航坐标系下根据速度对位置进行推算，需使用基于 IMU 估计所得的航向角 φ_{I} 加上估计所得 GNSS 天线处的侧偏角 β_{A} 以替代估计轨迹角 γ_{I} 将速度分解至导航坐标系下，真实的轨迹角 γ_{r}、航向角 φ_{r} 和 GNSS 天线处侧偏角的关系为式(2.10)。当纵/侧向加速度较小时，轨迹角的误差来源主要是惯导估计所得的航向角误差 $\delta\varphi$，具体可见式(2.11)~式(2.13)：

$$\gamma_{\mathrm{r}} = \varphi_{\mathrm{r}} + \beta_{\mathrm{A}} \tag{2.10}$$

$$\gamma_{\mathrm{I}} = \varphi_{\mathrm{I}} + \beta_{\mathrm{A}} \tag{2.11}$$

$$\varphi_{\mathrm{I}} = \varphi_{\mathrm{r}} + \delta\varphi \tag{2.12}$$

$$\gamma_{\mathrm{I}} = \gamma_{\mathrm{r}} + \delta\varphi \tag{2.13}$$

式(2.14)给出了图 2.19 中惯导模块获取航向的估计方法：

$$\varphi_{\mathrm{I}\_k} = \varphi_{\mathrm{I}\_k-1} + d_{\varphi_{\mathrm{I}\_k}} + k_{\varphi_{\mathrm{I}\_k}} e_{\varphi_{\mathrm{I}\_k}} + b_{\varphi_{\mathrm{I}\_k}} \mathrm{d}t \tag{2.14}$$

式中，φ_{I_k-1} 表示上一时刻航向估计值；$d_{\varphi_{\mathrm{I}\_k}}$ 是航向角增量；$e_{\varphi_{\mathrm{I}\_k}}$ 为航向角估计误差；$k_{\varphi_{\mathrm{I}\_k}}$ 为反馈系数；$b_{\varphi_{\mathrm{I}\_k}}$ 表示角速度零偏；$\mathrm{d}t$ 为惯导采样时间间隔。

进而可根据式(2.15)和式(2.16)得到东向和北向速度的估计值 $\hat{v}_{EW}$ 和 $\hat{v}_{NW}$，v_{W} 为轮速，下标 W 表示变量来源是轮速，下标 E 表示东向，下标 N 表示北向。

$$\hat{v}_{EW} = v_{\mathrm{W}} \cos\gamma_{\mathrm{I}} \tag{2.15}$$

$$\hat{v}_{NW} = v_{\mathrm{W}} \sin\gamma_{\mathrm{I}} \tag{2.16}$$

基于东向和北向速度，即可得到位置的积分估计方法，见式(2.17)，下标 W 表示基于轮速积分所得位置信息：

$$\begin{bmatrix} L_{\mathrm{W}\_k} \\ \lambda_{\mathrm{W}\_k} \end{bmatrix} = \begin{bmatrix} L_{\mathrm{W}\_k-1} + \hat{v}_{EW}\mathrm{d}t / (R_M + h) + k_L e_{L_k} \\ \lambda_{\mathrm{W}\_k-1} + \hat{v}_{NW}\mathrm{d}t / ((R_N + h)\cos L_{k-1}) + k_\lambda \cdot e_{\lambda_k} \end{bmatrix} \tag{2.17}$$

式中，L_{k-1} 和 λ_{k-1} 为上一时刻纬度和经度；$\hat{v}_{EW}\mathrm{d}t / (R_M + h)$ 和 $\hat{v}_{NW}\mathrm{d}t / ((R_N + h)\cos L_{k-1})$ 为东向和北向速度产生的经度和纬度增量；R_M 和 R_N 分别为当地子午圈和卯酉圈半径；h 为当地高度；e_{L_k} 和 e_{λ_k} 为 INS 纬度和经度估计误差；k_L 为纬度

误差反馈系数; k_λ 为经度误差反馈系数。

假设真实的东向和北向速度分别为 v_E 和 v_N, 由式(2.18)和式(2.19)描述:

$$v_E = v_W \cos(\gamma_1 - \delta\varphi) \tag{2.18}$$

$$v_N = v_W \sin(\gamma_1 - \delta\varphi) \tag{2.19}$$

进而得到东向和北向速度误差式(2.20)和式(2.21)。由于航向角误差较小, $\delta\varphi$ 的正弦值近似为 $\delta\varphi$, 其余弦值近似为1。

$$\begin{aligned}
\delta v_{EW} &= \hat{v}_{EW} - v_E \\
&= v_W \cos\gamma_1 - v_W \cos(\gamma_1 - \delta\varphi) \\
&= v_W \cos\gamma_1 - v_W (\cos\gamma_1 \cos\delta\varphi + \sin\gamma_1 \sin\delta\varphi) \\
&\approx -v_W \sin\gamma_1 \cdot \delta\varphi
\end{aligned} \tag{2.20}$$

$$\begin{aligned}
\delta v_{NW} &= \hat{v}_{NW} - v_N \\
&= v_W \sin\gamma_1 - v_W \sin(\gamma_1 - \delta\varphi) \\
&= v_W \sin\gamma_1 - v_W (\sin\gamma_1 \cos\delta\varphi - \cos\gamma_1 \sin\delta\varphi) \\
&\approx v_W \cos\gamma_1 \cdot \delta\varphi
\end{aligned} \tag{2.21}$$

进一步得到经/纬度误差动态, 即

$$\begin{bmatrix} \delta\dot{L} \\ \delta\dot{\lambda} \end{bmatrix} = \begin{bmatrix} v_W \cdot \dfrac{\cos\gamma_1}{(R_M + h)}\delta\varphi \\ v_W \cdot \dfrac{-\sin\gamma_1}{(R_N + h)\cos L}\delta\varphi \end{bmatrix} \tag{2.22}$$

航向角误差主要由角速度零偏误差 ε_φ 产生, 横摆角速度零偏为缓变量, 航向角误差和横摆角速度零偏动态见式(2.23)

$$\begin{bmatrix} \delta\dot{\varphi} \\ \dot{\varepsilon}_\varphi \end{bmatrix} = \begin{bmatrix} \varepsilon_\varphi \\ 0 \end{bmatrix} \tag{2.23}$$

时间同步误差 τ 为缓变量, 其对时间的导数为0。

选取状态变量为 $X_W = \begin{bmatrix} \delta L & \delta\lambda & \delta\varphi & \varepsilon_\varphi & \tau \end{bmatrix}^T$, 得到系统方程

$$\begin{bmatrix} \delta\dot{L} \\ \delta\dot{\lambda} \\ \delta\dot{\varphi} \\ \dot{\varepsilon}_\varphi \\ \dot{\tau} \end{bmatrix} = \begin{bmatrix} 0 & 0 & v_W \cdot \dfrac{\cos\gamma_1}{(R_M + h)} & 0 & 0 \\ 0 & 0 & v_W \cdot \dfrac{-\sin\gamma_1}{(R_N + h)\cos L} & 0 & 0 \\ 0 & 0 & 0 & 1 & 0 \\ 0 & 0 & 0 & 0 & 0 \\ 0 & 0 & 0 & 0 & 0 \end{bmatrix} \begin{bmatrix} \delta L \\ \delta\lambda \\ \delta\varphi \\ \varepsilon_\varphi \\ \tau \end{bmatrix} + \begin{bmatrix} w_{\delta L} \\ w_{\delta\lambda} \\ w_{\delta\varphi} \\ w_{\varepsilon_\varphi} \\ w_\tau \end{bmatrix} \tag{2.24}$$

式中，$w_{\delta L}$、$w_{\delta \lambda}$、$w_{\delta \varphi}$、w_{ε_φ} 和 w_τ 分别为纬度误差、经度误差、航向角误差、角速度零偏误差和延迟时间误差的系统模型噪声。

基于以上推导，将系统模型改写为状态方程的形式，由式(2.25)描述：

$$\dot{X}_W(t) = A_W(t)X_W(t) + W_W(t) \tag{2.25}$$

式中，系统矩阵中非零元素分别为 $A_{W(1,3)} = v_W \cdot \dfrac{\cos\gamma_I}{(R_M+h)}$，$A_{W(2,3)} = v_W \cdot$

$\dfrac{-\sin\gamma_I}{(R_N+h)\cos L}$，$A_{W(3,4)} = 1$，$W_W = \begin{bmatrix} w_{\delta L} & w_{\delta\lambda} & w_{\delta\varphi} & w_{\varepsilon_\varphi} & w_\tau \end{bmatrix}^T$。

2)基于轮速辅助 GNSS 接收机位置延迟时间误差估计测量模型

由轮速推算所得经度 λ_W 和纬度 L_W 中包含真实经度 λ 和纬度 L 以及经度误差 $\delta\lambda$ 和纬度误差 δL，其关系由式(2.26)描述：

$$\begin{bmatrix} L_W \\ \lambda_W \end{bmatrix} = \begin{bmatrix} L+\delta L \\ \lambda+\delta\lambda \end{bmatrix} = \begin{bmatrix} L \\ \lambda \end{bmatrix} + \begin{bmatrix} \delta L \\ \delta\lambda \end{bmatrix} \tag{2.26}$$

GNSS 接收机输出位置为

$$\begin{bmatrix} L_G \\ \lambda_G \end{bmatrix} = \begin{bmatrix} L - \dfrac{N_{L_G}}{R_M+h} - \dfrac{1}{R_M+h}\int_0^{\delta T} v_E \mathrm{d}t - \int_0^{\delta T}\int_0^{\delta T} a_N \mathrm{d}t\mathrm{d}t \\ \lambda - \dfrac{N_{\lambda_G}}{(R_N+h)\cos L} - \dfrac{1}{(R_N+h)\cos L}\int_0^{\delta T} v_N \mathrm{d}t - \int_0^{\delta T}\int_0^{\delta T} a_E \mathrm{d}t\mathrm{d}t \end{bmatrix}$$

$$\approx \begin{bmatrix} L \\ \lambda \end{bmatrix} + \begin{bmatrix} -\dfrac{N_{L_G}}{R_M+h} \\ -\dfrac{N_{\lambda_G}}{(R_N+h)\cos L} \end{bmatrix} + \begin{bmatrix} -\dfrac{v_E}{R_M+h}\tau \\ -\dfrac{v_N}{(R_N+h)\cos L}\tau \end{bmatrix} \tag{2.27}$$

式中，N_{L_G} 和 N_{λ_G} 分别为纬/经度测量噪声；a_E 和 a_N 分别为东向和北向加速度，由于 τ 较小，并且通过位置估计延迟时间误差时车辆行驶加速度较小，加速度导致的位置误差可忽略。式(2.26)和式(2.27)作差可得位置误差观测量，位置误差观测方程变为

$$Z_p(t) = \begin{bmatrix} (L_W - L_G)(R_M+h) \\ (\lambda_W - \lambda_G)(R_N+h)\cos L \end{bmatrix} + \begin{bmatrix} N_L \\ N_\lambda \end{bmatrix}$$

$$= \begin{bmatrix} (R_M+h)\delta L \\ (R_N+h)\cos L \cdot \delta\lambda \end{bmatrix} + \begin{bmatrix} -v_N \cdot \delta T \\ -v_E \cdot \delta T \end{bmatrix} + \begin{bmatrix} N_L \\ N_\lambda \end{bmatrix}$$

$$= \begin{bmatrix} (R_M + h) & 0 & 0 & 0 & -v_N \\ 0 & (R_N + h)\cos L & 0 & 0 & -v_E \end{bmatrix} \begin{bmatrix} \delta L \\ \delta \lambda \\ \delta \varphi \\ \varepsilon_\varphi \\ \tau \end{bmatrix} + \begin{bmatrix} N_L \\ N_\lambda \end{bmatrix} \qquad (2.28)$$

通常系统模型中包含轮速噪声和 IMU 中加速度和角速度的测量噪声, 测量模型中包含 GNSS 输出位置的时变噪声。为解决噪声问题, 基于式(2.25)表示的状态方程和式(2.28)所描述的测量模型, 使用自适应卡尔曼滤波算法估计位置误差、航向角误差和时间延迟误差。

3)时间对准系统能观性分析

对于由状态方程(2.25)与测量模型(2.28)描述的系统, 测量模型中延迟时间误差的系数项与车辆纵向速度相关, 为时变项, 需要根据时变系统的能观性分析理论分析其能观性。

选取 3 个工况分析系统的状态能观性, 具体参数见表 2.5。由于状态方程和测量模型与速度相关, 三个时间片段根据不同速度加以选择。

表 2.5　车辆行驶工况

片段序号	工况	东向速度/(m/s)	北向速度/(m/s)
1	匀速	2	0
2	匀速	5	10
3	匀速	10	5

能观性分析结果见表 2.6。对于时间片段 1, 车辆处于匀速直线行驶工况, 能观性矩阵的秩为 4, 系统中存在一个不能观状态, 此时延迟时间误差不能观。当进入时间片段 2 中时, 也就是速度改变时, 能观性矩阵的秩变为满秩, 所有状态均能观。因此, 当车辆速度改变时延迟时间误差理论上才能观, 此时估计器的输出结果较可靠。

表 2.6　能观性分析结果

变量	片段 1	片段 2	片段 3
$\delta \varphi$	1	1	1
ε_φ	1	1	1
δT	0	1	1

4)实验结果

由硬同步部分结果可知 NovAtel OEM718D GNSS 接收机的位置延迟为 40~50ms。而从 E50 原车的 CAN 总线上获取的轮速信息已经过滤波处理, 引入了约 10ms 的延迟，数据采集硬件和软件带来的延迟约为 5ms。由于 GNSS 接收机未与 INS 时间同步，这给轮速额外带来了 20ms 的时间延迟，故轮速部分总的时间延迟约为 35ms。这些延迟时间的引入导致轮速和 GNSS 接收机输出位置信息的时间同步误差仅剩 5~15ms。另外，GNSS 接收机位置信息伴随有噪声，很容易将该时间同步误差淹没。为了验证算法性能，人为将 GNSS 接收机输出位置信息增加 400ms 的延迟，以增大时间同步误差，然后估计 405~415ms 的时间同步误差。

图 2.17 是行车轨迹，基于图 2.19 所示架构的位置误差如图 2.20 所示。整个过程中，惯导在推算位置时处于积分状态，经过 157s 的时间积分后，东向和北向位置误差始终保持在 1m 以内，间接表明航向角和速度估计精度较高。图 2.21~图 2.23 给出了实验结果。

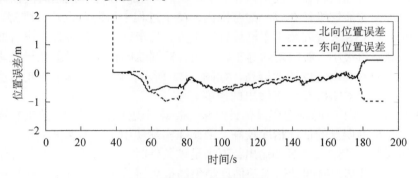

图 2.20　位置误差

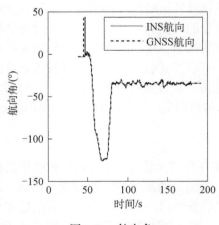

图 2.21　航向角

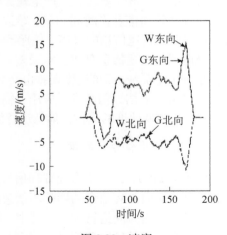

图 2.22　速度

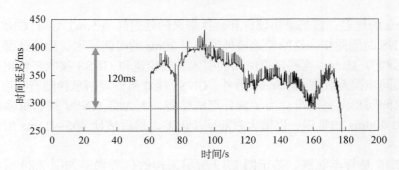

图 2.23　时间延迟误差估计

图 2.21 给出了航向角估计结果。在惯导积分算法得到航向角的基础上利用航向角误差估计器进行误差反馈修正，使得在估计 GNSS 位置延迟时间误差的同时，航向角误差能够维持在较小的范围内，整个过程中航向角误差可维持在 0.5°以内。由于 GNSS 天线安装于车辆后轴正上方，且车辆在行驶过程中没有剧烈转向动作，侧偏角很小，航向角约等于轨迹角，根据航向将轮速投影至导航坐标系下得到的东向和北向速度精度较高，如图 2.22 所示，W 表示基于车轮速度换算的速度，G 表示 GNSS 接收机输出的速度。

图 2.23 给出了时间延迟误差估计结果。根据能观性分析结果，速度较高且变化时，时间延迟误差的估计精度较高，因此在实际使用中，当速度大于 5m/s 时，延迟时间误差估计结果才对外输出，不满足该条件时，时间延迟误差估计结果为 0。由图 2.23 可知，时间延迟误差估计结果的最大误差约为 120ms，相比硬同步误差估计结果，该误差较大。产生较大误差的原因主要有以下几个：控制器并未与 GNSS 和轮速信息作时间同步，导致误差估计算法的位置误差输入计算存在时间同步误差；轮速信息的噪声、轮胎瞬时半径的改变和轮速信息的处理过程会导致积分得到的位置信息存在一定误差；航向角误差在速度较高时会导致较大的东向和北向速度误差，而该速度误差也会导致一定的时间延迟误差。对于速度较高的车辆，120ms 的估计精度难以应用，需使用硬同步方法对传感器信息进行时间同步；而对于较低速度的车辆，如低速智能电动清扫车，该方法有一定的应用前景。

2. 相机输出信号软同步

相比于 IMU，由于图像处理和信号传输存在较大延迟，该延迟对相机采集得到的车道线侧向距离信息的影响不能忽略。为满足动态车辆实时控制的需求，需要对相机的延迟时间进行标定。其中，相机能够输出车道线的侧向距离信息和车辆相对于车道线的航向角信息，而短时间 (如 20s)内对 IMU 进行直接积分时误差较小，比双天线 GNSS 测量得到的车辆航向角信噪比高。为此，在小侧向加速度蛇形工况保证相机信号不丢失的条件下，利用 IMU 测量得到的横摆角速度信息对相机延迟时间进行标定。

当车辆进行小侧向加速度行驶时，同步采集相机输出信息以及 IMU 的角速度和加速度信息，得到相应的航向角曲线如图 2.24 所示。虚线为横摆角速度积分得到的航向角信息(φ_{direct})，实线为相机输出的相对车道线航向角信息(φ_{camera})。其中明显可以看出相机得到的航向角信息具有延迟特性。采用图 2.25 所示计算流程得到相机的延迟时间 τ_{camera}。首先假定相机延迟时间的迭代步长为 5ms，由于相机采样频率为 10Hz，远低于加速度的采样频率，需要基于相机的采样信号时间戳搜寻与角速度信号时间戳距离最近的点。通过不断迭代，计算得到相机获取的航向角和角速度转化得到的航向角信号。整个采样时间段内误差的平方和(φ_{error}^2)在延迟时间为 250ms 时最小，由此可以确定 τ_{camera} 为 0.25s。

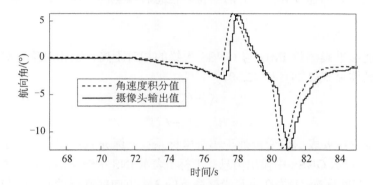

图 2.24　角速度直接积分与相机输出的航向角数值曲线

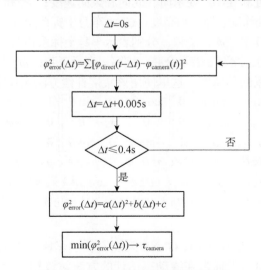

图 2.25　GNSS 延迟时间标定流程图

2.3　多源传感系统空间对准

2.3.1　多轴 IMU 空间对准

多轴 IMU 空间初始对准包括两个部分：IMU 与 GNSS 天线的相对位置对准；IMU 传感器坐标系与车身坐标系相对角度对准。本节将分别进行介绍。

1. 相对位置对准

GNSS 天线与 IMU 一般无法安装于同一位置，因此二者测量的速度和位置为车辆不同位置处的速度和位置，需要将其信息转换至同一位置，从而实现空间相对位置同步。

1）直接补偿法

假设能够准确测量 IMU 与 GNSS 天线的相对距离，则相对位置对准方法较为简单，具体见式(2.29)和式(2.30)：

$$v_G^n = v_I^n + C_b^n \left(\omega_{ib}^b \times l^b \right) \tag{2.29}$$

$$P_G^n = P_I^n + C_b^n l^b \tag{2.30}$$

式中，变量下标 b 表示该变量处于车身坐标系；上标 n 表示该变量处于导航坐标系；下标 G 表示 GNSS 中输出信息；下标 I 表示 INS 中输出信息；后面若没有其他说明，均按此标准；l^b 为在车身坐标系下的 3 个方向杆臂测量值；v_G^n 和 v_I^n 为导航坐标系下卫星天线处和 IMU 处东向、北向和天向速度；P_G^n 和 P_I^n 为导航坐标系下卫星天线处和惯导处纬度、经度和高度；C_b^n 为车身坐标系至导航坐标系的方向余弦矩阵，见式(2.31)，其中，ϕ、θ 和 φ 分别表示车身坐标系相对于导航坐标系的侧倾角、俯仰角和航向角，缩写 c 表示余弦，缩写 s 表示正弦；ω_{ib}^b 为车身坐标系下的车身相对于惯性坐标系的角速度。这里使用该直接补偿方法实现空间位置同步。

$$
\begin{aligned}
C_b^n &= \begin{bmatrix} \cos\varphi & -\sin\varphi & 0 \\ \sin\varphi & \cos\varphi & 0 \\ 0 & 0 & 1 \end{bmatrix} \begin{bmatrix} \cos\theta & 0 & \sin\theta \\ 0 & 1 & 0 \\ -\sin\theta & 0 & \cos\theta \end{bmatrix} \begin{bmatrix} 1 & 0 & 0 \\ 0 & \cos\phi & -\sin\phi \\ 0 & \sin\phi & \cos\phi \end{bmatrix} \\
&= \begin{bmatrix} c\varphi c\theta & -s\varphi c\phi + c\varphi s\theta s\phi & s\varphi s\phi + c\varphi s\theta c\phi \\ s\varphi c\theta & c\varphi c\phi + s\varphi s\theta s\phi & -c\varphi s\phi + s\varphi s\theta c\phi \\ -s\theta & c\theta s\phi & c\theta c\phi \end{bmatrix}
\end{aligned} \tag{2.31}
$$

2）动态估计法

由于 IMU 通常安装于车内，GNSS 天线安装于车顶，二者的相对距离一般难以测量，所以有大量学者通过在线动态估计的方法对该相对距离进行估计以实现较好的空间同步。限于篇幅，本书不再研究该问题，在实验中，将 GNSS 天线和 IMU 均安装于实验车顶部，以保证二者间距离容易以较高精度测量，并以该距离直接补偿 GNSS 和 IMU 的空间同步误差。

2. 相对角度对准

在安装 IMU 时，传感器坐标系的 z_s-y_s-x_s 轴与车身坐标系 z_b-y_b-x_b 轴难以重合，一般在空间上存在安装误差角。

IMU 坐标系与车身坐标系相对安装误差角对于 IMU 与其他坐标系信息融合至关重要，该角度需在初始化时标定。在车辆静止时，IMU 水平姿态角安装误差可通过重力加速度提取[20]。在动态行驶时，IMU 水平姿态角误差的能观性也较好[121]，可通过车辆的速度测量进行观测。若要估计 IMU 天向姿态角安装误差即航向角安装误差，则需要车辆在水平方向机动行驶以施加一定的加速度激励。机动行驶时，需要测量有较高的采样频率以实现对车辆动态过程的描述，进而保证较好的航向角误差的估计精度。基于此，本书提出使用车辆动力学辅助方法估计航向角安装误差的方法。该方法只需车辆进行一段变加速度直线运动，然后通过车辆动力学估计所得的纵向速度和侧向速度辅助车辆水平坐标系下的惯性导航系统(level-inertial navigation system，L-INS)进行 IMU 航向角安装误差估计。

图 2.26 描述了基于车辆动力学辅助 INS 角度初始对准的算法架构，图中有三部分：基于车辆动力学的纵/侧向速度估计模块(见 3.1.3 节)利用车辆底盘的轮速和方向盘转角信息估计车辆的纵/侧向速度；L-INS 为在车身水平坐标系下的惯性导航模块，对车辆的三维速度和姿态角进行解算；基于车辆动力学得到的纵/侧向速度与 L-INS 输出的纵/侧向速度的差值作为右侧的姿态误差和速度误差估计模块的输入，基于姿态误差和速度误差动态模型，使用自适应卡尔曼滤波算法(见 4.2.2 节)估计 L-INS 的姿态误差和速度误差。估计所得的误差反馈至 L-INS 以修正其累积误差。

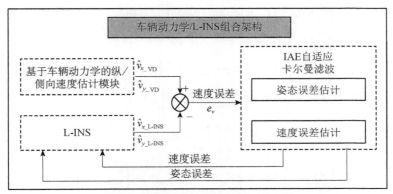

图 2.26　车辆动力学/L-INS 组合架构

图 2.26 中，$\hat{v}_{x\_VD}$ 和 $\hat{v}_{y\_VD}$ 表示基于车辆动力学估计所得的纵/侧向速度，下标 VD (vehicle dynamics)表示车辆动力学，$\hat{v}_{x\_L\text{-}INS}$ 和 $\hat{v}_{y\_L\text{-}INS}$ 表示 L-INS 下解算的纵/侧向速度，e_v 表示速度误差。

1) L 坐标系下状态积分算法

车辆水平坐标系(L 坐标系，使用上标 L 表示)随车身绕 z 轴转动，x 轴和 y 轴水平，前进方向为 x 轴正方向，左侧为 y 轴正方向，朝上为 z 轴正方向。

在车辆水平坐标系 L 下，假设 IMU 安装于车身旋转中心，速度动态由式(2.32)描述：

$$\dot{v}^L = a^L + g^L - \omega^L \times v^L \tag{2.32}$$

式中，$v^L = \begin{bmatrix} v_x^L & v_x^L & v_x^L \end{bmatrix}^T$ 为 L 坐标系下 3 个方向速度；$a^L = \begin{bmatrix} a_x^L & a_y^L & a_z^L \end{bmatrix}^T$ 为 L 坐标系下 3 个方向加速度；$g^L = \begin{bmatrix} 0 & 0 & g \end{bmatrix}^T$ 为重力在 L 坐标系下的投影；$\omega^L = \begin{bmatrix} \dot{\phi}^L & \dot{\theta}^L & \dot{\varphi}^L \end{bmatrix}^T$ 为 L 坐标系下 3 个方向的角速度，分别为侧倾角速度、俯仰角速度和横摆角速度。$a^L = C_b^L a^b$，a^b 为车身坐标系下车辆运动的加速度，C_b^L 为车身坐标系至 L 坐标系的方向余弦矩阵，见式(2.33)：

$$\begin{aligned}
C_b^L &= \begin{bmatrix} \cos\theta & 0 & \sin\theta \\ 0 & 1 & 0 \\ -\sin\theta & 0 & \cos\theta \end{bmatrix}\begin{bmatrix} 1 & 0 & 0 \\ 0 & \cos\phi & -\sin\phi \\ 0 & \sin\phi & \cos\phi \end{bmatrix} \\
&= \begin{bmatrix} c\theta & s\theta s\phi & s\theta c\phi \\ 0 & c\phi & -s\phi \\ -s\theta & c\theta s\phi & c\theta c\phi \end{bmatrix}
\end{aligned} \tag{2.33}$$

式(2.32)和式(2.33)推导了 L 坐标系下速度解算算法，$\Delta\theta$ 和 ΔV 为传感器输出的角增量和速度增量信息，m 和 $m-1$ 表示 L-INS 的 m 时刻和其上一时刻。

$$\begin{aligned}
V_m^L &= V_{m-1}^L + C_{b(m-1)}^{L(m-1)} \int_{t_{m-1}}^{t_m} C_{b(t)}^{b(m-1)} \left(a^b - \omega^b \times v^L \right) dt + \int_{t_{m-1}}^{t_m} g^L dt \\
&= V_{m-1}^L + C_{b(m-1)}^{L(m-1)} \int_{t_{m-1}}^{t_m} \left(I + \Delta\theta^\times \right)\left(a^b - \omega^b \times v^L \right) dt + \int_{t_{m-1}}^{t_m} g^L dt \\
&= V_{m-1}^L + C_{b(m-1)}^{L(m-1)} \int_{t_{m-1}}^{t_m} \left(I + \Delta\theta^\times \right) a^b dt + C_{b(m-1)}^{L(m-1)} \int_{t_{m-1}}^{t_m} \left(I + \Delta\theta^\times \right)\left(-\omega^b \times v^L \right) dt + \int_{t_{m-1}}^{t_m} g^L dt \\
&= V_{m-1}^L + C_{b(m-1)}^{L(m-1)} \left(\Delta V_m + \frac{1}{2}\Delta\theta_m \times \Delta V_m + \Delta V_{\text{sculm}} \right) + \\
&\quad C_{b(m-1)}^{L(m-1)} \left(-\Delta\theta_m \times V_{m-1}^L - \frac{1}{2}(\Delta\theta_m)^2 \right) + \int_{t_{m-1}}^{t_m} g^L dt \\
&\approx V_{m-1}^L + C_{b(m-1)}^{L(m-1)} \left(\Delta V_m + \frac{1}{2}\Delta\theta_m \times \Delta V_m - \Delta\theta_m \times V_{m-1}^L \right) + \int_{t_{m-1}}^{t_m} g^L dt
\end{aligned} \tag{2.34}$$

式中，$\Delta\theta^{\times}$ 表示由 Δ 生成的反对称矩阵；ΔV_{sculm} 由式(2.35)定义，该项和 $\dfrac{1}{2}\left(\Delta\theta_m\right)^2$ 在速度解算时可忽略。

$$\Delta V_{\text{sculm}} = \frac{1}{2}\int_{t_{m-1}}^{t_m}\left(\Delta\theta^{\times}a^b + \Delta V^{\times}\omega^b\right)\mathrm{d}t \tag{2.35}$$

姿态角使用四元数解算，四元数动态见式(2.36)，$Q = \begin{bmatrix} q_0 & q_1 & q_2 & q_3 \end{bmatrix}^{\mathrm{T}}$ 表示四元数：

$$\begin{bmatrix} \dot{q}_0 \\ \dot{q}_1 \\ q_2 \\ q_3 \end{bmatrix} = \frac{1}{2}\begin{bmatrix} 0 & -\dot{\phi} & -\dot{\theta} & -\dot{\varphi} \\ \dot{\phi} & 0 & \dot{\varphi} & -\dot{\theta} \\ \dot{\theta} & -\dot{\varphi} & 0 & \dot{\phi} \\ \dot{\varphi} & \dot{\theta} & -\dot{\phi} & 0 \end{bmatrix}\begin{bmatrix} q_0 \\ q_1 \\ q_2 \\ q_3 \end{bmatrix} \tag{2.36}$$

姿态角与四元数的转换关系为式(2.37)和式(2.38)：

$$\begin{bmatrix} q_0 \\ q_1 \\ q_2 \\ q_3 \end{bmatrix} = \begin{bmatrix} \cos\dfrac{\phi}{2}\cos\dfrac{\theta}{2}\cos\dfrac{\varphi}{2} + \sin\dfrac{\phi}{2}\sin\dfrac{\theta}{2}\sin\dfrac{\varphi}{2} \\ \sin\dfrac{\phi}{2}\cos\dfrac{\theta}{2}\cos\dfrac{\varphi}{2} - \cos\dfrac{\phi}{2}\sin\dfrac{\theta}{2}\sin\dfrac{\varphi}{2} \\ \cos\dfrac{\phi}{2}\sin\dfrac{\theta}{2}\cos\dfrac{\varphi}{2} + \sin\dfrac{\phi}{2}\cos\dfrac{\theta}{2}\sin\dfrac{\varphi}{2} \\ \cos\dfrac{\phi}{2}\cos\dfrac{\theta}{2}\sin\dfrac{\varphi}{2} - \sin\dfrac{\phi}{2}\sin\dfrac{\theta}{2}\cos\dfrac{\varphi}{2} \end{bmatrix} \tag{2.37}$$

$$\begin{cases} \phi = \arctan\left(\dfrac{2\left(q_2 q_3 + q_0 q_1\right)}{1 - 2\left(q_1^{\,2} + q_2^{\,2}\right)}\right) \\[2mm] \theta = -\arcsin\left(2\left(q_1 q_3 - q_0 q_2\right)\right) \\[2mm] \varphi = \arctan\left(\dfrac{2\left(q_1 q_2 + q_0 q_3\right)}{1 - 2\left(q_2^{\,2} + q_3^{\,2}\right)}\right) \end{cases} \tag{2.38}$$

由于地球自转，地球转动角速度在传感器敏感轴上存在输入。在姿态解算时，需要将地球自转角速度从角速度测量值中移除，由式(2.39)可得传感器测量角速度与地球自转角速度和车身坐标系相对于导航坐标系转动角速度的关系，根据式(2.40)可得到车身坐标系相对导航坐标系转动的角速度：

$$\omega_{ib}^b = \omega_{in}^b + \omega_{nb}^b = C_n^b\left(\omega_{ie}^n + \omega_{en}^n\right) + \omega_{nb}^b \tag{2.39}$$

$$\omega_{nb}^b = \omega_{ib}^b - C_n^b\left(\omega_{ie}^n + \omega_{en}^n\right) \tag{2.40}$$

式中，下标 ib 表示车身坐标系相对于惯性坐标系；下标 ie 表示地心坐标系相对于惯性坐标系；下标 en 表示导航坐标系相对于地心坐标系，C_n^b 为导航坐标系至车身坐标系方向余弦矩阵，由 C_b^n 转置得到。

地球自转和导航坐标系相对于地球坐标系旋转的角速度的和见式(2.41)：

$$\omega_{ie}^n + \omega_{en}^n = \begin{bmatrix} -\dfrac{v_N}{R_M + h} \\[2mm] \omega_{ie}^n \cos L + \dfrac{v_E}{R_N + h} \\[2mm] \omega_{ie}^n \sin L + \dfrac{v_E}{R_N + h} \tan L \end{bmatrix} \tag{2.41}$$

式(2.36)表示的四元数微分方程在求解时需要进行离散处理，其求解过程见式(2.42)~式(2.46)，式(2.42)给出了 $Q(t_{k+1})$ 和 $Q(t_k)$ 间的关系，$Q(t_{k+1})$ 和 $Q(t_k)$ 分别表示 $k+1$ 和 k 时刻的四元数，$\Delta\Theta_x$、$\Delta\Theta_y$ 和 $\Delta\Theta_z$ 分别表示车身坐标系下传感器三轴的角增量。

$$Q(t_{k+1}) = \exp\left(\frac{1}{2}\int_{t_k}^{t_{k+1}} M'\left(\omega_{nb}^b\right)\mathrm{d}t\right) \cdot Q(t_k) \tag{2.42}$$

$$\Delta\Theta = \int_{t_k}^{t_{k+1}} M'\left(\omega_{nb}^b\right)\mathrm{d}t = \int_{t_k}^{t_{k+1}} \begin{bmatrix} 0 & -\dot\phi & -\dot\theta & -\dot\varphi \\ \dot\phi & 0 & \dot\varphi & -\dot\theta \\ \dot\theta & -\dot\varphi & 0 & \dot\phi \\ \dot\varphi & \dot\theta & -\dot\phi & 0 \end{bmatrix}\mathrm{d}t \approx \begin{bmatrix} 0 & -\Delta\Theta_x & -\Delta\Theta_y & -\Delta\Theta_z \\ \Delta\Theta_x & 0 & \Delta\Theta_z & -\Delta\Theta_y \\ \Delta\Theta_y & -\Delta\Theta_z & 0 & \Delta\Theta_x \\ \Delta\Theta_z & \Delta\Theta_y & -\Delta\Theta_x & 0 \end{bmatrix} \tag{2.43}$$

$$\Delta\Phi^2 = \begin{bmatrix} 0 & -\Delta\Theta_x & -\Delta\Theta_y & -\Delta\Theta_z \\ \Delta\Theta_x & 0 & \Delta\Theta_z & -\Delta\Theta_y \\ \Delta\Theta_y & -\Delta\Theta_z & 0 & \Delta\Theta_x \\ \Delta\Theta_z & \Delta\Theta_y & -\Delta\Theta_x & 0 \end{bmatrix}\begin{bmatrix} 0 & -\Delta\Theta_x & -\Delta\Theta_y & -\Delta\Theta_z \\ \Delta\Theta_x & 0 & \Delta\Theta_z & -\Delta\Theta_y \\ \Delta\Theta_y & -\Delta\Theta_z & 0 & \Delta\Theta_x \\ \Delta\Theta_z & \Delta\Theta_y & -\Delta\Theta_x & 0 \end{bmatrix}$$

$$= \begin{bmatrix} -\Delta\Theta^2 & 0 & 0 & 0 \\ 0 & -\Delta\Theta^2 & 0 & 0 \\ 0 & 0 & -\Delta\Theta^2 & 0 \\ 0 & 0 & 0 & -\Delta\Theta^2 \end{bmatrix} = -\Delta\Theta^2 I_{4\times4} \tag{2.44}$$

$$\Delta\Phi^2 = \Delta\Theta_x^2 + \Delta\Theta_y^2 + \Delta\Theta_z^2 \tag{2.45}$$

$$Q(t_{k+1}) = \exp\left(\frac{1}{2}\Delta\Theta\right)\cdot Q(t_k)$$

$$= \left[I + \frac{\frac{1}{2}\Delta\Theta}{1!} + \frac{\left(\frac{1}{2}\Delta\Theta\right)^2}{2!} + \cdots\right]\cdot Q(t_k)$$

$$= \left\{ I\left[1 - \frac{\left(\frac{\Delta\Theta}{2}\right)^2}{2!} + \frac{\left(\frac{\Delta\Theta}{2}\right)^4}{4!} - \cdots \right] + \frac{\Delta\Theta}{2}\left[\frac{\frac{\Delta\Theta}{2}}{1!} - \frac{\left(\frac{\Delta\Theta}{2}\right)^3}{3!} + \cdots \right] \frac{1}{\frac{\Delta\Theta}{2}} \right\} \cdot Q(t_k)$$

$$= \left[I\cos\frac{\Delta\Theta}{2} + \frac{\Delta\Theta}{2}\frac{\sin\frac{\Delta\Theta}{2}}{\Delta\Theta} \right] \cdot Q(t_k) \quad (2.46)$$

式(2.46)三角函数按照泰勒级数展开，即可得到四元数二阶近似算法：

$$Q(t_{k+1}) = \left(I\left(1 - \frac{\Delta\Theta^2}{8} \right) + \frac{\Delta\Theta}{2} \right) \cdot Q(t_k) \quad (2.47)$$

2) L 坐标系下状态误差方程

由式(2.32)可知，估计速度的动态为

$$\dot{\hat{v}}^L = \hat{a}^L + \hat{g}^L - \hat{\omega}^L \times \hat{v}^L \quad (2.48)$$

式中，变量定义与式(2.32)相同，上标添加尖号表示估计值。

$$\hat{C}_b^L = C_L^{\hat{L}} C_b^L = \left(I - \Psi^\times \right) C_b^L \quad (2.49)$$

$C_L^{\hat{L}}$ 为 L 坐标系至 $\hat{L}$ 坐标系的方向余弦矩阵，Ψ 表示 3 个姿态误差角，$\Psi^\times$ 为 L 坐标系至 $\hat{L}$ 坐标系的姿态误差角构成的反对称矩阵。

定义估计误差为估计值减去真实值，即 $e = \hat{x} - x$，定义比力误差为 Δa^b，角速度零偏误差为 ε^b，速度误差为 δv^L，分别为

$$\Delta a^b = \hat{a}^b - a^b \quad (2.50)$$

$$\varepsilon^b = \hat{\omega}^b - \omega^b \quad (2.51)$$

$$\delta v^L = \hat{v}^L - v^L \quad (2.52)$$

则速度误差动态为

$$\delta\dot{v}^L = \dot{\hat{v}}^L - \dot{v}^L = \left(\hat{a}^L - a^L \right) + \left(\hat{g}^L - g^L \right) + \left(-\hat{\omega}^L \times \hat{v}^L + \omega^L \times v^L \right) \quad (2.53)$$

在式(2.53)等号右侧第一部分中，忽略二阶小量相乘，整理得

$$\hat{a}^L - a^L = \hat{C}_b^L \hat{a}^b - C_b^L a^b$$

$$= \hat{C}_b^L \hat{a}^b - \left(I + \Psi^\times \right) \hat{C}_b^L \left(\hat{a}^b - \Delta a^b \right)$$

$$= \hat{C}_b^L \hat{a}^b - \hat{C}_b^L \hat{a}^b + \hat{C}_b^L \Delta a^b - \Psi^\times \cdot \hat{C}_b^L \left(\hat{a}^b - \Delta a^b \right)$$

$$= -\Psi^\times \cdot \hat{C}_b^L \hat{a}^b + \hat{C}_b^L \Delta a^b \quad (2.54)$$

式(2.53)等号右侧第二部分可消去。式(2.53)等号右侧第三部分为

$$-\hat{\omega}^L \times \hat{v}^L + \omega^L \times v^L = -\hat{C}_b^L \hat{\omega}^b \times \hat{v}^L + C_b^L \omega^b \times v^L$$

$$= -\hat{C}_b^L \hat{\omega}^b \times \hat{v}^L + \left(I + \Psi^\times\right)\hat{C}_b^L \left(\hat{\omega}^b - \Delta\omega^b\right) \times \left(\hat{v}^L - \delta v^L\right)$$

$$= -\hat{C}_b^L \varepsilon^b \times \hat{v}^L - \hat{C}_b^L \hat{\omega}^b \times \delta v^L + \Psi^\times \cdot \hat{C}_b^L \hat{\omega}^b \times \hat{v}^L \tag{2.55}$$

最终得到速度误差动态为

$$\delta\dot{v}^L = -\Psi^\times \cdot \hat{C}_b^L \hat{a}^b + \hat{C}_b^L \Delta a^b - \hat{C}_b^L \varepsilon^b \times \hat{v}^L - \hat{C}_b^L \hat{\omega}^b \times \delta v^L + \Psi^\times \cdot \hat{C}_b^L \hat{\omega}^b \times \hat{v}^L$$

$$= -\Psi^\times \cdot \hat{C}_b^L \left(\hat{a}^b - \hat{\omega}^b \times \hat{v}^L\right) - \hat{C}_b^L \varepsilon^b \times \hat{v}^L - \hat{C}_b^L \hat{\omega}^b \times \delta v^L + \hat{C}_b^L \Delta a^b \tag{2.56}$$

进一步忽略角速度零偏和加速度零偏，有

$$\delta\dot{v}^L = -\hat{C}_b^L \hat{\omega}^b \times \delta v^L + \hat{C}_b^L \left(\hat{a}^b - \hat{\omega}^b \times \hat{v}^L\right)^\times \cdot \Psi \tag{2.57}$$

取速度误差、姿态角误差和角速度零偏误差为状态变量，$X = \begin{bmatrix} \delta v^L & \Psi & \varepsilon^b \end{bmatrix}^T$，共 9 个状态，状态方程为

$$\begin{cases} \delta\dot{v}^L = -\hat{C}_b^L \hat{\omega}^b \times \delta v^L + \hat{C}_b^L \left(\hat{a}^b - \hat{\omega}^b \times \hat{v}^L\right)^\times \cdot \Psi \\ \dot{\Psi} = \varepsilon^b \\ \dot{\varepsilon}^b = 0 \end{cases} \tag{2.58}$$

由于俯仰角、侧倾角较小，为了分析方便，不妨假设 $\hat{C}_b^L = I_{3\times3}$。将具体的加速度和角速度代入式(2.58)中得到

$$\delta\dot{v}^L = -\hat{C}_b^L \hat{\omega}^b \times \delta v^L + \hat{C}_b^L \left(\hat{a}^b - \hat{\omega}^b \times \hat{v}^L\right)^\times \cdot \Psi$$

$$= -\hat{C}_b^L \begin{bmatrix} 0 & -\dot{\varphi} & \dot{\theta} \\ \dot{\varphi} & 0 & -\dot{\phi} \\ -\dot{\theta} & \dot{\phi} & 0 \end{bmatrix} \begin{bmatrix} \delta v_x \\ \delta v_y \\ \delta v_z \end{bmatrix} + \hat{C}_b^L \left(\begin{bmatrix} a_x \\ a_y \\ a_z \end{bmatrix} - \begin{bmatrix} 0 & -\dot{\varphi} & \dot{\theta} \\ \dot{\varphi} & 0 & -\dot{\phi} \\ -\dot{\theta} & \dot{\phi} & 0 \end{bmatrix} \begin{bmatrix} \hat{v}_x \\ \hat{v}_y \\ \hat{v}_z \end{bmatrix}\right)^\times \begin{bmatrix} \Psi_\phi \\ \Psi_\theta \\ \Psi_\varphi \end{bmatrix}$$

$$= -\hat{C}_b^L \begin{bmatrix} 0 & -\dot{\varphi} & \dot{\theta} \\ \dot{\varphi} & 0 & -\dot{\phi} \\ -\dot{\theta} & \dot{\phi} & 0 \end{bmatrix} \begin{bmatrix} \delta v_x \\ \delta v_y \\ \delta v_z \end{bmatrix} +$$

$$\hat{C}_b^L \begin{bmatrix} 0 & -\left(a_z + \dot{\theta}\hat{v}_x - \dot{\phi}\hat{v}_y\right) & \left(a_y - \dot{\varphi}\hat{v}_x + \dot{\phi}\hat{v}_z\right) \\ \left(a_z + \dot{\theta}\hat{v}_x - \dot{\phi}\hat{v}_y\right) & 0 & -\left(a_x + \dot{\varphi}\hat{v}_y - \dot{\theta}\hat{v}_z\right) \\ -\left(a_y - \dot{\varphi}\hat{v}_x + \dot{\phi}\hat{v}_z\right) & \left(a_x + \dot{\varphi}\hat{v}_y - \dot{\theta}\hat{v}_z\right) & 0 \end{bmatrix} \begin{bmatrix} \Psi_\phi \\ \Psi_\theta \\ \Psi_\varphi \end{bmatrix}$$

$$\tag{2.59}$$

式中，a_x、a_y 和 a_z 分别表示车身坐标系下 3 个方向的加速度；$\hat{v}_x$、$\hat{v}_y$ 和 $\hat{v}_z$ 分别表示车身坐标系下估计的 3 个方向的速度。

3) L 坐标系下测量模型

在 L 坐标系下，车辆的水平速度可通过基于车辆动力学的估计方法得到，将该估计值作为测量量，通过其与 L 坐标系下的 INS 积分所得水平速度作差得到 INS 的水平速度误差：

$$\begin{bmatrix} \hat{v}_{x\_\text{L-INS}} \\ \hat{v}_{y\_\text{L-INS}} \end{bmatrix} = \begin{bmatrix} v_x + \delta v_x \\ v_y + \delta v_y \end{bmatrix} = \begin{bmatrix} v_x \\ v_y \end{bmatrix} + \begin{bmatrix} \delta v_x \\ \delta v_y \end{bmatrix} \tag{2.60}$$

$$\begin{bmatrix} \hat{v}_{x\_\text{VD}} \\ \hat{v}_{y\_\text{VD}} \end{bmatrix} = \begin{bmatrix} v_x - w_{v_{\text{VD}x}} \\ v_y - w_{v_{\text{VD}y}} \end{bmatrix} = \begin{bmatrix} v_x \\ v_y \end{bmatrix} + \begin{bmatrix} -w_{v_{\text{VD}x}} \\ -w_{v_{\text{VD}y}} \end{bmatrix} \tag{2.61}$$

式中，$w_{v_{\text{VD}x}}$ 和 $w_{v_{\text{VD}y}}$ 分别表示基于车辆动力学估计所得纵向速度和侧向速度的噪声。对式(2.60)和式(2.61)作差可得速度误差的测量模型为

$$\begin{bmatrix} \delta v_x \\ \delta v_y \end{bmatrix} = \begin{bmatrix} v_{\text{I}x} \\ v_{\text{I}y} \end{bmatrix} - \begin{bmatrix} v_{\text{VD}x} \\ v_{\text{VD}y} \end{bmatrix} = \begin{bmatrix} \delta v_x \\ \delta v_y \end{bmatrix} + \begin{bmatrix} w_{v_{\text{VD}x}} \\ w_{v_{\text{VD}y}} \end{bmatrix} \tag{2.62}$$

基于以上系统模型和测量模型，可通过自适应卡尔曼滤波算法估计系统状态，该算法可处理系统模型中 IMU 加速度和角速度测量中的噪声以及测量模型中车辆动力学估计误差带来的噪声问题，从而得到速度误差和姿态误差的估计。

4)空间对准系统能观性分析

根据式(2.62)，水平速度误差可直接测量，两个水平速度误差能观。其他状态则通过速度误差观测。

观察水平速度误差动态可知，该动态由两部分构成，第一部分与速度误差自身相关，第二部分与姿态误差相关。可基于第二部分通过水平速度误差估计姿态误差，姿态误差的系数项为与车辆运行速度、加速度和角速度相关的时变项，需要分析该时变系统的能观性。

需要说明的是，对于模型(2.58)，由于根据姿态误差估计角速度零偏误差不存在能观性问题，为了简化，将该模型改写为

$$\begin{cases} \delta \dot{v}^L = -\hat{C}_b^L \hat{\omega}^b \times \delta v^L + \hat{C}_b^L \left(\hat{a}^b - \hat{\omega}^b \times \hat{v}^L \right)^\times \cdot \boldsymbol{\Psi} \\ \dot{\boldsymbol{\Psi}} = 0 \end{cases} \tag{2.63}$$

测量模型仍为式(2.62)，在分析能观性时，可将该时变系统转化为分段定常系统(piece-wise constant system，PWCS)处理[133]，在每个时间片段内，系统变为线性定常系统，然后将不同的时间片段综合起来分析系统状态的能观性。结合式(2.63)，令

$$
A = \begin{bmatrix}
0 & \dot{\varphi} & -\dot{\theta} & 0 & -\left(a_z + \dot{\theta}\hat{v}_x - \dot{\varphi}\hat{v}_y\right) & \left(a_y - \dot{\varphi}\hat{v}_x + \dot{\phi}\hat{v}_z\right) \\
-\dot{\varphi} & 0 & \dot{\phi} & \left(a_z + \dot{\theta}\hat{v}_x - \dot{\varphi}\hat{v}_y\right) & 0 & -\left(a_x + \dot{\varphi}\hat{v}_y - \dot{\theta}\hat{v}_z\right) \\
\dot{\theta} & -\dot{\phi} & 0 & -\left(a_y - \dot{\varphi}\hat{v}_x + \dot{\phi}\hat{v}_z\right) & \left(a_x + \dot{\varphi}\hat{v}_y - \dot{\theta}\hat{v}_z\right) & 0 \\
0 & 0 & 0 & 0 & 0 & 0 \\
0 & 0 & 0 & 0 & 0 & 0 \\
0 & 0 & 0 & 0 & 0 & 0
\end{bmatrix}
$$

$$
= \begin{bmatrix} A_1^\times & A_2^\times \\ 0_{3\times3} & 0_{3\times3} \end{bmatrix} \tag{2.64}
$$

对于测量矩阵，为便于矩阵操作及书写，补充了垂向速度作为测量量，本书重点关注的是航向角安装误差角估计，观察垂向速度动态可知，垂向速度动态与航向角误差并无耦合关系，因此添加垂向速度作为测量量，不影响分析航向角安装误差的能观性，故测量矩阵为

$$
C = \begin{bmatrix}
1 & 0 & 0 & 0 & 0 & 0 \\
0 & 1 & 0 & 0 & 0 & 0 \\
0 & 0 & 1 & 0 & 0 & 0
\end{bmatrix}
$$

$$
= \begin{bmatrix} I_{3\times3} & 0_{3\times3} \end{bmatrix} \tag{2.65}
$$

假设有 $j(j>1)$ 个时间片段，在时间片段 j 内，能观性矩阵 $\tilde{Q}(j)$ 定义为

$$
\tilde{Q}(j) = \begin{bmatrix}
C \\
CA(j) \\
CA^2(j) \\
\vdots \\
CA^{n-1}(j)
\end{bmatrix} e^{A(j-1)\Delta t_{j-1}} \cdots e^{A(1)\Delta t_1} \tag{2.66}
$$

式中，n 表示系统的维数，取为 6；Δt_j 为每个片段的时间长度。

从时间片段 1 至时间片段 j，完整的能观性矩阵(total observability matrix，TOM)为

$$
\tilde{Q}_{\text{TOM}}(j) = \begin{bmatrix}
\tilde{Q}(1) \\
\tilde{Q}(2) e^{A(1)\cdot\Delta t_1} \\
\tilde{Q}(3) e^{A(2)\cdot\Delta t_2} e^{A(1)\cdot\Delta t_1} \\
\vdots \\
\tilde{Q}(j) e^{A(j-1)\Delta t_{j-1}} \cdots e^{A(1)\Delta t_1}
\end{bmatrix} \tag{2.67}
$$

由于 $\tilde{Q}_{\text{TOM}}(j)$ 包含了指数项，难以进行能观性分析。为简化分析，如果

$$\text{null}\big(\tilde{Q}(j)\big) \subset \text{null}\big(A(j)\big), \qquad \forall j \tag{2.68}$$

即 $\tilde{Q}(j)$ 的零空间属于 $A(j)$ 的零空间对于任意 j 均成立，那么可使用简化的能观性矩阵(simplified observability matrix，SOM) $\tilde{Q}_{\text{SOM}}(j)$ 替代 $\tilde{Q}_{\text{TOM}}(j)$ 以分析系统状态的能观性。$\tilde{Q}_{\text{SOM}}(j)$ 由式(2.69)给出：

$$\tilde{Q}_{\text{SOM}}(j) = \begin{bmatrix} \tilde{Q}(1) \\ \tilde{Q}(2) \\ \tilde{Q}(3) \\ \vdots \\ \tilde{Q}(j) \end{bmatrix} \tag{2.69}$$

下面将根据由系统方程(2.63)和测量模型(2.65)描述的系统，证明式(2.68)成立。忽略式(2.66)中的指数项，有

$$\tilde{Q}(j)_0 = \begin{bmatrix} C \\ CA(j) \\ CA^2(j) \\ \vdots \\ CA^{n-1}(j) \end{bmatrix} \tag{2.70}$$

进一步，将系统模型(2.64)和测量模型(2.65)代入式(2.70)有

$$\tilde{Q}(j)_0 = \begin{bmatrix} I_{3\times3} & 0_{3\times3} \\ A_1^{\times} & A_2^{\times} \\ \vdots & \vdots \\ \big(A_1^{\times}\big)^5 & \big(A_2^{\times}\big)^5 \end{bmatrix} \tag{2.71}$$

假设 x_0 属于零空间，将 x_0 分为两个部分，即 $x_0 = [x_{0,1} \quad x_{0,2}]^{\text{T}}$，每个部分 3 个状态，则有

$$\tilde{Q}(j)_0 \cdot x_0 = 0 \tag{2.72}$$

即

$$\begin{cases} x_{0,1} = 0 \\ A_1^{\times} \cdot x_{0,1} + A_2^{\times} \cdot x_{0,2} = 0 \\ \vdots \\ \big(A_1^{\times}\big)^5 \cdot x_{0,1} + \big(A_2^{\times}\big)^5 \cdot x_{0,2} = 0 \end{cases} \tag{2.73}$$

显然对于所有满足的 x_0 解，必然满足

$$A(j) \cdot x_0 = 0 \tag{2.74}$$

因此式(2.68)成立，可使用简化的 $\tilde{Q}_{\text{SOM}}(j)$ 替代 $\tilde{Q}_{\text{TOM}}(j)$ 分析系统状态的能观性。

基于 $\tilde{Q}_{\mathrm{SOM}}(j)$，使用奇异值分解法进行分析。对 $\tilde{Q}_{\mathrm{SOM}}(j)$ 进行奇异值分解有

$$\tilde{Q}_{\mathrm{SOM}}(j) = U\Sigma V^{\mathrm{T}} \tag{2.75}$$

式中，$U = [u_1 \quad u_2 \quad \cdots \quad u_{j \cdot n}]$ 和 $V = [v_1 \quad v_2 \quad \cdots \quad v_n]$ 均为单位正交阵；$\Sigma = \begin{bmatrix} S_{r \cdot r} & 0_{r \cdot (n-r)} \\ 0_{(n \cdot j - r) \cdot r} & 0_{(n \cdot j - r) \cdot (n-r)} \end{bmatrix}$，$S_{r \cdot r} = \mathrm{diag}(\sigma_1, \sigma_2, \cdots, \sigma_r)$，$r$ 表示 $\tilde{Q}_{\mathrm{SOM}}(j)$ 的秩。

假设 X_0 表示时间片段 0 的状态初值，Y_j 表示测量值，即表示 3 个方向速度的测量值，则有

$$\begin{aligned} Y_j &\simeq \tilde{Q}_{\mathrm{SOM}}(j) \cdot X_0 \\ &\simeq U\Sigma V^{\mathrm{T}} \cdot X_0 \\ &\simeq \sum_{i=1}^{r} \sigma_i u_i v_i^{\mathrm{T}} \cdot X_0 \end{aligned} \tag{2.76}$$

为从测量中估计状态量，通过矩阵变形有

$$X_0 \simeq \left(\tilde{Q}_{\mathrm{SOM}}(j)^{\mathrm{T}} \tilde{Q}_{\mathrm{SOM}}(j) \right)^{-1} \tilde{Q}_{\mathrm{SOM}}(j)^{\mathrm{T}} Y_j \tag{2.77}$$

将式(2.75)代入式(2.77)有

$$\begin{aligned} X_0 &\simeq \left(\left(U\Sigma V^{\mathrm{T}} \right)^{\mathrm{T}} U\Sigma V^{\mathrm{T}} \right)^{-1} \left(U\Sigma V^{\mathrm{T}} \right)^{\mathrm{T}} Y_j \\ &\simeq V \left(\Sigma^{\mathrm{T}} \Sigma \right)^{-1} \Sigma^{\mathrm{T}} U^{\mathrm{T}} Y_j \\ &\simeq \sum_{i=1}^{r} \frac{1}{\sigma_i} v_i u_i^{\mathrm{T}} \cdot Y_j \end{aligned} \tag{2.78}$$

则第 k 个状态的能观性定义为

$$\eta_k = \frac{\sigma_i}{\sigma_0} \tag{2.79}$$

σ_0 表示能直接测量对应的奇异值，σ_i 表示使得 $\left[v_i u_i^{\mathrm{T}} / \sigma_i \right]_k$ 项取得最大值的奇异值。式(2.79)表示状态的可观测度等于使得该变量取得最大值时的奇异值与直接测量对应的奇异值之比。

下面选定几段车辆常规的行驶工况用于分析系统(2.63)中状态的能观性，见表 2.7。选取 4 个片段为 4 种典型工况：①车辆从静止状态起步；②车辆开始直线加速行驶，在车辆纵向施加激励；③车辆开始紧急转向行驶，在车辆侧向施加激励；④车辆紧急转向和制动，在车辆纵/侧向同时施加激励。

表 2.8 给出了能观性分析结果。可知车辆静止时，由于只有纵向速度和侧向速度两个测量，而待观测状态为 3 个，航向角安装误差为不能观状态，俯仰角误差和侧倾角误差的能观性较好；当车辆开始加速行驶时，加速度改变，航向角安装误差开始变得能观，但加速度较小，能观性较弱，为 0.1；当车辆以较大的侧向

加速度转向行驶时,航向角安装误差的能观性改善,变为 0.2;当车辆在纵向和侧向同时存在加速度激励时,航向角安装误差的能观性进一步改善。因此车辆需存在一定纵向和侧向激励,车辆的航向角安装误差才可以被估计。这一现象可以结合式(2.63)中姿态误差角的系数式(2.80)来进一步分析,称 Γ 为姿态角耦合加速度。航向角安装误差前面的系数为 $\left(a_y - \dot{\varphi}\hat{v}_x + \dot{\phi}\hat{v}_z\right)$ 和 $\left(a_x + \dot{\varphi}\hat{v}_y - \dot{\theta}\hat{v}_z\right)$,当加速度为零时,航向角安装误差的系数变为 0,也就是速度误差与航向角安装误差不再相关,所以航向角变得不再能观,而当系数不为 0 且变化时,由 PWCS 的能观性理论可知,航向角安装误差变为能观。

表 2.7　车辆行驶工况

片段序号	工况	纵向加速度/m/s²	侧向加速度/m/s²
1	静态	0	0
2	直线加速行驶	2	0
3	紧急转向	0	4
4	制动加紧急转向	−4	4

表 2.8　能观性分析结果

变量	片段 1 能观性	片段 2 能观性	片段 3 能观性	片段 4 能观性
$\delta\varphi$	1	0.995	1	1
$\delta\theta$	1	1	0.98	1
$\delta\varphi$	0	0.1	0.2	0.28

$$\Gamma = \hat{C}_b^L \left(\hat{a}^b - \hat{\omega}^b \times \hat{v}^L\right) \tag{2.80}$$

然而,车辆剧烈转向才可在车辆侧向施加激励。当车辆的侧向加速度较大时,基于车辆动力学估计的侧向速度误差较大,此时若将其作为测量估计航向角安装误差会引入较大的误差。而车辆直线加减速时,纵向速度估计相较于侧向速度估计更加容易,因此使用直线加减速工况以保证足够的纵向加速度估计航向角安装误差。

5)实验结果

空间对准实验平台和时间对准实验平台相同。

(1)正常安装 IMU 实验结果。

图 2.27 为传感器安装示意图,惯性单元安装于车辆后备厢位置,安装图如图 2.28 所示。由于安装误差,传感器敏感轴与车身坐标系一般存在一个绕 z 轴的误差角 α。

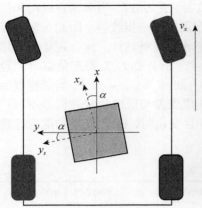

图 2.27　传感器安装示意图

图 2.28　传感器安装实物图

　　图 2.29 给出了 IMU 正常安装时的空间对准实验结果。车辆直线行驶的轨迹如图 2.29(a)所示。式(2.80)表示的加速度如图 2.29(b)所示，约 65s 之后，可知车辆在垂向和纵向存在一定激励，此时航向角安装误差开始变得能观。图 2.29(c)中实线表示航向角安装误差估计结果，经过 65s 后航向角安装误差开始向真值附近收敛。但由于真值无法测量，除了分析航向角安装误差估计结果外，还使用速度和速度误差间接评价航向角安装误差估计结果。

(a)位置

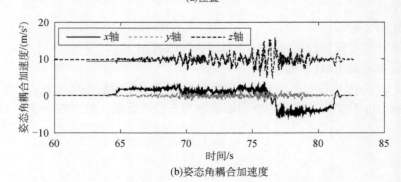

(b)姿态角耦合加速度

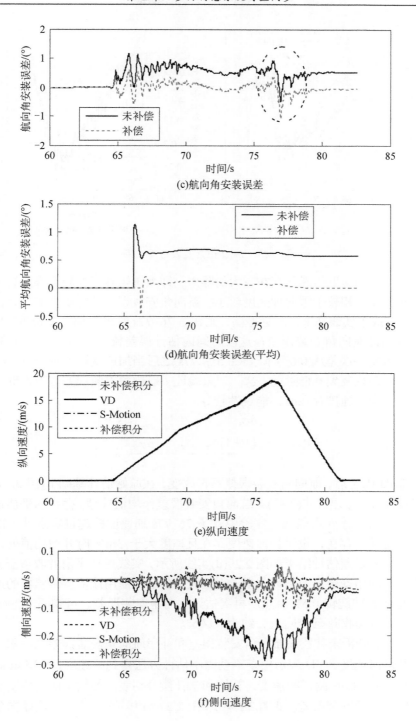

(c)航向角安装误差

(d)航向角安装误差(平均)

(e)纵向速度

(f)侧向速度

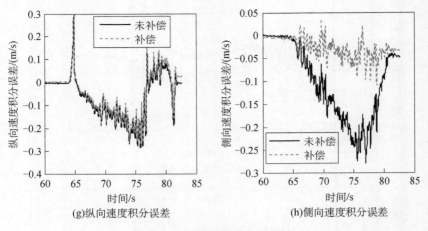

(g)纵向速度积分误差　　　　　　　　(h)侧向速度积分误差

图 2.29　IMU 正常安装对准结果

一方面，加速度传感器存在较大的噪声，即系统矩阵存在较大噪声；另一方面，纵向加速度相较于垂向加速度较小，航向角安装误差的能观性欠佳，估计噪声较大，造成了实线在 0.6°附近振荡，尤其是 76~77s 时纵向加速度跨越零时，实线所示的估计航向角安装误差在这段时间内估计误差较大，如图 2.29(c)圈中部分，航向角安装误差从 0.6°下降到-0.5°，77s 之后当加速度增加到-6m/s² 时，航向角安装误差恢复到 0.6°附近，这一现象验证了航向角安装误差能观性部分分析结果，当纵向加速度存在时，能观性较好。

$$\delta\varphi_{\text{Ave}\_k} = \begin{cases} \delta\varphi_k & , \ k=1 \\ \dfrac{(k-1)\delta\varphi_{\text{Ave}\_{k-1}}}{k} + \dfrac{\delta\varphi_k}{k}, & k>1 \end{cases} \tag{2.81}$$

当 IMU 固定后，航向角安装误差不再改变，在原始估计基础上(图 2.29(c))为进一步滤除噪声，通过式(2.81)对航向角安装误差作均值处理。存在水平加速度时航向角安装误差才变得能观，实验中除了 76~77s 加速度跨越过零点外大部分时刻纵向加速度均存在，设置当加速度存在且速度大于 3m/s 时开始均值处理，平均航向角安装误差估计结果如图 2.29(d)实线所示，实线更加平滑并收敛至 0.57°。为了验证航向角安装误差估计效果，得到收敛值后，使用该值将传感器的加速度和角速度绕 z 轴旋转 0.57°。然后再次估计航向角安装误差，可知图 2.29(c)和图 2.29(d)中虚线均收敛至 0°附近，约为 0.005°。

进一步，分析未补偿该航向角安装误差和补偿航向角安装误差之后积分得到的纵向和侧向速度，VD 表示由车辆动力学估计方法得到的速度，S-Motion 表示由 Kistler S-Motion 测得的速度，补偿和未补偿分别表示补偿了航向角安装误差和未补偿航向角安装误差。从图 2.29(e)和图 2.29(g)中可知，该小角度航向角安装误差对纵向速度影响较小，实线和虚线较为接近，这是因为加速度传感器中测得的纵向加速度与车辆真实的加速度也较接近，二者是余弦投影关系。对侧向速度而言，由于存在航向角安装误差，车辆纵向加速度在侧向轴产生投影，侧向加速度测量中包含纵向加速度，且二者是正弦投影关系，因此侧向速度受纵向加速度影响较大。如图 2.29(f)和图 2.29(h)所示，实线表示车辆的侧向速度和侧向速度误差随着车辆纵向加速而增大，随着车辆减速而减小，与纵向加速度耦合明显，补偿航向角安装误差后，虚线表示的侧向速度明显减小，侧向速度与纵向加速度耦合基本消除，可间接验证航向角安装误差估计正确，补偿有效。

(2)人为旋转 IMU 后实验结果。

IMU 若被精心安装，安装误差角一般较小，安装误差可能在 1°以内，但该角度无法测量。为进一步验证估计效果，将传感器人为绕 z 轴旋转一已知的角度 ν (图 2.30)，将传感器坐标系 b 旋转至 b'，即对原三轴加速度左乘方向余弦矩阵 $C_b^{b'}$，以验证在较大角度失准的条件下航向角安装误差估计算法能否估计出该角度。在图 2.27 的基础上，将传感器逆时针旋转 2°。其对准结果如图 2.31 所示。

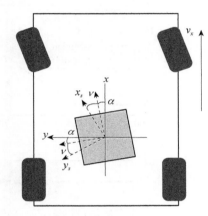

图 2.30　传感器安装示意图（人为扭转）

$$C_b^{b'} = \begin{bmatrix} \cos\nu & -\sin\nu & 0 \\ \sin\nu & \cos\nu & 0 \\ 0 & 0 & 1 \end{bmatrix} \qquad (2.82)$$

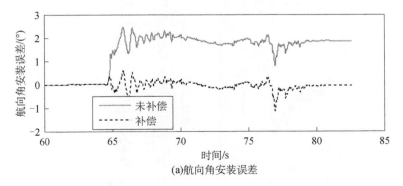

(a)航向角安装误差

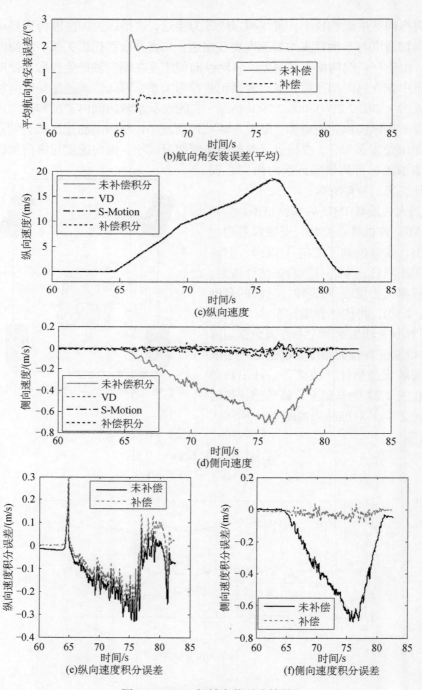

图 2.31　IMU 扭转安装对准结果

由图 2.31(a)和图 2.31(b)可知,当人为施加 2°的航向角安装误差后,图 2.31(a)中的未补偿曲线在 1.9°附近振荡。为了得到更加准确的航向角安装误差值,仍在速度大于 3m/s 的条件下进行均值处理,经过均值处理后,航向角安装误差估计为 1.91°,经过该航向角安装误差补偿后,图 2.31(d)和图 2.31(f)虚线表示的侧向速度积分误差明显减小。

从以上两个部分的实验结果可以得到以下 3 个结论:

(1)航向角安装误差对侧向速度的积分估计有着重要的影响,且该误差无法测量,只能通过估计手段获取。本书提出的基于车辆动力学辅助的估计方法能够估计出航向角安装误差。

(2)航向角安装误差只有车辆在纵向或者侧向存在加速度激励的条件下才变得能观,实验结果验证了能观性分析部分结论,而且由于系统时变且加速度传感器测量中包含较大的噪声,造成航向角安装误差估计结果产生振荡现象。为提高估计精度,在存在加速度激励条件下,需要对航向角安装误差进行均值处理。

(3)航向角安装误差对纵向速度积分影响较小,而对侧向速度积分结果影响较大,特别是在估计侧向速度或者侧偏角时,该安装误差角需要补偿。

2.3.2　GNSS 双天线航向对准

由于 GNSS 双天线可提供航向信息,所以在自动驾驶位姿估计与组合导航研究中被广泛使用,同样由于安装误差,双天线所形成的矢量通常与车辆的纵轴存在一个恒定的安装误差角。为了得到车辆的航向,需要对 GNSS 双天线对准,即该误差角的估计。

当车辆近似直线行驶时,轨迹角可作为航向角测量;当使用双天线时,双天线测得的航向角也可作为航向角测量。

由于仅在车辆近似直线行驶时使用轨迹角 ψ_{G_C} 作为测量,此时前轮转角较小,可将车辆简化为单轨模型。车辆转向几何特性会导致 GNSS 天线处速度与车辆纵向轴线存在额外的角度误差 δ_c (图 2.32),需进行补偿。

当车辆左转时,根据几何关系有

$$\delta_c = \arctan\left(\frac{L_{Ax}}{\dfrac{L_{WB}}{\arctan\delta} - L_{Ay}}\right) \tag{2.83}$$

当车辆右转时,有

$$\delta_c = \arctan\left(\frac{L_{Ax}}{\dfrac{L_{WB}}{\arctan\delta} + L_{Ay}}\right) \tag{2.84}$$

图 2.32 和式(2.83)、式(2.84)中,o 为车辆瞬时转动中心;L_{WB} 为轴距;R_{turn} 为转向

半径；δ 为前轮转角；δ_{m_G} 为 GNSS 双天线矢量方向与车辆纵轴夹角；L_{Ax} 为 GNSS 天线至后轴在 x 轴方向距离；L_{Ay} 为 GNSS 天线至车辆纵轴在 y 方向距离。需要补偿车辆转向带来的侧偏角 δ_c。

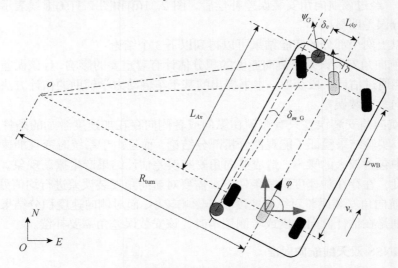

图 2.32　前轮转向车辆航向示意图

$$\psi_{G\_C} = \varphi_G + \delta_c + \beta_A + \eta \qquad (2.85)$$

式中，φ_G 为 GNSS 测量的车辆航向角；η 为随机噪声。

当使用 GNSS 航向角作为测量反馈时，如图 2.32 所示，GNSS 双天线一般存在角度误差 δ_{m_G}，使用双天线方向辅助航向时需进行补偿。车辆直线行驶时，主天线轨迹角 ψ_{G_C} 与航向角间的夹角即 δ_{m_G}，其关系见式(2.86)。δ_{m_G} 可通过最小二乘算法或者均值方法辨识，这里选取最小二乘算法。

$$\psi_G = \varphi_G + \delta_{m\_G} + \eta \qquad (2.86)$$

图 2.33 给出了 GNSS 双天线航向对准结果。图 2.32 中使用的车辆水平运动学模型忽略了后轴轮胎的侧偏角，在实验中应尽可能小地施加横向激励，因此这里选取了近似直线行驶工况来验证算法。车辆行驶的轨迹如图 2.33(a)所示。在此工况下，该车辆运动学模型精度较高。图 2.33(b)中虚线表示 GNSS 双天线安装误差的测量值，实线表示使用最小二乘估计算法估计的结果。虚线中的噪声可以被显著滤除，经过几秒钟后，实线能够收敛至参考值附近。如图 2.33(b)所示，选取 88~97s 收敛区域的结果进行均值处理，以获取更加准确的估计值。最终估计得到的 GNSS 双天线航向角安装误差为 1.1°。该角度可用于将 GNSS 测得的航向值转化至车辆坐标系下，完成 GNSS 双天线对准过程。

(a) 测试行车轨迹图

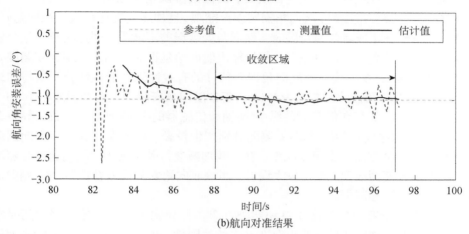

(b)航向对准结果

图 2.33　航向对准实验结果

2.4　本 章 小 结

　　本章针对多源异构传感系统不同传感器的时空同步问题，利用车辆动力学的辅助，对 GNSS 位置延迟时间和相机特征信息的延迟时间进行估计，同时完成了 IMU 的安装误差角估计和 GNSS 双天线航向对准。

　　在 GNSS 位置延迟时间估计方法中，基于轮速并结合估计所得航向角推导了位置积分算法，进一步结合 GNSS 接收机输出位置推导了积分算法的位置、航向和延迟时间误差动态方程和测量方程，结合自适应卡尔曼滤波算法可估计位置误差、航向角安装误差和位置延迟时间误差；在时间对准硬同步方法中，设计了基于 GNSS 接收机 PPS 信号的 GNSS 接收机和 INS 的同步架构，并通过硬件实现；在相机输出航向延迟时间估计中，短时间内对 IMU 的角速度进行积分，以获取无延迟航向的参考值，然后选取一个滑动窗，使用最小二乘算法对相机的延迟时间进行了估计；基于角速度增量和加速度增量提出了在车辆水平坐标系 L 下的速度积分算法，利用四元数设计了姿态解算算法，然后推导了在水平坐标系 L 下的速度误差、姿态误差和角速度零偏误差的动态方程和测量方程，随后基于此模型使用自适应卡尔曼滤波算法估计速度误差、姿态误差和角速度零偏误差；对于GNSS双天线航向对准问题，基于车辆运动学模型，对转向带来的额外转向角在天线处进行补偿，然后根据航迹角与航向角差值的余下部分使用最小二乘算法对GNSS双天线安装误差角进行了估计；对时间对准系统中的状态和空间对准系统中的状态分别进行了能观性分析。对于前者，当速度变化即存在加速度时，时间同步误差的能观性较好，当速度恒定时，时间同步误差不能观；对于后者，当车辆在水平方向存在激励时，航向角安装误差能观，且加速度变化越大能观性越好，反之，当车辆静止或者匀速行驶时，航向角安装误差不能观；通过实车实验分别验证了 GNSS 位置延迟时间估计、相机输出航向角延迟时间估计、IMU 安装误差角估计和 GNSS 双天线安装航向角误差估计的有效性以及能观性分析所得的结论，GNSS 延迟时间估计误差约为 120ms，正常航向角安装误差对准误差小于 0.1°。航向角安装误差的存在使车辆的纵/侧向轴和传感器的纵/侧向轴不一致，导致车辆的纵/侧向加速度在传感器的纵/侧向分别产生投影，因此车辆在一个方向运动会导致在另一个方向产生积分误差，在直线加减速行驶工况中，侧向速度会随纵向加速度的改变而改变，存在较大误差，当该航向角安装误差补偿后，纵/侧向加速度耦合现象明显减弱。

　　本书根据研究成果提出了自动驾驶汽车多源异构传感系统传感器间的时空同步方法，然而这些估计方法也存在一定的局限性：所使用的车辆动力学模型作了简化，该模型在剧烈的纵向或者侧向工况下的适用性有待研究，当车辆进入剧烈的动态工况下时，轮胎和悬架的非线性以及轴荷转移等对车辆模型精度影响较大，进而影响轮速和车辆侧偏角的精度，从而导致测量模型存在误差，影响 GNSS 和相机延迟时间及 IMU 以及 GNSS 双天线安装误差角的估计；GNSS 位置和相机的延迟时间都被建模为恒定量，然而在实际使用过程中，二者会发生一定程度的改变，因此在未来的研究中，有必要尝试对其进行更加快速的估计。

第3章 自主式车辆位姿估计与组合导航

第1章提到，自动驾驶汽车的位姿和导航信息通常包括车辆姿态、速度和位置，这些信息是自动驾驶技术的基础。对于姿态和速度估计而言，可依靠车辆自主式传感器(即不依赖外界输入信息)实现姿态和速度的估计。对于位置而言，使用传统的航位推算算法长时间估计位置必然导致累积误差，必须使用外界信息消除该误差，如使用 GNSS 或预先建好的地图提供位置信息等。在 GNSS 信号长时间异常的情况下，后者显得尤其重要。基于此，本章将针对自主式车辆位姿估计与组合导航方法进行介绍。

对于姿态和速度而言，当 GNSS 信号长时间缺失时，磁力计和加速度计可以用于提供姿态的测量，减少角速度长时间积分导致的误差。另外，车内磁场复杂且运动多变，使用磁力计和加速度计测量车身姿态面临挑战；使用车辆动力学模型设计观测器估计得到的纵/侧向速度也可用于对基于加速度积分得到的速度进行修正[20]，然而现有研究大都考虑的是车辆水平运动的模型，缺乏考虑车身水平姿态如俯仰和侧倾导致加速度计中的加速度分量。

在 GNSS 信号短时间异常情况下，现有自动驾驶汽车位姿估计技术研究大都使用航位推算算法短时对位置继续估计，然而在 GNSS 信号长时间异常或缺失的条件下，该方法变得不可取，航位推算的位置误差与时间呈正相关趋势，因此长时间导致的累积误差将使得所估计位置无法再供自动驾驶(其他模块如轨迹跟踪)所使用，此时需要使用不依赖实时 GNSS 信号的位置估计方法修正累积误差，例如，同济大学的 Wang 等[129]基于激光雷达设计了路沿检测算法，然后利用 GNSS/INS 组合导航系统提供精确位置预先建立了路沿地图，然后在 GNSS 信号长时间异常条件下，使用当前点云与预先建好的路沿地图进行匹配以实现累计误差的修正。然而激光雷达价格昂贵，使用低成本相机建立类似的地图变得更加有优势。

在 GNSS 信号长时间异常的情况下，本章使用车辆动力学辅助多轴 IMU 信息，对车辆车身侧偏角、速度和姿态角进行估计。受 GNSS/INS 组合方式的启发，基于松耦合组合方式提出融合多轴 IMU 信息和基于车辆动力学的速度观测器信息的方法，充分发挥车辆动力学特性对于多轴 IMU 在车辆状态估计方面的辅助，以估计车辆车身侧偏角、速度和姿态角；尝试使用相机获取的车辆前方预瞄点至车道线距离辅助车辆动力学模型，对车辆侧向速度进行估计；同时也将自动驾驶汽车中的线控转向系统所提供的回正力矩信息用于车辆侧向速度和路面峰值附着系数估计，路面峰值附着系数估计结果可用于修正车辆在不同路面下的动力学模型；使用高精度 GNSS/INS 组合系统提供位置信息建立车道线地图，然后由相机获取车辆前方预瞄点至车道线距离信息。该信息可用于修正基于车辆动力学模型的航位推算算法中的累积误差。

3.1   多轴 IMU 与动力学融合的姿态角与速度联合估计

3.1.1   车辆动力学辅助多轴 IMU 状态估计算法架构

车辆是由多运动单元组成的整体，在不同的行驶工况下，由于悬架等弹性单元存在，车身相对底盘发生多维转动。车身的俯仰角和侧倾角经常变化，而 IMU 通常安装于车身，对于加速度传感器，俯仰角和侧倾角的变化会导致重力在加速度测量中产生分量，需要对该分量进行补偿，否则长时间积分会带来较大的速度误差。因此在估计车身速度和侧偏角时，需同时对车身姿态角进行估计，本书提出了如图 3.1 所示的多源传感器融合架构。

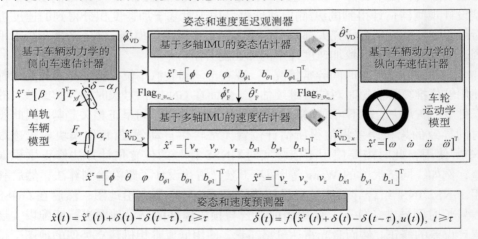

图 3.1   基于车辆动力学辅助 IMU 的姿态角与纵/侧向速度联合估计架构

图 3.1 所示的估计器具有两个部分：姿态和速度延迟观测器以及姿态和速度预测器。姿态和速度延迟观测器用于估计过去时刻 $(t-\tau)$ 的姿态和速度，输入至预测器中，并结合 $(t-\tau)$ 时刻至 t 时刻的加速度和角速度对当前时刻姿态和速度进行预测。

对于姿态和速度延迟观测器(图 3.1 上半部分)，当车辆运行在小激励条件下(较小的纵/侧向加速度)时，基于车辆动力学模型估计所得的纵/侧向速度及其加速度精度较高，此时可将其作为测量反馈作用于基于多轴 IMU 的姿态和速度估计器，以消除基于多轴 IMU 的姿态和速度估计器的累积误差。当车辆运行在大激励条件下(大纵/侧向加速度)时，由于模型失配，基于车辆动力学模型估计所得的纵/侧向速度及其加速度精度较差，此时不再将其反馈至基于多轴 IMU 的姿态和速度估计器，基于多轴 IMU 的姿态和速度估计器运行于积分模式。由于在小激励条件下，通过车辆动力学辅助已将基于多轴 IMU 的姿态和速度估计器维持在较高精度状态，因此，当极限工况持续一段时间时，得益于考虑了车身姿态变化导致的加速度测量中的重力分量，基于多轴 IMU 的姿态和速度估计器仍可维持较高的估计精度。

　　一般地，车辆进入极限工况一段时间后算法才可识别车辆已经进入极限工况，该判断行为存在时间延迟。为了保证该段延迟时间内基于车辆动力学估计器的纵/侧向速度异常值不被反馈至基于多轴 IMU 的姿态和速度估计器中，将判断标志位延迟一段时间并与当前时间的判断标志位取或，与此同时，将基于车辆动力学估计器和基于多轴 IMU 估计器的估计结果均延迟 τ，判断标志位便可以超前建立以切断基于多轴 IMU 估计器的测量反馈，实现对基于车辆动力学估计器的纵/侧向速度异常值检测和隔离。对于姿态和速度预测器(图 3.1 下半部分)，在对 $(t-\tau)$ 时刻姿态和速度估计值的基础上，基于 $(t-\tau)$ 时刻至 t 时刻的加速度和角速度通过姿态和速度预测器对当前时刻的姿态和速度进行预测。

3.1.2　基于多源信息融合的姿态估计

　　姿态角估计模块对固结于车身的三轴角速度信息和 GNSS/INS 组合导航模块输出的航向信息与重力加速度中包含的姿态信息使用 EKF 算法融合，以估计车身姿态。

1. 姿态估计模型

1)姿态角估计系统模型
　　在车身姿态角解算时，用车身坐标系相对于导航坐标系的一组欧拉角来表示车身姿态角[20]，导航坐标系至车身坐标系的旋转顺序为 z-y-x。
　　本算法在车身坐标系下设计，若无特别说明，变量均处于车身坐标系，当处于其他坐标系时，变量均添加了上标和下标以区分。
　　绕 z 轴的旋转矩阵 R_n^{n1} 为

$$R_n^{n1}\left(\varphi\right)=\begin{bmatrix} \cos\varphi & \sin\varphi & 0 \\ -\sin\varphi & \cos\varphi & 0 \\ 0 & 0 & 1 \end{bmatrix} \tag{3.1}$$

绕 y 轴的旋转矩阵 R_{n1}^{n2} 为

$$R_{n1}^{n2}(\theta) = \begin{bmatrix} \cos\theta & 0 & -\sin\theta \\ 0 & 1 & 0 \\ \sin\theta & 0 & \cos\theta \end{bmatrix} \tag{3.2}$$

绕 x 轴的旋转矩阵 R_{n2}^{b} 为

$$R_{n2}^{b}(\phi) = \begin{bmatrix} 1 & 0 & 0 \\ 0 & \cos\phi & \sin\phi \\ 0 & -\sin\phi & \cos\phi \end{bmatrix} \tag{3.3}$$

最后，得到车身坐标系下测得的角速度与姿态角的关系为

$$\begin{bmatrix} \dot{\phi}_s \\ \dot{\theta}_s \\ \dot{\varphi}_s \end{bmatrix} = \begin{bmatrix} \dot{\phi} \\ 0 \\ 0 \end{bmatrix} + R_{n2}^{b}(\phi)\begin{bmatrix} 0 \\ \dot{\theta} \\ 0 \end{bmatrix} + R_{n2}^{b}(\phi)R_{n1}^{n2}(\theta)\begin{bmatrix} 0 \\ 0 \\ \dot{\varphi} \end{bmatrix}$$

$$= \begin{bmatrix} 1 & 0 & -\sin\theta \\ 0 & \cos\phi & \sin\phi\cos\theta \\ 0 & -\sin\phi & \cos\phi\cos\theta \end{bmatrix}\begin{bmatrix} \dot{\phi} \\ \dot{\theta} \\ \dot{\varphi} \end{bmatrix} \tag{3.4}$$

式中，下标 s 表示传感器测量值；$\dot{\phi}_s$ 为三轴角速度传感器测得的绕 x 轴的侧倾角速度；$\dot{\theta}_s$ 为绕 y 轴的俯仰角速度；$\dot{\varphi}_s$ 为绕 z 轴的横摆角速度。对式(3.4)求逆可得车身角速度测量值与欧拉角及其速度的关系为

$$\begin{bmatrix} \dot{\phi} \\ \dot{\theta} \\ \dot{\varphi} \end{bmatrix} = \begin{bmatrix} 1 & \sin\phi\tan\theta & \cos\phi\tan\theta \\ 0 & \cos\phi & -\sin\phi \\ 0 & \sin\phi/\cos\theta & \cos\phi/\cos\theta \end{bmatrix}\begin{bmatrix} \dot{\phi}_s \\ \dot{\theta}_s \\ \dot{\varphi}_s \end{bmatrix} \tag{3.5}$$

而根据文献[3]可知，一般角速度传感器测量值模型为

$$\begin{cases} \dot{\phi}_s = \dot{\phi}_r + b_{\phi 0} + b_{\phi 1} + w_{\phi} \\ \dot{\theta}_s = \dot{\theta}_r + b_{\theta 0} + b_{\theta 1} + w_{\theta} \\ \dot{\varphi}_s = \dot{\varphi}_r + b_{\varphi 0} + b_{\varphi 1} + w_{\varphi} \end{cases} \tag{3.6}$$

式中，下标 r 表示真实值；b_{i0} 表示上电静态偏差，b_{i1} 表示时变偏差，w_i 表示信息噪声，$i=\phi,\theta,\varphi$。通常 b_1 变化非常缓慢，采用缓变量建模[3]，即

$$\begin{cases} \dot{b}_{\phi 1} = w_{b_{\phi 1}} \\ \dot{b}_{\theta 1} = w_{b_{\theta 1}} \\ \dot{b}_{\varphi 1} = w_{b_{\varphi 1}} \end{cases} \tag{3.7}$$

式中，w_b 表示零均值高斯白噪声。

结合式(3.5)~式(3.7)可得，姿态角估计的系统模型为

$$
\begin{bmatrix} \dot{\phi} \\ \dot{\theta} \\ \dot{\varphi} \\ \dot{b}_{\phi 1} \\ \dot{b}_{\theta 1} \\ \dot{b}_{\varphi 1} \end{bmatrix} = \begin{bmatrix} \dot{\phi}_s - (b_{\phi 0} + b_{\phi 1} + w_\phi) + \sin\phi\tan\theta\left(\dot{\theta}_s - (b_{\theta 0} + b_{\theta 1} + w_\theta)\right) + \\ \cos\phi\tan\theta\left(\dot{\varphi}_s - (b_{\varphi 0} + b_{\varphi 1} + w_\varphi)\right) \\ \cos\phi\left(\dot{\theta}_s - (b_{\theta 0} + b_{\theta 1} + w_\theta)\right) - \sin\phi\left(\dot{\varphi}_s - (b_{\varphi 0} + b_{\varphi 1} + w_\varphi)\right) \\ \sin\phi / \cos\theta\left(\dot{\theta}_s - (b_{\theta 0} + b_{\theta 1} + w_\theta)\right) + \\ \cos\phi / \cos\theta\left(\dot{\varphi}_s - (b_{\varphi 0} + b_{\varphi 1} + w_\varphi)\right) \\ w_{b_{\phi 1}} \\ w_{b_{\theta 1}} \\ w_{b_{\varphi 1}} \end{bmatrix} \tag{3.8}
$$

将测量噪声独立整理可得

$$
\begin{bmatrix} \dot{\phi} \\ \dot{\theta} \\ \dot{\varphi} \\ \dot{b}_{\phi 1} \\ \dot{b}_{\theta 1} \\ \dot{b}_{\varphi 1} \end{bmatrix} = \begin{bmatrix} \dot{\phi}_s - (b_{\phi 0} + b_{\phi 1}) + \sin\phi\tan\theta\left(\dot{\theta}_s - (b_{\theta 0} + b_{\theta 1})\right) + \cos\phi\tan\theta\left(\dot{\varphi}_s - (b_{\varphi 0} + b_{\varphi 1})\right) \\ \cos\phi\left(\dot{\theta}_s - (b_{\theta 0} + b_{\theta 1})\right) - \sin\phi\left(\dot{\varphi}_s - (b_{\varphi 0} + b_{\varphi 1})\right) \\ \sin\phi / \cos\theta\left(\dot{\theta}_s - (b_{\theta 0} + b_{\theta 1})\right) + \cos\phi / \cos\theta\left(\dot{\varphi}_s - (b_{\varphi 0} + b_{\varphi 1})\right) \\ 0 \\ 0 \\ 0 \end{bmatrix}
$$

$$
+ \begin{bmatrix} -1 & -\sin\phi\tan\theta & -\cos\phi\tan\theta & 0 & 0 & 0 \\ 0 & -\cos\phi & \sin\phi & 0 & 0 & 0 \\ 0 & -\sin\phi / \cos\theta & -\cos\phi / \cos\theta & 0 & 0 & 0 \\ 0 & 0 & 0 & 1 & 0 & 0 \\ 0 & 0 & 0 & 0 & 1 & 0 \\ 0 & 0 & 0 & 0 & 0 & 1 \end{bmatrix} \begin{bmatrix} w_\phi \\ w_\theta \\ w_\varphi \\ w_{b_{\phi 1}} \\ w_{b_{\theta 1}} \\ w_{b_{\varphi 1}} \end{bmatrix} \tag{3.9}
$$

简写为

$$
\dot{x}(t) = f\left(x(t)\right) + \Gamma\left(x(t)\right)\xi(t) \tag{3.10}
$$

式中，$x(t) = \begin{bmatrix} \phi & \theta & \varphi & b_{\phi 1} & b_{\theta 1} & b_{\varphi 1} \end{bmatrix}^\mathrm{T}$；$\xi(t) = \begin{bmatrix} w_\phi & w_\theta & w_\varphi & w_{b_{\phi 1}} & w_{b_{\theta 1}} & w_{b_{\varphi 1}} \end{bmatrix}^\mathrm{T}$；

$$f\left(x(t)\right)=\begin{bmatrix}\dot{\phi}_s-(b_{\phi0}+b_{\phi1})+\sin\phi\tan\theta\left(\dot{\theta}_s-(b_{\theta0}+b_{\theta1})\right)+\cos\phi\tan\theta\left(\dot{\varphi}_s-(b_{\varphi0}+b_{\varphi1})\right)\\ \cos\phi\left(\dot{\theta}_s-(b_{\theta0}+b_{\theta1})\right)-\sin\phi\left(\dot{\varphi}_s-(b_{\varphi0}+b_{\varphi1})\right)\\ \sin\phi/\cos\theta\left(\dot{\theta}_s-(b_{\theta0}+b_{\theta1})\right)+\cos\phi/\cos\theta\left(\dot{\varphi}_s-(b_{\varphi0}+b_{\varphi1})\right)\\ 0\\ 0\\ 0\end{bmatrix}$$

$$\Gamma\left(x(t)\right)=\begin{bmatrix}-1 & -\sin\phi\tan\theta & -\cos\phi\tan\theta & 0 & 0 & 0\\ 0 & -\cos\phi & \sin\phi & 0 & 0 & 0\\ 0 & -\sin\phi/\cos\theta & -\cos\phi/\cos\theta & 0 & 0 & 0\\ 0 & 0 & 0 & 1 & 0 & 0\\ 0 & 0 & 0 & 0 & 1 & 0\\ 0 & 0 & 0 & 0 & 0 & 1\end{bmatrix}$$

2)姿态角估计测量模型

假设传感器安装于车身旋转中心，则对车身坐标系下传感器安装点的 3 个方向速度求导可得

$$\frac{\mathrm{d}v_b^n}{\mathrm{d}t}=\frac{\mathrm{d}v_b^b}{\mathrm{d}t}+\omega_b^n\times v_b^b \tag{3.11}$$

式中，v_b^n 为车身相对于地面在导航坐标系下的速度；v_b^b 为车身坐标系下的速度；ω_b^n 为车身相对于导航坐标系的角速度。进一步考虑姿态非水平导致的重力加速度，展开得

$$\begin{bmatrix}a_x\\ a_y\\ a_z\end{bmatrix}=\begin{bmatrix}\dot{v}_x\\ \dot{v}_y\\ \dot{v}_z\end{bmatrix}+\begin{bmatrix}\dot{\phi}\\ \dot{\theta}\\ \dot{\varphi}\end{bmatrix}\times\begin{bmatrix}v_x\\ v_y\\ v_z\end{bmatrix}+\begin{bmatrix}-g\sin\theta\\ g\sin\phi\cos\theta\\ g\cos\phi\cos\theta\end{bmatrix} \tag{3.12}$$

式中，a_x、a_y 和 a_z 为加速度传感器安装于旋转中心时的测量值；v_x、v_y 和 v_z 分别为车身坐标系下沿 x 轴、y 轴和 z 轴的速度。

然而，一般传感器难以安装在车身旋转中心，安装位置和旋转中心间存在杆臂 L_{offset}，因此加速度测量值中还包含了车身转动导致的牵连加速度。为了估计旋转中心处的车身速度，需要补偿牵连加速度，待补偿的牵连加速度 a_{compen} 为

$$\begin{bmatrix}a_{x\_\mathrm{compen}}\\ a_{y\_\mathrm{compen}}\\ a_{z\_\mathrm{compen}}\end{bmatrix}=\begin{bmatrix}\ddot{\phi}\\ \ddot{\theta}\\ \ddot{\varphi}\end{bmatrix}\times\begin{bmatrix}L_{\mathrm{offset}\_x}\\ L_{\mathrm{offset}\_y}\\ L_{\mathrm{offset}\_z}\end{bmatrix}+\begin{bmatrix}\dot{\phi}\\ \dot{\theta}\\ \dot{\varphi}\end{bmatrix}\times\left(\begin{bmatrix}\dot{\phi}\\ \dot{\theta}\\ \dot{\varphi}\end{bmatrix}\times\begin{bmatrix}L_{\mathrm{offset}\_x}\\ L_{\mathrm{offset}\_y}\\ L_{\mathrm{offset}\_z}\end{bmatrix}\right) \tag{3.13}$$

式(3.13)中在加速度补偿时使用到了角加速度，而传感器无法获取该变量，需要根

据角速度对其进行估计。则当加速度传感器安装于非旋转中心时，加速度传感器测量值 a_b 为

$$\begin{bmatrix} a_{x_b} \\ a_{y_b} \\ a_{z_b} \end{bmatrix} = \begin{bmatrix} a_x \\ a_y \\ a_z \end{bmatrix} + \begin{bmatrix} a_{x\_compen} \\ a_{y\_compen} \\ a_{z\_compen} \end{bmatrix} \tag{3.14}$$

记车辆运动导致的加速度为 a_{kine}，即

$$\begin{bmatrix} a_{x_{kine}} \\ a_{y_{kine}} \\ a_{z_{kine}} \end{bmatrix} = \begin{bmatrix} \dot{\hat{v}}_x \\ \dot{\hat{v}}_y \\ \dot{\hat{v}}_z \end{bmatrix} + \begin{bmatrix} \dot{\phi} \\ \dot{\theta} \\ \dot{\varphi} \end{bmatrix} \times \begin{bmatrix} \hat{v}_x \\ \hat{v}_y \\ \hat{v}_z \end{bmatrix} \tag{3.15}$$

则可根据式(3.12)~式(3.15)得出加速度传感器中姿态非水平导致的重力分量，见式(3.16)，下标 m 表示姿态角测量值，下标 bg 表示车身坐标系下的重力分量：

$$\begin{bmatrix} a_{x_{bg}} \\ a_{y_{bg}} \\ a_{z_{bg}} \end{bmatrix} = \begin{bmatrix} a_{x_b} \\ a_{y_b} \\ a_{z_b} \end{bmatrix} - \begin{bmatrix} a_{x_{kine}} \\ a_{y_{kine}} \\ a_{z_{kine}} \end{bmatrix} - \begin{bmatrix} a_{x\_compen} \\ a_{y\_compen} \\ a_{z\_compen} \end{bmatrix}$$

$$= \begin{bmatrix} -g\sin\theta_m \\ g\sin\phi_m\cos\theta_m \\ g\cos\phi_m\cos\theta_m \end{bmatrix} \tag{3.16}$$

则可得俯仰角 θ_m 和侧倾角 ϕ_m 的测量值为

$$\begin{bmatrix} \theta_m \\ \phi_m \end{bmatrix} = \begin{bmatrix} -\arcsin\left(\dfrac{a_{x_{bg}}}{g}\right) \\ \arcsin\left(\dfrac{a_{y_{bg}}}{g\cos\theta_m}\right) \end{bmatrix} \tag{3.17}$$

在轮胎的线性区域和弱非线性区域，基于车辆动力学模型观测的纵/侧向速度估计精度较高，式(3.15)使用的速度 $\hat{v}_x$ 和 $\hat{v}_y$ 及其加速度 $\dot{\hat{v}}_x$ 和 $\dot{\hat{v}}_y$ 通过基于车辆动力学的估计算法得到，具体见 3.1.3 节。

2. 多源信息融合的姿态估计算法

由于状态方程(3.9)为非线性状态方程，所以采用 EKF 算法对系统模型估计值和测量模型估计值进行融合。根据式(3.12)，加速度传感器测量值中包含重力加速度分量和车辆实际运动所带来的加速度分量。重力加速度分量为加速度传感器测量值与车辆实际运动加速度之差，而车辆运动加速度难以获取，如侧向速度一直是车辆难以准确获取的变量，特别是侧向运动幅度较大时，小的估计误差会导致重力较大的分量，进而导致较大的姿态角计算值，应当根据一定条件适时使用

重力对姿态角反馈计算。同时，在使用卡尔曼滤波时，噪声模型难以建立并且其对估计效果具有较大的影响，选取不当会导致算法发散。一般地，IMU 传感器的模型精度比基于车辆动力学观测器的测量纵/侧向速度精度要高，为简化计算，系统模型噪声的协方差矩阵 Q 根据实际效果预先整定，只对测量噪声的协方差矩阵 R 进行在线自适应。基于此，本节使用 EKF 算法估计姿态角，并根据适当条件对测量噪声协方差矩阵进行自适应。

1) 多源信息融合的车辆姿态估计

由于状态方程(3.9)为关于状态的非线性方程，首先需对该状态方程线性化：

$$\dot{x}_k \approx f\left(\hat{x}_k\right) + \frac{\partial f\left(\hat{x}_k\right)}{\partial \hat{x}_k} \cdot \left(x_k - \hat{x}_k\right)$$

$$= \frac{\partial f\left(\hat{x}_k\right)}{\partial \hat{x}_k} \cdot x_k + \left[f\left(\hat{x}_k\right) - \frac{\partial f\left(\hat{x}_k\right)}{\partial \hat{x}_k} \cdot \hat{x}_k \right] \tag{3.18}$$

式(3.18)中的系统矩阵为(缩写 t 表示正切)

$$A = \frac{\partial f(x)}{\partial x}$$

$$= \begin{bmatrix}
c\phi t\theta\left(\dot{\theta}_s - b_{\theta 1}\right) - s\phi t\theta\left(\dot{\varphi}_s - b_{\varphi 1}\right) & \frac{s\phi}{c^2\theta}\left(\dot{\theta}_s - b_{\theta 1}\right) + \frac{c\phi}{c^2\theta}\left(\dot{\varphi}_s - b_{\varphi 1}\right) & 0 & -1 & -s\phi t\theta & -c\phi t\theta \\
-s\phi\left(\dot{\theta}_s - b_{\theta 1}\right) - c\phi\left(\dot{\varphi}_s - b_{\varphi 1}\right) & 0 & 0 & 0 & -c\phi & s\phi \\
\frac{c\phi}{c\theta}\left(\dot{\theta}_s - b_{\theta 1}\right) - \frac{s\phi}{c\theta}\left(\dot{\varphi}_s - b_{\varphi 1}\right) & \frac{s\phi s\theta}{c^2\theta}\left(\dot{\theta}_s - b_{\theta 1}\right) + \frac{c\phi s\theta}{c^2\theta}\left(\dot{\varphi}_s - b_{\varphi 1}\right) & 0 & 0 & -s\phi/c\theta & -c\phi/c\theta \\
0 & 0 & 0 & 0 & 0 & 0 \\
0 & 0 & 0 & 0 & 0 & 0 \\
0 & 0 & 0 & 0 & 0 & 0
\end{bmatrix} \tag{3.19}$$

其中，线性化带来的余项虚拟输入为

$$u_k = f\left(\hat{x}_k\right) - \frac{\partial f\left(\hat{x}_k\right)}{\partial \hat{x}_k} \cdot \hat{x}_k \tag{3.20}$$

根据式(3.9)，噪声输入矩阵为

$$F = \Gamma\left(x(t)\right) \tag{3.21}$$

测量方程为

$$\begin{bmatrix} \phi_m \\ \theta_m \\ \varphi_m \end{bmatrix} = \begin{bmatrix} 1 & 0 & 0 & 0 & 0 & 0 \\ 0 & 1 & 0 & 0 & 0 & 0 \\ 0 & 0 & 1 & 0 & 0 & 0 \end{bmatrix} \begin{bmatrix} \phi \\ \theta \\ \varphi \\ b_{\phi 1} \\ b_{\theta 1} \\ b_{\varphi 1} \end{bmatrix} + \eta \tag{3.22}$$

将状态方程(3.18)和测量方程(3.22)简写为

$$\dot{x}(t) = A \cdot x(t) + u(t) + F \cdot \xi(t)$$
$$z(t) = C \cdot x(t) + \eta(t)$$

(3.23)

式中,

$$C = \begin{bmatrix} 1 & 0 & 0 & 0 & 0 & 0 \\ 0 & 1 & 0 & 0 & 0 & 0 \\ 0 & 0 & 1 & 0 & 0 & 0 \end{bmatrix}$$

(3.24)

改写为差分方程, 得

$$x(k+1) = G(k)x(k) + F(k)u(k)$$
$$z(k) = Cx(k) + Du(k)$$

(3.25)

滤波算法及其协方差矩阵自适应方法与 4.2.2 节相同。

2)姿态角估计器测量更新

姿态角估计时使用了基于车辆动力学观测器估计的纵/侧向速度及其加速度。在轮胎的力学特性进入强非线性区域时, 测量反馈值的精度已难以保证, 再使用该测量反馈去校正系统模型就会得到适得其反的效果, 因此需要判断轮胎的力学特性何时已进入强非线性区域, 以及设计测量反馈校正姿态角估计系统模型的规则, 该部分将放在 3.1.2 节第 2 部分多源信息融合的姿态估计算法中描述。

俯仰角和侧倾角的测量反馈由基于车辆动力学的纵/侧向速度观测器得到,观测器会给出标志位 Flag, 该标志位表示轮胎的力学特性已进入轮胎的强非线性区域。该标志位在轮胎的力学特性已经进入强非线性区域时才可建立, 因此该标志位本身已经包含了一定的延迟时间。为了保证测量对于状态校正的有效性, 借鉴 Larsen 等[134]提出的测量平移观点, 在使用该标志位时, 需要将其他加速度和角速度信息延迟一定时间后再使用, 以确保在使用测量反馈进行测量更新时测量反馈的精度均保持较高的水平。

图 3.2 中将 Flag 人为延迟时间 τ , 得到 Flag_{τ} , 该延迟时间 τ 需大于 Flag 信息本身真实延迟时间 τ_0 。为了与 Flag_{τ} 同步, 需要进一步将观测器的输入角速度和测量均延迟 τ 。实现同步后, 该观测器可看作对延迟时刻 $(t-\tau)$ 的姿态角进行估计。在此基础上, 本书提出预测方法对当前时刻状态进行预测, 并且该预测方法能够保证当前状态的估计误差收敛。

姿态角估计部分测量反馈更新规则如图 3.3 所示, 只有在标志位为 0 时测量更新, 否则姿态估计算法处于积分模式。

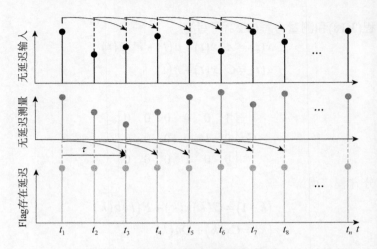

图 3.2　传感系统时间延迟示意图

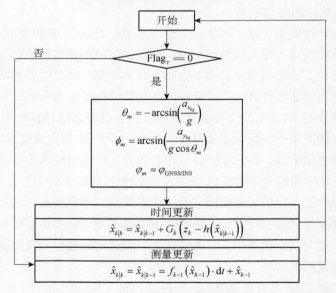

图 3.3　姿态角估计测量更新规则

3)姿态角估计器稳定性证明

(1)延迟时刻姿态角估计器。

3.1.2 节已经说明,基于车辆动力学的纵/侧向速度观测器的标志位 Flag 存在延迟,因此将其延迟时间 τ 得到 Flag$_\tau$,同时将观测器的输入和测量均作相应延迟以与 Flag 同步,从而对过去时刻 $(t-\tau)$ 状态估计。然后根据缓存的 $t \sim \tau$ 时间段内的角速度对当前时刻 t 的状态进行预测,具体的过程如图 3.4 所示。

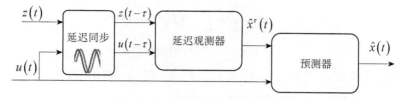

图 3.4　延迟补偿模块结构图[135]

系统状态与测量进行时间延迟后，方程(3.23)改写为

$$\begin{cases} \dot{x}(t-\tau) = A \cdot x(t-\tau) + u(t-\tau) + F \cdot \xi(t-\tau) \\ z(t-\tau) = C \cdot x(t-\tau) + \eta(t-\tau) \end{cases} \quad (3.26)$$

然后根据图 3.3 设计过去时刻$(t-\tau)$估计器估计$x(t-\tau)$，得到姿态角估计值$\hat{x}^\tau(t)$，该观测器即为图 3.4 中的延迟观测器。

(2)当前时刻姿态角预测器。

获取$(t-\tau)$时刻的姿态角估计值$\hat{x}^\tau(t)$后，需要结合当前输入的角速度信息以及方程(3.23)来设计姿态角预测器对当前时刻姿态角进行预测，即图 3.4 中的预测器部分。

结合姿态估计的系统方程(3.18)，姿态角预测器设计为

$$\dot{\delta}(t) = f\left(\hat{x}^\tau(t) + \delta(t) - \delta(t-\tau), u(t)\right), \quad t \geq \tau \quad (3.27)$$

$$\hat{x}(t) = \hat{x}^\tau(t) + \delta(t) - \delta(t-\tau), \quad t \geq \tau \quad (3.28)$$

式中，$\delta(t)$是姿态角预测器的状态，由式(3.18)描述其动态，该预测器由$(t-\tau)$时刻的姿态估计值$\hat{x}^\tau(t)$和t时刻输入角速度$u(t)$驱动。

(3)当前时刻姿态角误差的稳定性证明。

下面在$(t-\tau)$时刻姿态角估计值存在一定估计误差的情况下，对当前时刻姿态角的估计误差进行分析。在分析之前观察系统方程(3.18)，显然函数f关于状态x满足全局利普希茨(Lipschitz)条件，即存在正常数$L \in \mathbf{R}$保证式(3.29)对于任意状态x_1、x_2和输入u成立。$|\cdot|$表示R^n上的欧氏范数。

$$\left| f(x_1, u) - f(x_2, u) \right| \leq L \left| x_1 - x_2 \right| \quad (3.29)$$

假设存在 Lipschitz 常数$L \in \mathbf{R}$和$\sigma > 0$满足

$$L \frac{\mathrm{e}^{\sigma\tau} - 1}{\sigma} < 1 \quad (3.30)$$

下面分析估计误差$e(t) \doteq \hat{x}(t) - x(t)$。当$t \geq \tau$时，得到

$$x(t) = x(t-\tau) + \int_{t-\tau}^{t} f(x(s), u(s)) \mathrm{d}s \quad (3.31)$$

$$\hat{x}(t)=\hat{x}(t-\tau)+\int_{t-\tau}^{t}f\big(\hat{x}(s),u(s)\big)\mathrm{d}s$$

$$=\hat{x}^{\tau}(t)+\int_{t-\tau}^{t}f\big(\hat{x}(s),u(s)\big)\mathrm{d}s \tag{3.32}$$

其中，初始条件为 $x(t)\big|[0,\tau]=\hat{x}(t)\big|[0,\tau]\doteq\hat{x}(\tau)+\delta(\tau)-\delta(0)$。

将式(3.30)与式(3.31)作差并左乘 $\mathrm{e}^{\sigma t}$ 可得

$$\mathrm{e}^{\sigma t}\big|\hat{x}(t)-x(t)\big|\leqslant\mathrm{e}^{\sigma t}\bigg(\big|\hat{x}^{\tau}(t)-x(t-\tau)\big|+\int_{t-\tau}^{t}\big|f\big(\hat{x}(s),u(s)\big)-f\big(x(s),u(s)\big)\big|\mathrm{d}s\bigg) \tag{3.33}$$

而根据方程 f 的 Lipschitz 性质得到

$$\mathrm{e}^{\sigma t}\big|\hat{x}(t)-x(t)\big|\leqslant\mathrm{e}^{\sigma t}\bigg(\big|\hat{x}^{\tau}(t)-x(t-\tau)\big|+L\int_{t-\tau}^{t}\big|\hat{x}(s)-x(s)\big|\mathrm{d}s\bigg) \tag{3.34}$$

另外，

$$\int_{t-\tau}^{t}\big|\hat{x}^{\tau}(s)-x(s)\big|\mathrm{d}s=\int_{t-\tau}^{t}\mathrm{e}^{\sigma(s-s)}\big|\hat{x}^{\tau}(s)-x(s)\big|\mathrm{d}s$$

$$\leqslant\sup_{t-\tau\leqslant s\leqslant t}\big(\mathrm{e}^{\sigma s}\big|\hat{x}(s)-x(s)\big|\big)\cdot\int_{t-\tau}^{t}\mathrm{e}^{-\sigma s}\mathrm{d}s \tag{3.35}$$

而

$$\int_{t-\tau}^{t}\mathrm{e}^{-\sigma s}\mathrm{d}s=\mathrm{e}^{-\sigma t}\frac{\mathrm{e}^{\sigma\tau}-1}{\sigma} \tag{3.36}$$

进而有

$$\sup_{t-\tau\leqslant s\leqslant t}\big(\mathrm{e}^{\sigma s}\big|\hat{x}^{\tau}(s)-x(s)\big|\big)\cdot\int_{t-\tau}^{t}\mathrm{e}^{-\sigma s}\mathrm{d}s=\mathrm{e}^{-\sigma t}\frac{\mathrm{e}^{\sigma\tau}-1}{\sigma}\cdot\sup_{t-\tau\leqslant s\leqslant t}\big(\mathrm{e}^{\sigma s}\big|\hat{x}(s)-x(s)\big|\big) \tag{3.37}$$

根据式(3.34)和式(3.37)，并且 $\mathrm{e}^{-\sigma t}<1$，可得

$$\mathrm{e}^{\sigma t}\big|\hat{x}(t)-x(t)\big|\leqslant\mathrm{e}^{\sigma t}\big|\hat{x}^{\tau}(t)-x(t-\tau)\big|+L\frac{\mathrm{e}^{\sigma\tau}-1}{\sigma}\cdot\sup_{t-\tau\leqslant s\leqslant t}\big(\mathrm{e}^{\sigma s}\big|\hat{x}(s)-x(s)\big|\big) \tag{3.38}$$

假设 $t\geqslant\tau$，对不等式(3.38)左右两侧分别取极大值得到不等式(3.39)，则需要分两种情况对极值进行讨论。

$$\sup_{\tau\leqslant s\leqslant t}\big(\mathrm{e}^{\sigma s}\big|\hat{x}(s)-x(s)\big|\big)\leqslant\sup_{\tau\leqslant s\leqslant t}\big(\mathrm{e}^{\sigma s}\big|\hat{x}^{\tau}(s)-x(s-\tau)\big|\big)+L\frac{\mathrm{e}^{\sigma\tau}-1}{\sigma}\cdot\sup_{0\leqslant s\leqslant t}\big(\mathrm{e}^{\sigma s}\big|\hat{x}(s)-x(s)\big|\big) \tag{3.39}$$

①极值发生于 $[0,\tau]$。如果 $\sup\limits_{0\leqslant s\leqslant t}\big(\mathrm{e}^{\sigma s}\big|\hat{x}(s)-x(s)\big|\big)=\sup\limits_{0\leqslant s\leqslant\tau}\big(\mathrm{e}^{\sigma s}\big|\hat{x}(s)-x(s)\big|\big)$，则不等式(3.39)变为

$$\sup_{\tau\leqslant s\leqslant t}\big(\mathrm{e}^{\sigma s}\big|\hat{x}(s)-x(s)\big|\big)\leqslant\frac{\sigma}{\sigma-L\big(\mathrm{e}^{\sigma\tau}-1\big)}\sup_{\tau\leqslant s\leqslant t}\big(\mathrm{e}^{\sigma s}\big|\hat{x}^{\tau}(s)-x(s-\tau)\big|\big)+$$

$$\sup_{0\leqslant s\leqslant\tau}\big(\mathrm{e}^{\sigma s}\big|\hat{x}(s)-x(s)\big|\big) \tag{3.40}$$

②极值发生于 $[\tau,t]$。如果 $\sup\limits_{0\leqslant s\leqslant t}\left(\mathrm{e}^{\sigma s}\left|\hat{x}(s)-x(s)\right|\right)=\sup\limits_{\tau\leqslant s\leqslant t}\left(\mathrm{e}^{\sigma s}\left|\hat{x}(s)-x(s)\right|\right)$，同样可以得到不等式 (3.40)。那么根据不等式 (3.40) 并且结合 $\mathrm{e}^{\sigma t}\left|\hat{x}(t)-x(t)\right|\leqslant$ $\sup\limits_{\tau\leqslant s\leqslant t}\left(\mathrm{e}^{\sigma s}\left|\hat{x}(s)-x(s)\right|\right)$，并且不等式 (3.39) 左乘 $\mathrm{e}^{-\sigma t}$，可得

$$\left|\hat{x}(t)-x(t)\right|\leqslant \mathrm{e}^{-\sigma t}\sup_{\tau\leqslant s\leqslant t}\left(\mathrm{e}^{\sigma s}\left|\hat{x}(s)-x(s)\right|\right)$$

$$\leqslant \frac{\sigma}{\sigma-L\left(\mathrm{e}^{\sigma \tau}-1\right)}\sup_{\tau\leqslant s\leqslant t}\left(\mathrm{e}^{\sigma(s-t)}\left|\hat{x}^{\tau}(s)-x(s-\tau)\right|\right)+\mathrm{e}^{-\sigma t}\sup_{0\leqslant s\leqslant \tau}\left(\mathrm{e}^{\sigma s}\left|\hat{x}(s)-x(s)\right|\right)$$

$$(3.41)$$

也即

$$\left|e(t)\right|\leqslant \frac{\sigma}{\sigma-L\left(\mathrm{e}^{\sigma \tau}-1\right)}\sup_{\tau\leqslant s\leqslant t}\left(\mathrm{e}^{\sigma(s-t)}e(s-\tau)\right)+\mathrm{e}^{-\sigma t}\sup_{0\leqslant s\leqslant \tau}\left(\mathrm{e}^{\sigma s}e(s)\right) \qquad (3.42)$$

由不等式 (3.42) 可知，不等式右边第一项与图 3.4 中的延迟观测器直接相关，第二项与初始误差相关，并且该项包含 $\mathrm{e}^{-\sigma t}$ 的衰减项，可知随着时间的推进，该误差会逐渐衰减到零。

对不等式 (3.42) 进一步分析可知，如果图 3.4 中的延迟观测器的估计误差有界，那么预测器的估计误差有界；如果延迟观测器的估计误差渐近收敛，那么预测器的估计误差渐近收敛；如果延迟观测器的估计误差指数收敛，那么预测器的估计误差指数收敛。

a) 预测器估计误差有界

假设延迟观测器估计误差 $e(t-\tau)\leqslant\delta_0$，其中 δ_0 为非负数，并且 $t\geqslant\tau$。根据不等式 (3.42) 可知不等式 (3.43) 对于任意 $t\geqslant\tau$ 成立。

$$\left|e(t)\right|\leqslant \frac{\sigma}{\sigma-L\left(\mathrm{e}^{\sigma \tau}-1\right)}\delta_0+\delta_1 \qquad (3.43)$$

b) 预测器估计误差渐近收敛

假设延迟观测器估计误差 $\lim\limits_{t\to\infty}e(t-\tau)=0$，则对于任意 $\varsigma_r>0$，存在 T_r 使得对于任意 $t\geqslant T_r$，有 $e(t-\tau)\leqslant\varsigma_r$。对于任意 $t\geqslant T_r$，根据不等式 (3.42) 有

$$\left|e(t)\right|\leqslant \frac{\sigma}{\sigma-L\left(\mathrm{e}^{\sigma \tau}-1\right)}\varsigma_r\sup_{\tau\leqslant s\leqslant t}\left(\mathrm{e}^{\sigma(s-t)}\right)+\mathrm{e}^{-\sigma t}\sup_{0\leqslant s\leqslant \tau}\left(\mathrm{e}^{\sigma s}e(s)\right)$$

$$\leqslant \frac{\sigma}{\sigma-L\left(\mathrm{e}^{\sigma \tau}-1\right)}\varsigma_r+\mathrm{e}^{-\sigma t}\sup_{0\leqslant s\leqslant \tau}\left(\mathrm{e}^{\sigma s}e(s)\right) \qquad (3.44)$$

给定 $\varsigma>0$，总能找到足够小的 ς_r 和足够大的 T^* 使得不等式 (3.45) 成立：

$$\frac{\sigma}{\sigma - L\left(\mathrm{e}^{\sigma\tau} - 1\right)}\varsigma_r + \mathrm{e}^{-\sigma T^*}\sup_{0\leqslant s\leqslant\tau}\left(\mathrm{e}^{\sigma s}e(s)\right) \tag{3.45}$$

因此对于任意 $t \geqslant \max\left(T^*, T_r\right)$，有 $|e(t)| < \varsigma$，即式(3.46)成立：

$$\lim_{t\to\infty}e(t) = 0 \tag{3.46}$$

c)预测器估计误差指数收敛

如果延迟观测器的估计误差指数稳定，即存在正数 κ 和 χ 使得

$$e(t-\tau) \leqslant \kappa\left|\hat{x}^\tau(\tau) - x(0)\right|\mathrm{e}^{-\chi t} \tag{3.47}$$

则不等式(3.42)中右边第一项中的 $\displaystyle\sup_{\tau\leqslant s\leqslant t}\left(\mathrm{e}^{\sigma(s-t)}e(s-\tau)\right)$ 满足

$$\sup_{\tau\leqslant s\leqslant t}\left(\mathrm{e}^{\sigma(s-t)}e(s-\tau)\right) \leqslant \kappa\left|\hat{x}^\tau(\tau) - x(0)\right|\mathrm{e}^{-(\chi+\sigma)t}\cdot\sup_{\tau\leqslant s\leqslant t}\left(\mathrm{e}^{\sigma s}\right)$$

$$\leqslant \kappa\left|\hat{x}^\tau(\tau) - x(0)\right|\mathrm{e}^{-\chi t} \tag{3.48}$$

将不等式(3.47)代入不等式(3.42)有

$$|e(t)| \leqslant \frac{\sigma}{\sigma - L\left(\mathrm{e}^{\sigma\tau} - 1\right)}\kappa\left|\hat{x}^\tau(\tau) - x(0)\right|\mathrm{e}^{-\chi t} + \mathrm{e}^{-\sigma t}\sup_{0\leqslant s\leqslant\tau}\left(\mathrm{e}^{\sigma s}e(s)\right)$$

$$\leqslant \bar{\kappa}\mathrm{e}^{-\bar{\chi}t} \tag{3.49}$$

式中，$\bar{\chi} = \min(\sigma, \chi)$；$\bar{\kappa} = \dfrac{\sigma}{\sigma - L(\mathrm{e}^{\sigma\tau} - 1)}\kappa\left|\hat{x}^\tau(\tau) - x(0)\right|\mathrm{e}^{(\bar{\chi}-\chi)\tau} + \sup_{0\leqslant s\leqslant\tau}(\mathrm{e}^{\sigma s}e(s))\mathrm{e}^{((\bar{\chi}-\sigma)\tau)}$。

至此，即完成了延迟姿态角估计器存在一定估计误差的情况下姿态角预测器的估计误差仍能够保证收敛的稳定性证明。

4)姿态角估计器结构

对于 3.1.2 节提出的车身姿态角估计器，针对传感器测量噪声与零偏问题、基于车辆动力学观测器的纵/侧向速度估计的局限性和卡尔曼滤波算法的自适应问题分别提出解决方法。首先，针对传感器测量噪声和时变零偏问题，使用卡尔曼滤波算法对 IMU 角速度和基于车辆动力学观测器估计的姿态进行融合。由于判断轮胎进入强非线性区域时存在一定延迟，本书提出了延迟和预测的方法估计当前时刻姿态；并对卡尔曼滤波过程中的 R 矩阵进行自适应。姿态角估计模块的姿态角估计算法结构由如图 3.5 所示。

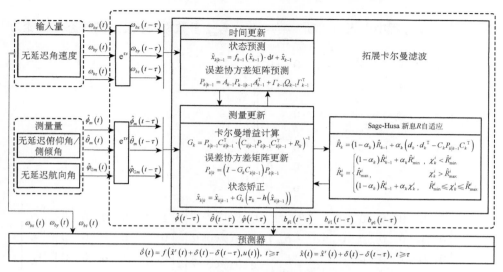

图 3.5　姿态角估计算法结构图

3.1.3　基于多源信息融合的速度估计

本节将融合 IMU 中三轴加速度、姿态角估计器估计的姿态角和基于车辆动力学估计的车辆纵/侧向速度信息估计车身坐标系下的速度。

1. 估计模型

1)速度估计系统模型

车辆速度的动态由式(3.12)描述，加速度传感器测量模型为式(3.50)，其中下标 s 表示传感器测量值：

$$\begin{cases} a_{xs} = a_x + b_{x0} + b_{x1} + w_{a_x} \\ a_{ys} = a_y + b_{y0} + b_{y1} + w_{a_y} \\ a_{zs} = a_z + b_{z0} + b_{z1} + w_{a_z} \end{cases} \tag{3.50}$$

传感器误差模型类似于角速度零偏误差模型，b_{x1}、b_{y1} 和 b_{z1} 建模为缓变量，其动态见式(3.51)，b_{x0}、b_{y0} 和 b_{z0} 为上电静态零偏。

$$\begin{cases} \dot{b}_{x1} = w_{b_{x1}} \\ \dot{b}_{y1} = w_{b_{y1}} \\ \dot{b}_{z1} = w_{b_{z1}} \end{cases} \tag{3.51}$$

通常垂向速度较小，且大部分时刻为 0，借鉴一阶马尔可夫模型，为防止 v_z

发散，在状态方程中引入阻尼项 $-\dfrac{1}{\tau_{\text{damp}}} \cdot v_z$，$\tau_{\text{damp}}$ 参数需要整定。则状态方程变为

$$
\begin{bmatrix} \dot{v}_x \\ \dot{v}_y \\ \dot{v}_z \\ \dot{b}_{x1} \\ \dot{b}_{y1} \\ \dot{b}_{z1} \end{bmatrix} = \begin{bmatrix} 0 & \dot{\varphi}_s & -\dot{\theta}_s & -1 & 0 & 0 \\ -\dot{\varphi}_s & 0 & \dot{\phi}_s & 0 & -1 & 0 \\ \dot{\theta}_s & -\dot{\phi}_s & -\dfrac{1}{\tau_{\text{damp}}} & 0 & 0 & -1 \\ 0 & 0 & 0 & 0 & 0 & 0 \\ 0 & 0 & 0 & 0 & 0 & 0 \\ 0 & 0 & 0 & 0 & 0 & 0 \end{bmatrix} \begin{bmatrix} v_x \\ v_y \\ v_z \\ b_{x1} \\ b_{y1} \\ b_{z1} \end{bmatrix} +
$$

$$
\begin{bmatrix} 1 & 0 & 0 & 0 & 0 & 0 \\ 0 & 1 & 0 & 0 & 0 & 0 \\ 0 & 0 & 1 & 0 & 0 & 0 \\ 0 & 0 & 0 & 1 & 0 & 0 \\ 0 & 0 & 0 & 0 & 1 & 0 \\ 0 & 0 & 0 & 0 & 0 & 1 \end{bmatrix} \begin{bmatrix} (a_{xs}-b_{x0})+g\sin\hat{\theta} \\ (a_{ys}-b_{y0})-g\sin\hat{\phi}\cos\hat{\theta} \\ (a_{zs}-b_{z0})-g\cos\hat{\phi}\cos\hat{\theta} \\ 0 \\ 0 \\ 0 \end{bmatrix} + \begin{bmatrix} 1 & 0 & 0 & 0 & 0 & 0 \\ 0 & 1 & 0 & 0 & 0 & 0 \\ 0 & 0 & 1 & 0 & 0 & 0 \\ 0 & 0 & 0 & 1 & 0 & 0 \\ 0 & 0 & 0 & 0 & 1 & 0 \\ 0 & 0 & 0 & 0 & 0 & 1 \end{bmatrix} \begin{bmatrix} w_{a_x} \\ w_{a_y} \\ w_{a_z} \\ w_{b_{x1}} \\ w_{b_{y1}} \\ w_{b_{z1}} \end{bmatrix}
$$

$$(3.52)$$

简写为如式(3.18)的标准状态空间形式，系统矩阵为

$$
A = \begin{bmatrix} 0 & \dot{\varphi}_s & -\dot{\theta}_s & -1 & 0 & 0 \\ -\dot{\varphi}_s & 0 & \dot{\phi}_s & 0 & -1 & 0 \\ \dot{\theta}_s & -\dot{\phi}_s & -\dfrac{1}{\tau_{\text{damp}}} & 0 & 0 & -1 \\ 0 & 0 & 0 & 0 & 0 & 0 \\ 0 & 0 & 0 & 0 & 0 & 0 \\ 0 & 0 & 0 & 0 & 0 & 0 \end{bmatrix}
$$

$$(3.53)$$

输入矩阵 B 和噪声输入矩阵 $\varGamma$ 均为 6 阶单位阵。

状态向量为 $\begin{bmatrix} v_x & v_y & v_z & b_{x1} & b_{y1} & b_{z1} \end{bmatrix}^{\mathrm{T}}$，输入向量为 $\big[\, (a_{xs}-b_{x0})+g\sin\hat{\theta}$ $(a_{ys}-b_{y0})-g\sin\hat{\phi}\cos\hat{\theta}\ (a_{zs}-b_{z0})-g\cos\hat{\phi}\cos\hat{\theta}\ \ 0\ \ 0\ \ 0\,\big]^{\mathrm{T}}$，噪声向量为 $\big[\, w_{a_x}$ $w_{a_y} \quad w_{a_z} \quad w_{b_{x1}} \quad w_{b_{y1}} \quad w_{b_{z1}} \,\big]^{\mathrm{T}}$。

2)速度估计测量模型

同样，基于车辆动力学估计器在轮胎的线性区域和弱非线性区域能够输出较准确的纵/侧向速度估计值，此时在估计器中引入动力学估计器的估计结果作为测量，有

$$\begin{bmatrix} v_{\text{VD}\_x} \\ v_{\text{VD}\_y} \end{bmatrix} = \begin{bmatrix} 1 & 0 & 0 & 0 & 0 & 0 \\ 0 & 1 & 0 & 0 & 0 & 0 \end{bmatrix} \begin{bmatrix} v_x \\ v_y \\ v_z \\ b_{x1} \\ b_{y1} \\ b_{z1} \end{bmatrix} + \eta \tag{3.54}$$

式中，v_{VD_x} 和 v_{VD_y} 为基于车辆动力学估计所得纵/侧向速度；η 为测量噪声。

2. 多源信息融合的速度估计算法

状态方程(3.52)为线性方程，采用卡尔曼滤波算法对 IMU 的加速度信息和基于车辆动力学估计器估计的纵/侧向速度进行融合，从而估计纵/侧向速度。

根据式(3.12)，加速度传感器测量值中包含重力加速度分量和车辆实际运动所带来的加速度分量。重力加速度分量由车身姿态非水平导致，需要根据姿态估计结果对其移除，从而得到水平加速度，对该加速度积分即可得到速度。然而，加速度传感器测量值中包含噪声和不稳定零偏，且姿态估计部分也存在估计误差，长时间积分会导致较大的累积误差。基于车辆动力学的估计器在轮胎的线性区域和弱非线性区域具有较高的速度估计精度，可利用其对基于 IMU 的积分算法适时进行反馈修正。

同时，在使用卡尔曼滤波时，噪声模型难以建立并且其对估计效果具有较大的影响，选取不当会导致算法发散。一般地，IMU 传感器的模型精度比基于车辆动力学观测器的测量纵/侧向速度精度要高。为了简化计算，系统模型噪声的协方差矩阵 Q 根据实际效果整定，不再自适应，只对测量噪声的协方差矩阵 R 进行自适应。基于此，本节设计卡尔曼滤波算法估计车身速度，并根据适当条件对测量噪声协方差矩阵进行自适应。

1)速度估计算法

类似于姿态估计，将式(3.51)、式(3.52)和式(3.54)简写为

$$\begin{cases} \dot{x}(t) = A \cdot x(t) + Bu(t) + F \cdot \xi(t) \\ z(t) = C \cdot x(t) + \eta(t) \end{cases} \tag{3.55}$$

式中，

$$C = \begin{bmatrix} 1 & 0 & 0 & 0 & 0 & 0 \\ 0 & 1 & 0 & 0 & 0 & 0 \end{bmatrix} \tag{3.56}$$

进一步改写为差分方程，得到

$$\begin{cases} x(k+1) = G(T)x(k) + F(T)u(k) \\ y(k) = Cx(k) + Du(k) \end{cases} \tag{3.57}$$

式(3.52)和式(3.54)描述的速度动态为线性系统，使用线性卡尔曼滤波算法即可，滤波算法及其协方差矩阵自适应方法与 4.2.2 节相同。

2)速度估计测量反馈修正

由于使用了基于车辆动力学观测器估计的纵/侧向速度作为测量反馈，在轮胎的力学特性进入强非线性区域时，测量反馈值的精度已经难以保证，再使用该测量反馈去校正速度估计系统模型会得到适得其反的效果，需要判断轮胎的力学特性何时进入强非线性区域，以及设计使用测量反馈校正速度估计系统模型的规则，这些将在 3.1.3 节第 3 部分纵向速度及其加速度估计和第 4 部分侧向速度及其加速度估计中描述。

和姿态角估计相同，根据基于车辆动力学观测器输出的标志位 Flag 设计测量反馈修正规则。该标志位在轮胎的力学特性已经进入了强非线性区域才可建立，建立的过程存在时间延迟，因此该标志位本身已经包含了一定的延迟时间。为了保证测量对于状态校正的有效性，需要将其他加速度和角速度信息延迟一定时间后再使用，以确保在使用测量反馈作测量更新时测量反馈的精度均保持较高水平。根据延迟同步的加速度、角速度和基于车辆动力学估计器估计的纵/侧向速度设计速度估计器实现对$(t-\tau)$时刻的速度估计。在该速度估计的基础上，设计预测器对当前时刻状态进行预测。同样，该预测方法可保证当前状态的估计误差仍然能够收敛。

速度估计部分测量反馈更新规则如图 3.6 所示，只有在标志位为 0 时测量更新，其余时刻速度估计算法处于积分模式。

速度估计算法架构与姿态角估计算法架构图 3.5 类似，不再说明。

(1)速度估计器稳定性证明。与姿态角估计相同，不另作证明。

(2)基于车辆动力学的纵/侧向速度与加速度估计。在轮胎的线性区域或者弱非线性区域内，车辆动力学模

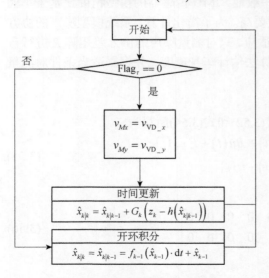

图 3.6　速度估计测量更新规则

型精度较高，利用车辆动力学特性设计纵/侧向速度观测器能够获取较高的纵/侧向速度估计精度，为基于 6 轴 IMU 设计的姿态角估计器和速度估计器提供测量反馈，抑制累积误差。

3. 纵向速度及其加速度估计

本书面向的平台车为由单个集中电机前置前驱的车辆，车辆安装了轮速传感器，后轮为从动轮，可通过设计一定规则与 IMU 融合从而估计纵向速度。下面将针对该研究对象设计纵向速度及其加速度估计算法。

1)纵向速度估计

假设车辆的纵向速度为 v_x，前左、前右、后左和后右轮轮速分别为 ω_{fl}、ω_{fr}、ω_{rl} 和 ω_{rr}，轮速可通过传感器测量；r_{fl}、r_{fr}、r_{rl} 和 r_{rr} 别为前左、前右、后左和后右轮轮胎半径。基于 GNSS 输出的速度，可对轮胎半径在 GNSS 信号存在时进行自适应。纵向速度和 4 个轮轮速的关系分别为

$$
\begin{cases}
v_x = \omega_{fl} \cdot r_{fl} \cdot \cos\delta_{fl} + \dfrac{\dot{\varphi}}{2} \cdot b_f \\[2mm]
v_x = \omega_{fr} \cdot r_{fr} \cdot \cos\delta_{fr} - \dfrac{\dot{\varphi}}{2} \cdot b_f \\[2mm]
v_x = \omega_{rl} \cdot r_{rl} + \dfrac{\dot{\varphi}}{2} \cdot b_r \\[2mm]
v_x = \omega_{rr} \cdot r_{rr} - \dfrac{\dot{\varphi}}{2} \cdot b_r
\end{cases}
\tag{3.58}
$$

式中，δ_{fl} 和 δ_{fr} 表示前左/前右轮转角；b_f 和 b_r 表示前/后轴轮距。前轮轮速与速度换算关系中包含前轮转角且为驱动轮，存在滑移现象，不利于速度估计。这里采用后轮轮速估计纵向速度。

当车辆驱动行驶或者处于准稳态行驶时，直接使用后轴两轮轮速均值作为纵向速度估计值(式(3.59))，此时纵向速度估计值的精度较高，可用于姿态角估计和速度估计。当车辆处于制动工况时，由于制动力作用，轮胎存在滑移率，此时需要根据滑移率判断轮胎是否打滑。

$$
v_{VD\_x} = \frac{\omega_{rl} \cdot r_{rl} + \omega_{rr} \cdot r_{rr}}{2}
\tag{3.59}
$$

$$
\lambda = \frac{v_x - \omega r}{v_x}
\tag{3.60}
$$

式(3.60)为在制动工况下的滑移率计算方式，ω 和 r 表示车轮转速和轮胎半径。

当轮胎出现打滑时，轮胎力特性已经进入了非线性区域，需要设计逻辑规则

对其进行判断，并将 $\text{Flag}_{\text{VVD}\_x}$ 置位，使得及时切断反馈测量更新。通过车辆的动力学响应来判断轮胎进入强非线性区域的方式总是存在一定的时间延迟。为了解决该问题，作者团队提出了延迟-预测估计的架构，在任意时刻总存在 $(t-\tau)$ 时刻的速度估计结果，然后通过预测器来对当前时刻 t 的速度进行估计。由此可知，从时刻 $(t-\tau)$ 至时刻 t 这段时间内，预测器并没有使用到基于动力学估计器估计出的纵向速度作为测量反馈更新姿态和速度，因此提出使用预测器预测的当前速度与式(3.59)计算轮胎滑移率 λ，然后通过门限值比较结果作为将 $\text{Flag}_{\text{VVD}\_x}$ 置位的根据之一。

2)纵向加速度估计

在俯仰角估计时，需要根据车辆的运动情况对运动的纵向加速度项 $a_{x_{\text{kine}}}$ 进行估计，在轮胎未打滑时，基于轮速对车辆的运动加速度 $a_{x_{\text{kine}}}$ 进行估计。由于纵向速度由驾驶员通过油门和制动踏板控制，其动态可由低阶动态系统表示。假设轮速的动态不超过三阶，然后在 t 时刻对由轮速计算的纵向速度多项式进行泰勒级数展开，有

$$\begin{cases} V_\omega\left(t+\Delta t\right) = V_\omega\left(t\right) + \Delta t \cdot \dot{V}_\omega\left(t\right) + \dfrac{1}{2!}\Delta t^2 \cdot \ddot{V}_\omega\left(t\right) + \dfrac{1}{3!}\Delta t^3 \cdot \dddot{V}_\omega\left(t\right) + O + w_1 \\[2mm] \dot{V}_\omega\left(t+\Delta t\right) = \dot{V}_\omega\left(t\right) + \Delta t \cdot \ddot{V}_\omega\left(t\right) + \dfrac{1}{2!}\Delta t^2 \cdot \dddot{V}_\omega\left(t\right) + O + w_2 \\[2mm] \ddot{V}_\omega\left(t+\Delta t\right) = \ddot{V}_\omega\left(t\right) + \Delta t \cdot \dddot{V}_\omega\left(t\right) + O + w_3 \\[2mm] \dddot{V}_\omega\left(t+\Delta t\right) = \dddot{V}_\omega\left(t\right) + w_4 \end{cases} \tag{3.61}$$

式中，V_ω 为由轮速换算的速度；$\dot{V}_\omega$、$\ddot{V}_\omega$ 和 $\dddot{V}_\omega$ 分别为一阶、二阶和三阶导数；O 为高阶项；$w_1 \sim w_4$ 为各阶项的随机噪声。将 V_ω 的动态取到第三阶，忽略高阶动态。

将式(3.61)整理成差分方程，并改写成状态方程形式：

$$\begin{bmatrix} V_\omega(k+1) \\ \dot{V}_\omega(k+1) \\ \ddot{V}_\omega(k+1) \\ \dddot{V}_\omega(k+1) \end{bmatrix} = \begin{bmatrix} 1 & \Delta t & \dfrac{1}{2!}\Delta t^2 & \dfrac{1}{3!}\Delta t^3 \\[1mm] 0 & 1 & \Delta t & \dfrac{1}{2!}\Delta t^2 \\[1mm] 0 & 0 & 1 & \Delta t \\[1mm] 0 & 0 & 0 & 1 \end{bmatrix} \begin{bmatrix} V_\omega(k) \\ \dot{V}_\omega(k) \\ \ddot{V}_\omega(k) \\ \dddot{V}_\omega(k) \end{bmatrix} + \begin{bmatrix} w_1 \\ w_2 \\ w_3 \\ w_4 \end{bmatrix} \tag{3.62}$$

$$V_\omega = \begin{bmatrix} 1 & 0 & 0 & 0 \end{bmatrix} \begin{bmatrix} V_\omega(k) \\ \dot{V}_\omega(k) \\ \ddot{V}_\omega(k) \\ \dddot{V}_\omega(k) \end{bmatrix} + \eta \tag{3.63}$$

对于式(3.62)和式(3.63)描述的系统，可设计卡尔曼滤波算法对 $\dot{V}_\omega$ 进行估计。其中卡尔曼滤波算法中的状态转移矩阵和测量矩阵分别为

$$A = \begin{bmatrix} 1 & \Delta t & \dfrac{1}{2!}\Delta t^2 & \dfrac{1}{3!}\Delta t^3 \\ 0 & 1 & \Delta t & \dfrac{1}{2!}\Delta t^2 \\ 0 & 0 & 1 & \Delta t \\ 0 & 0 & 0 & 1 \end{bmatrix}, \quad C = \begin{bmatrix} 1 & 0 & 0 & 0 \end{bmatrix}$$

具体滤波算法见 4.2.2 节。

3) 俯仰角与纵向速度测量反馈规则

令 $a_{x\_\mathrm{dev}} = \left| a_{\mathrm{VD}\_x} - \left(a_{x_b} + g\sin\theta \right) \right|$ 表示由车辆动力学估计的纵向加速度与基于多源信息融合估计器估计出的纵向加速度的差值，其中 $a_{\mathrm{VD}\_x} = \dot{V}_\omega$。俯仰角和纵向速度测量反馈标志位建立规则如图 3.7 所示。

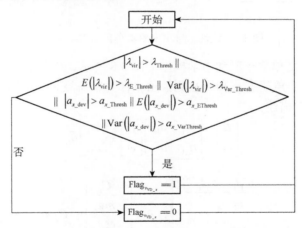

图 3.7 俯仰角与纵向速度测量反馈标志位规则

使用估计滑移率和纵向加速度差值作为 $\mathrm{Flag}_{v_{\mathrm{VD}\_x}}$ 建立的依据，当其绝对值、一段时间窗内的期望和方差满足任意条件时即将 $\mathrm{Flag}_{\tau\_v_{dx}}$ 置位。$\lambda_{\mathrm{Thresh}}$、$\lambda_{\mathrm{E\_Thresh}}$、$\lambda_{\mathrm{Var\_Thresh}}$、$a_{x\_\mathrm{Thresh}}$、$a_{x\_\mathrm{EThresh}}$ 和 $a_{x\_\mathrm{VarThresh}}$ 等参数需要根据实际效果调整，$E()$ 和 $\mathrm{Var}()$ 表示对一段时间数据取均值和方差操作。

3.1.2 节中姿态角和 3.1.3 节中速度测量反馈的标志位 $\mathrm{Flag}_{\mathrm{F}\_v_{\mathrm{VD}\_x}}$ 见式(3.64)：

$$\mathrm{Flag}_{\mathrm{F}\_v_{\mathrm{VD}\_x}} = \mathrm{Flag}^{\tau}_{v_{\mathrm{VD}\_x}} \,\|\, \mathrm{Flag}_{v_{\mathrm{VD}\_x}} \tag{3.64}$$

式中，$\mathrm{Flag}^{\tau}_{v_{\mathrm{VD}\_x}}$ 为 $\mathrm{Flag}_{v_{\mathrm{VD}\_x}}$ 延迟 τ 时间后所得标志位。

4. 侧向速度及其加速度估计

对于侧向速度，可基于车辆的侧向动力学设计估计器进行估计。本节采用线性二自由度单轨车辆模型设计侧偏角估计器估计侧偏角，进而估计侧向速度及其加速度。

1) 侧向速度及其加速度估计算法

需要说明的是，与纵向速度类似，侧向速度及其加速度只在车辆侧向激励较小时作为测量反馈修正基于多轴 IMU 估计的速度和姿态。在侧向激励较小时，线性二自由度单轨车辆模型能够较好地描述车辆侧向动态，同时为了简化模型，这里采用线性二自由度单轨车辆模型设计估计器估计侧向速度及其加速度。

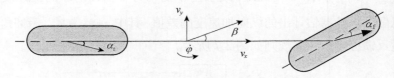

图 3.8　线性二自由度单轨车辆动力学模型

线性二自由度单轨车辆动力学模型如图 3.8 所示，其中 α_f 和 α_r 分别为前后轴侧偏角，选取横摆角速度 $\dot\varphi$ 和质心侧偏角 β 作为状态变量，车辆侧向运动的动力学模型由式(3.65)描述：

$$\begin{bmatrix} \dot\beta \\ \ddot\varphi \end{bmatrix} = \underbrace{\begin{bmatrix} a_{11} & a_{12} \\ a_{21} & a_{22} \end{bmatrix}}_{A}\begin{bmatrix} \beta \\ \dot\varphi \end{bmatrix} + \underbrace{\begin{bmatrix} b_{11} \\ b_{21} \end{bmatrix}}_{B}\delta_f \tag{3.65}$$

式中，$A = \begin{bmatrix} \dfrac{C_f + C_r}{mv_x} & \dfrac{C_f l_f - C_r l_r}{mv_x^2} - 1 \\ \dfrac{C_f l_f - C_r l_r}{I_z} & \dfrac{C_f l_f^2 + C_r l_r^2}{I_z} \end{bmatrix}$；$B = \begin{bmatrix} -\dfrac{C_f}{mv_x} \\ -\dfrac{C_f l_f}{I_z} \end{bmatrix}$；$C_f$ 和 C_r 分别为前后轴的侧偏刚度；m 为整车质量；l_f 和 l_r 分别为质心至前后轴的距离；I_z 为横摆转动惯量；δ_f 为前轮转角。

横摆角速度可直接测量，基于横摆角速度和式(3.65)描述的车辆侧向动力学模型即可使用卡尔曼滤波设计质心侧偏角估计算法以对质心侧偏角进行估计。

当估计出 $\hat\beta$ 后，即可根据式(3.66)估计出质心处的侧向速度：

$$\hat v_{\text{VD}\_y} = \hat\beta \cdot \hat v_x \tag{3.66}$$

根据估计所得侧偏角可计算出侧偏角动态：

$$\dot{\hat{\beta}} = \frac{C_f + C_r}{m\hat{v}_x}\hat{\beta} + \left(\frac{C_f l_f - C_r l_r}{m\hat{v}_x^2} - 1\right)\dot{\hat{\varphi}} - \frac{C_f}{m\hat{v}_x}\delta_f \tag{3.67}$$

进一步可估计出质心处侧向运动的加速度，即

$$\dot{\hat{v}}_{\mathrm{VD}\_y} = \dot{\hat{\beta}} \cdot \hat{v}_x \tag{3.68}$$

2)侧倾角与侧向速度测量反馈规则

侧向速度估计使用了车辆的侧向动力学模型，可基于该模型设计描述车辆非线性程度的指标。使用基于车辆模型估计的横摆角速度与传感器测量的横摆角速度的差值来度量车辆的非线性程度。在轮胎力特性的线性或者弱非线性区域内，车辆模型的精度较高，估计的横摆角速度与真实测量的横摆角速度较吻合。当车辆模型失准时，二者的差异便能及时体现，该差值为

$$\gamma_{\mathrm{dev}} = \left|\hat{\gamma}_d - \dot{\varphi}_s\right| \tag{3.69}$$

估计的横摆角速度 $\hat{\gamma}_d$ 由模型(3.65)根据方向盘转角输入计算：

$$\hat{\gamma}_d = \frac{v_x / (l_f + l_r)}{1 + \dfrac{m}{(l_f + l_r)^2}\left(\dfrac{l_f}{C_r} - \dfrac{l_r}{C_f}\right)v_x^{\,2}} \cdot \delta_f \tag{3.70}$$

同时还使用侧向速度和侧向加速度差值：

$$v_{y\_\mathrm{dev}} = \left|\hat{v}_{\mathrm{VD}\_y} - \hat{v}_y\right| \tag{3.71}$$

$$a_{y\_\mathrm{dev}} = \left|\dot{\hat{v}}_{\mathrm{VD}\_y} - \left(a_{y_b} - g\sin\phi\cos\theta\right)\right| \tag{3.72}$$

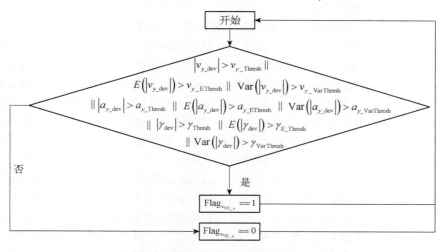

图 3.9　侧倾角与侧向速度测量反馈规则

进而，使用横摆角速度差值、侧向速度差值和侧向加速度差值作为 $\mathrm{Flag}_{v_{\mathrm{VD}\_y}}$

建立依据，如图 3.9 所示。当其绝对值、一段时间窗内的期望和方差满足任意阈值条件时即将 $\text{Flag}_{v_{\text{VD}\_y}}$ 置位。v_{y_Thresh}、v_{y_EThresh}、$v_{y\_\text{VarThresh}}$、a_{y_Thresh}、a_{y_EThresh}、$a_{y\_\text{VarThresh}}$、γ_{Thresh}、$\gamma_{\text{E\_Thresh}}$ 和 $\gamma_{\text{VarThresh}}$ 等参数需要根据实际效果调整。

最终用于 3.1.2 节中姿态角和 3.1.3 节中速度测量反馈的标志位 $\text{Flag}_{\text{F}\_v_{\text{VD}\_y}}$ 由式(3.73)建立：

$$\text{Flag}_{\text{F}\_v_{\text{VD}\_y}} = \text{Flag}^{\tau}_{v_{\text{VD}\_y}} \parallel \text{Flag}_{v_{\text{VD}\_y}} \tag{3.73}$$

式中，$\text{Flag}^{\tau}_{v_{\text{VD}\_y}}$ 为 $\text{Flag}_{v_{\text{VD}\_y}}$ 延迟 τ 时间后所得标志位。

5. 实验结果

为了验证估计算法效果，在小侧向加速度和大侧向加速度工况下分别进行蛇行和双移线工况的实验。小侧向加速度一般指极限侧向加速度在 4m/s² 以下，大侧向加速度一般指极限侧向加速度大于 6m/s²，此外验证算法在复杂工况下姿态估计和车身侧偏角估计的效果。图例中"延迟"表示延迟观测器中相应量估计结果，"预测"表示预测器中相应量估计结果，"S-Motion"表示 S-Motion 测得的相应量，"Fused"表示本节提出的车辆动力学辅助多轴 IMU 的融合估计方法的估计结果，"VD"表示基于车辆动力学的估计结果。

1)蛇行工况

在蛇行工况下分别进行小侧向加速度和大侧向加速度实验。

(1)小侧向加速度工况。

小侧向加速度下的蛇行工况实验结果如图 3.10 所示，图 3.10(a)描述了车辆位置轨迹，图 3.10(b)和图 3.10(c)描述了三轴加速度和三轴角速度，可知峰值侧向加速度在 4m/s² 附近，驾驶员转动的方向盘转角峰值接近 130°，峰值方向盘角速度超过 200(°)/s，方向盘转角如图 3.10(d)所示。图 3.10(f)和图 3.10(g)分别是侧倾角和俯仰角的估计结果，图 3.10(f)中根据式(3.47)计算所得的姿态角，即通过车辆动力学估计器估计的姿态角包含加速度传感器中的测量噪声，因此噪声相较于其他 3 条曲线都大，甚至淹没了姿态角真值。为不影响表达，只在图 3.10(f)给出。在图 3.10(f)中 115s 之前，车辆尚未进入转向工况，除了噪声之外，此时车辆动力学估计器的估计值能够较好地跟随 S-Motion 测得的侧倾角，其通过测量反馈作用于基于多轴 IMU 的姿态角估计结果中，消除其累积误差，使得预测值和延迟观测器的估计值在未紧急转向工况之前也能够较好地跟随 S-Motion 测量值。由于自适应卡尔曼滤波的滤波作用，车辆动力学估计器的估计值的噪声在测量反馈时被基本消除。俯仰角和侧倾角结果基本相同，如图 3.10(g)所示。4 处峰值点处的平均侧倾角估计精度高于 95%，见表 3.1。

(a)位置轨迹图

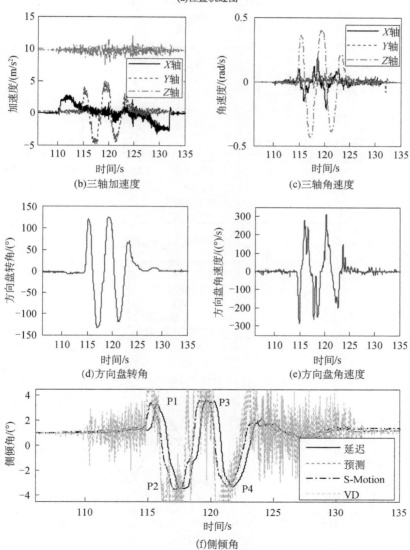

(b)三轴加速度

(c)三轴角速度

(d)方向盘转角

(e)方向盘角速度

(f)侧倾角

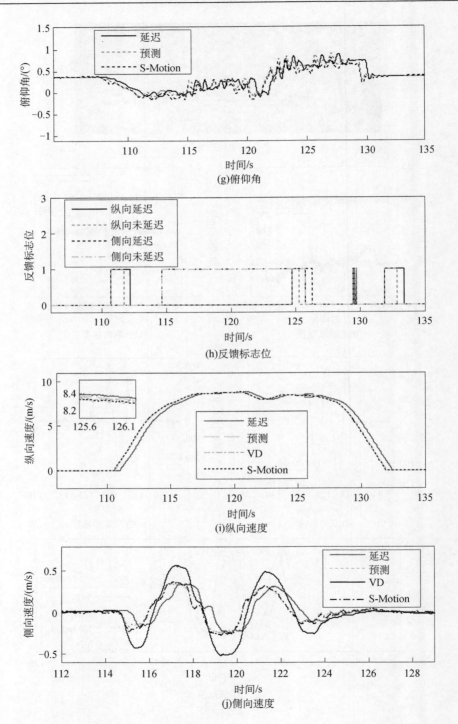

(g)俯仰角

(h)反馈标志位

(i)纵向速度

(j)侧向速度

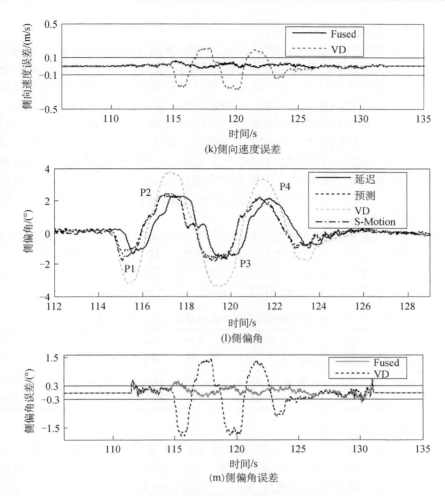

图 3.10　小侧向加速度蛇行实验结果

表 3.1　小侧向加速度蛇行工况侧倾角峰值点估计误差/精度统计

| 方法 | 第 1 处(115.2s) | | 第 2 处(117.1s) | | 第 3 处(119.2s) | | 第 4 处(121.3s) | | 平均精度 |
	误差/(°)	精度	误差/(°)	精度	误差/(°)	精度	误差/(°)	精度	
Fused	0.09	97.3%	0.04	98.9%	−0.02	99.5%	−0.01	99.7%	98.9%

图 3.10(h)给出了由式(3.64)和式(3.73)表述的反馈策略, 融合后的反馈标志位置位时, 姿态角和速度的反馈测量被切断, 基于多轴 IMU 的姿态和速度估计方法进入积分模式, 式(3.73)中的取或操作使得融合后的反馈标志位能够同时置位, 但当车辆渐渐进入小侧向加速度时, 侧向延迟能够比侧向未延迟更晚清零, 以确保基于车辆动力学估计的侧倾角和侧向速度以较高的精度值被反馈至基于多轴

IMU 的姿态和侧向速度估计器中。

纵向速度和侧向速度的估计结果如图 3.10(i)和图 3.10(j)所示，由于纵向激励较小，基于车辆动力学的纵向速度本身精度较高，且可长时间反馈修正基于 IMU 的纵向速度和俯仰角估计器，故纵向速度估计效果整体较好，纵向速度估计误差小于 0.2m/s。对于侧向速度，在图 3.10(h)侧向延迟表示的标志位建立之前，即 114.7s 之前，图 3.10(j)中基于车辆动力学估计所得侧向速度精度较高，其通过测量反馈作用于基于多轴 IMU 的速度估计器中，保证车辆在剧烈转向之前，使得基于多轴 IMU 的侧向速度的估计误差小于 0.1m/s，得益于较好的姿态估计精度和较高的侧向速度积分初值，即使在侧向速度反馈被切断的 114.7~126.3s 中，基于多轴 IMU 估计所得的侧向速度误差也小于 0.1m/s，如图 3.10(k)所示，整个积分过程持续 11.6s。

侧偏角和侧偏角误差结果如图 3.10(l)和图 3.10(m)所示，基于动力学辅助多轴 IMU 的融合估计方法的侧偏角误差小于 $0.3°(1\sigma)$，基于动力学的侧偏角估计误差在峰值点处大于 1°，精度低于融合估计方法，融合估计方法峰值点侧偏角估计精度大于 90%，见表 3.2，精度比侧向速度略低，原因是本组实验纵向速度较低。

表 3.2　小侧向加速度蛇行工况侧偏角峰值点估计误差/精度统计

方法	第 1 处(115.4s)		第 2 处(117.2s)		第 3 处(119.3s)		第 4 处(121.3s)		平均精度
	误差/(°)	精度	误差/(°)	精度	误差/(°)	精度	误差/(°)	精度	
Fused	0.34	77.6%	-0.16	93.3%	0.17	90.6%	-0.01	99.6%	90.3%
VD	-1.78	—	1.34	44.1%	-1.6	11.1%	1.1	50%	35.2%

(2)大侧向加速度工况。

大侧向加速度蛇行工况实验结果如图 3.11 所示，图 3.11(a)是位置轨迹。图 3.11(b)和图 3.11(c)分别是车辆运行时的三轴加速度和三轴角速度。由加速度中的 γ 轴数据可知，峰值加速度超过 8m/s²，说明轮胎力已达到附着极限，峰值方向盘角速度也已达 600(°)/s。侧倾角和俯仰角的估计结果情况与小侧向加速度蛇行工况基本相同，如图 3.11 (f)和图 3.11(g)所示，4 处侧倾角的平均估计精度高于 95%，如表 3.3 所示。

(a)位置轨迹图

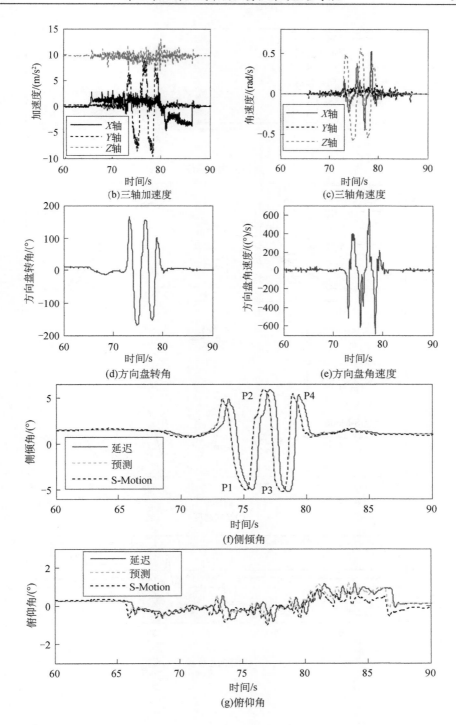

(b)三轴加速度

(c)三轴角速度

(d)方向盘转角

(e)方向盘角速度

(f)侧倾角

(g)俯仰角

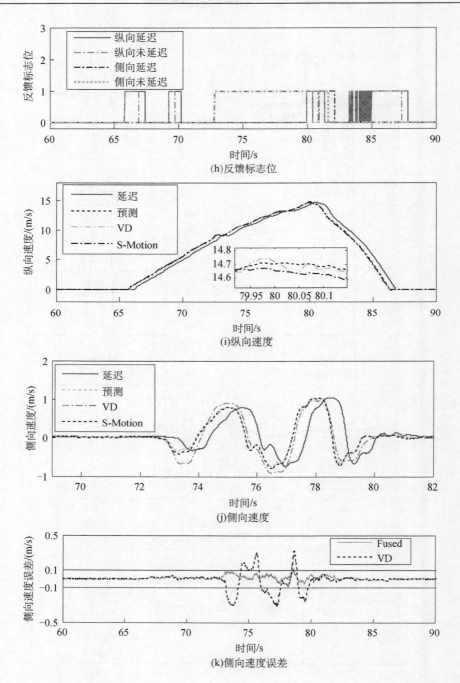

(h)反馈标志位

(i)纵向速度

(j)侧向速度

(k)侧向速度误差

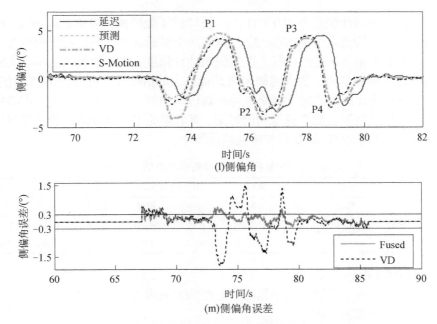

图 3.11　大侧向加速度蛇行实验结果

表 3.3　大侧向加速度蛇行工况侧倾角峰值点估计误差/精度统计

方法	第 1 处(75.2s)		第 2 处(76.7s)		第 3 处(78.0s)		第 4 处(78.9s)		平均精度
	误差/(°)	精度	误差/(°)	精度	误差/(°)	精度	误差/(°)	精度	
Fused	0.1	98.0%	-0.05	99.2%	0.02	99.6%	-0.04	99.3%	99.0%

在该工况下，纵向激励较小，由图 3.11(h)可知，纵向速度和俯仰角反馈标志位置位时长较短，因此纵向速度测量反馈时长较长，图 3.11(i)中融合方法的纵向速度估计结果较好，估计误差小于 0.2m/s，从局部放大图也可看到，动力学估计速度与 S-Motion 测得的速度较为接近。

对于侧向速度，图 3.11(h)表示的侧向速度反馈标志位置位之前，即 72.78s 之前，图 3.11(j)表示的基于车辆动力学估计侧向速度精度较高，估计误差小于 0.1m/s，此时其被用于测量反馈项消除基于多轴 IMU 的速度估计算法中的累积误差，以保证紧急转向时基于多轴 IMU 的侧向速度积分初始值精度较高，在反馈被切断后，图 3.11(j)中侧向速度估计结果仍保持较高的估计精度，侧向速度估计误差始终小于 0.1m/s，而基于车辆动力学估计的侧向速度峰值误差超过 0.3m/s，精度明显低于基于融合方法所得的侧向速度。图 3.11(l)和图 3.11(m)表示的侧偏角及其误差估计结果与侧向速度及其误差估计结果类似。当车辆紧急转向时，基于车辆动力学估计侧偏角估计精度较低，峰值估计误差超过 1.5°，而基于融合估

计方法的侧偏角估计误差小于 0.3°(1σ)。统计的 4 处侧偏角峰值误差表明，峰值
侧偏角估计精度均值高于 95%(表 3.4)，高于基于车辆动力学估计所得侧偏角估计
精度，也大于小侧向加速度蛇行工况侧偏角估计精度，一方面是因为本组实验速
度较高，另一方面是因为更大的侧偏角具备更大的信噪比。此外，图 3.11(f)~(l)
中，基于延迟估计器中的估计结果也均能通过预测器对当前状态预测，即将延迟
观测器中的估计结果近似平移至当前时刻，有效避免了反馈标志位置位延迟导致
异常值反馈至基于 IMU 的姿态和速度估计器中。

表 3.4　大侧向加速度蛇行工况侧偏角峰值点估计误差/精度统计

方法	第 1 处(75.0s)		第 2 处(76.5s)		第 3 处(77.9s)		第 4 处(78.8s)		平均精度
	误差/(°)	精度	误差/(°)	精度	误差/(°)	精度	误差/(°)	精度	
Fused	0.05	98.8%	0.32	91.5%	0.12	97.3%	0.19	93.8%	95.4%
VD	0.60	85.6%	−0.55	85.4%	−0.22	95%	0.67	78%	86%

2)双移线工况

在双移线工况下分别进行小侧向加速度和大侧向加速度实验。

(1)小侧向加速度工况。

小侧向加速度下双移线工况实验结果如图 3.12 所示，图 3.12(a)是车辆位置
轨迹，图 3.12(b)和图 3.12(c)分别是三轴加速度和角速度，避障过程中侧向加速度
大部分时刻小于 4m/s²，第二次避障峰值侧向加速度超过 6m/s²，此时侧偏角达到
2°。整个过程中，姿态角估计结果与蛇行工况类似，侧倾角 4 处峰值估计精度均
值大于 90%(表 3.5)，略低于蛇行工况实验结果。基于车辆动力学和基于融合方
法的纵向速度估计误差均小于 0.2m/s。对于侧向速度，在车辆未紧急转向之前，
图 3.12(k)中基于车辆动力学的侧向速度误差小于 0.05m/s，同样可将基于融合方
法的侧向速度估计结果维持在较高精度，当图 3.12(h)中反馈标志位置位时，基
于融合方法的侧向速度进入积分模式，整个积分过程累积误差小于 0.1m/s(1σ)。
同样由于这组实验速度较低且侧向加速度整体偏低，融合方法侧偏角的估计精度
比侧向速度更低，侧偏角 4 处峰值估计平均精度约为 84.7%(表 3.6)，侧偏角估计
误差小于 0.3° (1σ)。

(a)位置轨迹图

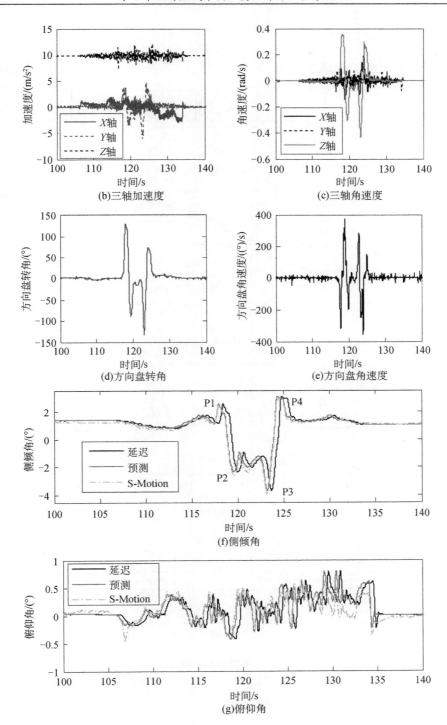

(b)三轴加速度

(c)三轴角速度

(d)方向盘转角

(e)方向盘角速度

(f)侧倾角

(g)俯仰角

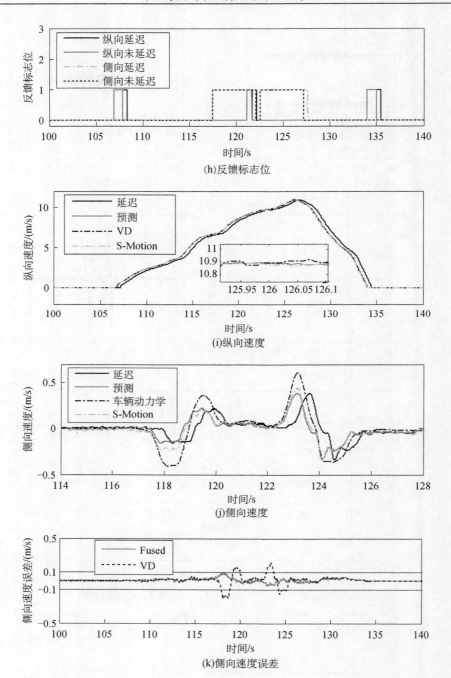

(h)反馈标志位

(i)纵向速度

(j)侧向速度

(k)侧向速度误差

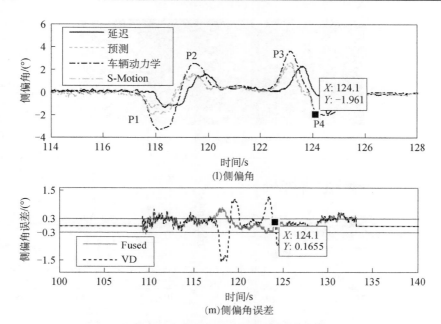

图 3.12　小侧向加速度双移线实验结果

表 3.5　小侧向加速度双移线工况侧倾角峰值点估计误差/精度统计

方法	第 1 处(117.9s)		第 2 处(119.5s)		第 3 处(123.2s)		第 4 处(124.4s)		平均精度
	误差/(°)	精度	误差/(°)	精度	误差/(°)	精度	误差/(°)	精度	
Fused	0.08	96.8%	0.3	88.6%	0.3	92.5%	0.21	92.7%	92.7%

表 3.6　小侧向加速度双移线工况侧偏角峰值点估计误差/精度统计

方法	第 1 处(118.2s)		第 2 处(119.4s)		第 3 处(123.1s)		第 4 处(124.1s)		平均精度
	误差/(°)	精度	误差/(°)	精度	误差/(°)	精度	误差/(°)	精度	
Fused	0.75	61.5%	0.12	92.1%	-0.32	87.5%	0.05	97.5%	84.7%
VD	-1.48	24.1%	1.04	31.6%	1.00	60.9%	0.17	91.3%	52.0%

(2)大侧向加速度工况。

　　大侧向加速度双移线工况的姿态和速度估计结果与大侧向加速度蛇行工况实验结果类似,侧向加速度达 8m/s²。图 3.13(a)是位置轨迹。图 3.13(b)和图 3.13(c)分别是加速度和角速度。从加速度 Y 轴测量值可知,峰值加速度超过 8m/s²,轮胎力已达到附着极限,峰值方向盘角速度已达 600(°)/s。由图 3.13(f)和表 3.7 可知,4 处侧倾角平均估计精度高于 95%。由图 3.13(j)和图 3.13(k)可知,基于融合方法的侧向速度误差小于 0.1m/s,优于基于动力学估计的侧向速度误差,由图 3.13(l)和图 3.13(m)可知,基于融合方法的侧偏角估计误差小于 0.3°(1σ),优于基于车辆动力学估计的结果,4 处峰值侧偏角估计平均精度高于 90%,高于基于车辆动力学方法的 85.3%,见表 3.8。

(a)位置轨迹图

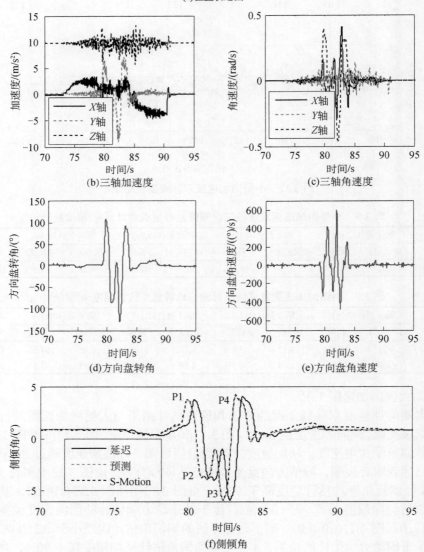

(b)三轴加速度　　　　　　　　　　　(c)三轴角速度

(d)方向盘转角　　　　　　　　　　　(e)方向盘角速度

(f)侧倾角

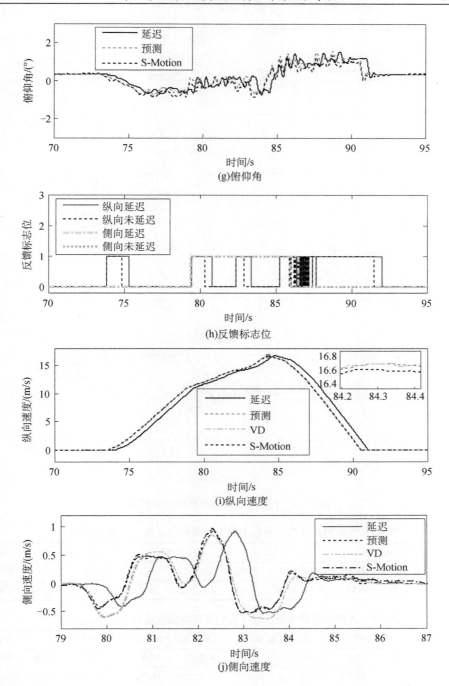

(g)俯仰角

(h)反馈标志位

(i)纵向速度

(j)侧向速度

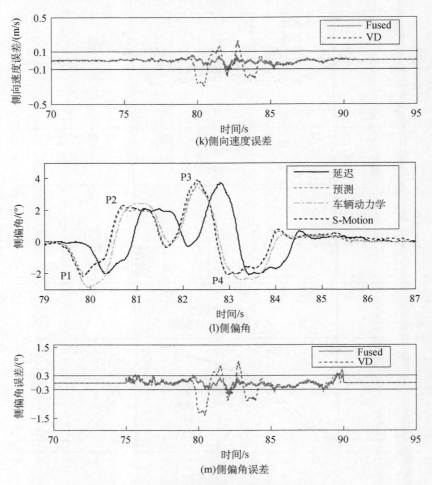

图 3.13　大侧向加速度双移线实验结果

表 3.7　大侧向加速度双移线工况侧倾角峰值点估计误差/精度统计

| 方法 | 第 1 处(79.9s) | | 第 2 处(81.2s) | | 第 3 处(82.3s) | | 第 4 处(83.1s) | | 平均精度 |
	误差/(°)	精度	误差/(°)	精度	误差/(°)	精度	误差/(°)	精度	
Fused	0.05(3.76)	98.7%	−0.03(−3.96)	99.2%	−0.05(−5.84)	99.1%	−0.1(4.19)	97.6%	98.7%

表 3.8　大侧向加速度双移线工况侧偏角峰值点估计误差/精度统计

| 方法 | 第 1 处(79.8s) | | 第 2 处(80.7s) | | 第 3 处(82.3s) | | 第 4 处(83.0s) | | 平均精度 |
	误差/(°)	精度	误差/(°)	精度	误差/(°)	精度	误差/(°)	精度	
Fused	0.24(−2.16)	88.9%	−0.23(2.33)	90.1%	−0.17(3.92)	95.7%	−0.01(−2.08)	99.5%	93.6%
VD	−0.24	88.9%	−0.57	75.5%	−0.38	90.3%	0.28	86.5%	85.3%

3)复杂工况

图 3.14(a)给出了行车轨迹，包含了一次紧急避障工况和一次小侧向加速度避障工况，极限工况 1 为了保证侧向加速度较大，纵向速度较高，约为 45km/h。从图 3.14(h)可知，其余大部分时间纵向速度低于 30km/h。图 3.14(b)和图 3.14(c)分别给出了车辆运行时的三轴加速度和角速度，紧急避障段，从加速度中虚线可知，峰值加速度超过 8m/s²，峰值方向盘角速度达 800°/s，与图 3.13 所示工况类似，不再描述。

(a)位置轨迹图

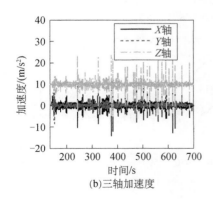

(b)三轴加速度

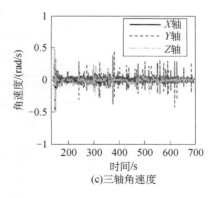

(c)三轴角速度

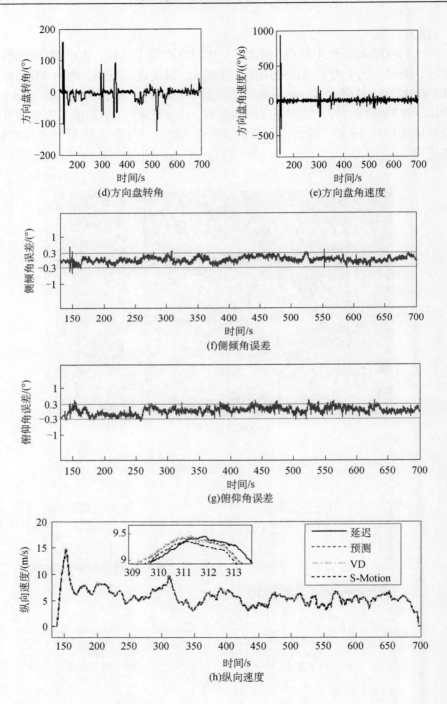

(d)方向盘转角

(e)方向盘角速度

(f)侧倾角误差

(g)俯仰角误差

(h)纵向速度

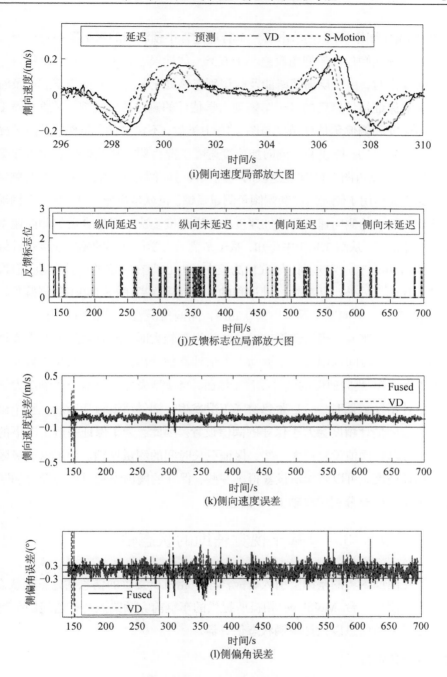

(i)侧向速度局部放大图

(j)反馈标志位局部放大图

(k)侧向速度误差

(l)侧偏角误差

图 3.14　复杂工况实验结果

图 3.14(f)和图 3.14 (g)给出了整个行进过程中预测器的水平姿态角误差,可知大部分时刻侧倾角和俯仰角误差小于 0.3°,估计误差处于 0.3°的误差带内。在紧急转向操作时,由于反馈策略能及时识别车辆处于紧急转向操作下,可及时切断已经无法保证估计精度的基于车辆动力学估计的侧向速度反馈,紧急避障工况下的侧向速度和侧偏角估计精度与图 3.13 中类似,不再描述。非紧急避障工况条件下,以 295~310s 描述的小侧向加速度避障工况为例,从反馈标志位可知侧向延迟的反馈标志位(图 3.14(i))在这段时间内大部分时间并未置位,表明此时侧向速度及其加速度均用于侧向速度和侧倾角测量反馈。也就是除噪声外,基于车辆动力学估计器估计出的侧向速度及其加速度在一定程度上决定了融合后的侧向速度和侧倾角估计精度。从图 3.14(i)中可知,基于车辆动力学估计器的侧向速度估计结果相较于 S-Motion 有一定差别,导致预测值在此时也存在一定的估计误差,但误差未超过 0.1m/s。另外,从整个行驶过程的侧向速度误差(图 3.14(k))和侧偏角误差(图 3.14(l))来看,侧向速度误差小于 0.2m/s,侧偏角误差小于 0.3°(1σ)。

从另一角度来看,当反馈策略中的阈值设置较大时,紧急避障工况更晚地被识别到,可更长时间利用基于车辆动力学估计器估计出的速度进行反馈修正,保证一般工况下纵/侧向速度的估计精度。然而,当模型失配导致基于车辆动力学估计器的估计精度较低时,一旦紧急避障工况发生,测量反馈被切断后,整个极限工况下的速度估计精度会差于保守的阈值设置。因此,为了保证一般工况下的估计精度,可以将阈值设置得大一些,保证更长时间的测量反馈。为了保证极限工况下的估计精度,可以将阈值设置得小一些,保守的阈值设置可保证及时切断失准的测量反馈而充分利用多轴 IMU 信息。

3.2　基于视觉辅助的状态估计

本节在前面内容的基础上引入智能汽车中相机所提供的信息估计车辆状态。具体来说,使用一台 Mobileye 相机所提供的车辆前方预瞄点与车道线的距离预计与车道线夹角信息以设计车辆状态估计器。

3.2.1　姿态角估计

3.1.2 节已经介绍了一种基于 EKF 算法的车身姿态角估计算法,由于式(3.5)

所描述的状态方程为关于车身姿态的非线性方程，本节进一步尝试容积卡尔曼滤波算法，该算法能够更准确地处理系统中的非线性特征。

1. 姿态角状态方程

式(3.5)即为姿态角的状态方程，可以看出该方程为非线性方程。为避免拓展卡尔曼滤波中局部线性化引入的误差，本节尝试采用非线性容积卡尔曼滤波对车身姿态角进行估计。

2. 测量信号反馈机制

在设计观测器过程中，需要引入相应的测量信号。磁力计装载在车上得到的姿态角置信度相对较差，并且信号极易受到干扰和污染，难以保证全工况的可靠性。此外，GNSS 信号容易受到遮挡，难以保证全工况稳定输出。本节依然根据车辆本身特性设计观测器估计车身姿态角。为此，结合方向盘转角信息和轮速信息设计测量信号反馈机制。

当车辆纵向加速度为 0 时，在去除加速度传感器中的偏差后，IMU 测得的纵向加速度与侧倾角满足：

$$a_{xr} = -g \sin \theta \tag{3.74}$$

在去除加速度传感器中的偏差后，IMU 测得的侧向加速度与俯仰角和侧倾角满足：

$$a_{yr} = g \cos \theta \sin \phi \tag{3.75}$$

为了让式(3.74)和式(3.75)在部分场景能够作为姿态角的测量反馈信号，接下来需要判断车辆纵侧向的运动状态来设置相应的反馈机制。当满足式(3.76)并维持时间大于 T_1 时，可认为车辆直线行驶。

$$\begin{cases} \delta_{sw} \leqslant \delta_{threshold} \\ \dot{\delta}_{sw} \leqslant \dot{\delta}_{threshold} \\ \dot{\varphi} \leqslant \dot{\varphi}_{threshold} \end{cases} \tag{3.76}$$

式中，δ_{sw} 为方向盘转角；$\dot{\delta}_{sw}$ 为方向盘转角速度；$\dot{\varphi}$ 为车辆横摆角速度；下标 threshold 表示设置的阈值；$\delta_{threshold}$ 为方向盘转角阈值；$\dot{\delta}_{threshold}$ 为方向盘转角速度阈值；$\dot{\varphi}_{threshold}$ 为横摆角速度阈值。

当满足式(3.77)并维持时间大于 T_2 时，认为车辆纵向加速度可以忽略不计。

$$\left| g\sin\theta - \dot{\omega}_{ws}r \right| \leqslant a_{xthreshold} \tag{3.77}$$

式中，$\dot{\omega}_{ws}$ 为车轮转动加速度；r 为车轮转动半径；$a_{xthreshold}$ 为纵向加速度阈值。

综上所述，整个姿态角测量反馈机制如图 3.15 所示。

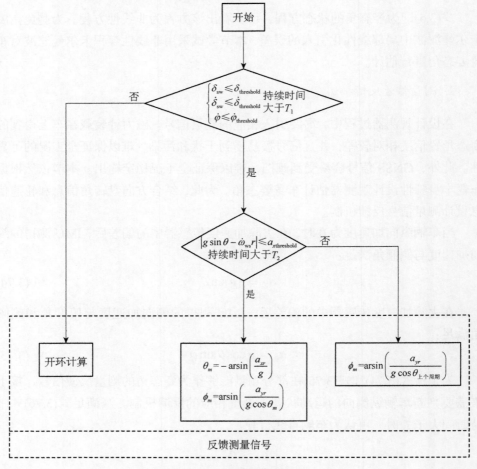

图 3.15　反馈测量信号设置机制

3. 姿态角估计算法

基于式(3.5)所示的姿态角方程，考虑 IMU 传感器角速度的测量偏差，可以构建状态方程：

$$
\begin{bmatrix}
\dot{\phi} \\
\dot{\theta} \\
\dot{\varphi} \\
\dot{b}_{\dot{\phi}1} \\
\dot{b}_{\dot{\theta}1} \\
\dot{b}_{\dot{\varphi}1}
\end{bmatrix}
= f(\phi,\theta,\varphi,b_{\dot{\phi}1},b_{\dot{\theta}1},b_{\dot{\varphi}1})
$$

$$
=
\begin{bmatrix}
(\dot{\phi}_c - b_{\dot{\phi}1}) + \sin\phi\tan\theta(\dot{\theta}_c - b_{\dot{\theta}1}) + \cos\phi\tan\theta(\dot{\varphi}_c - b_{\dot{\varphi}1}) \\
\cos\phi(\dot{\theta}_c - b_{\dot{\theta}1}) - \sin\phi(\dot{\varphi}_c - b_{\dot{\varphi}1}) \\
\sin\phi(\dot{\theta}_c - b_{\dot{\theta}1})/\cos\theta + \cos\phi(\dot{\varphi}_c - b_{\dot{\varphi}1})/\cos\theta \\
\dfrac{-b_{\dot{\phi}1}}{\tau_{\dot{\phi}1}} \\
\dfrac{-b_{\dot{\theta}1}}{\tau_{\dot{\theta}1}} \\
\dfrac{-b_{\dot{\varphi}1}}{\tau_{\dot{\varphi}1}}
\end{bmatrix}
\tag{3.78}
$$

其对应的测量方程可以分为如下三类：

(1)当没有测量信号时，测量转移矩阵 $C = [0\ \ 0\ \ 0\ \ 0\ \ 0\ \ 0]$；

(2) 当测量信号同时包含侧倾角和俯仰角时，测量转移矩阵变为

$$
C =
\begin{bmatrix}
1 & 0 & 0 & 0 & 0 & 0 \\
0 & 1 & 0 & 0 & 0 & 0
\end{bmatrix};
$$

(3) 当测量信号只包含侧倾角时，测量转移矩阵将变为 $C = [1\ \ 0\ \ 0\ \ 0\ \ 0\ \ 0]$。

考虑到普通卡尔曼滤波在处理非线性状态方程时进行局部线性化处理会引入误差，构建非线性平方根容积卡尔曼滤波估计车辆姿态角。首先对非线性系统 (3.78)进行离散化处理。

$$
\begin{bmatrix}
\phi_{k+1} \\
\theta_{k+1} \\
\varphi_{k+1} \\
b_{\dot{\phi}1,k+1} \\
b_{\dot{\theta}1,k+1} \\
b_{\dot{\varphi}1,k+1}
\end{bmatrix}
= f(x_k, u_k)
$$

$$= \begin{bmatrix} [(\dot{\phi}_{c,k} - b_{\dot{\phi}1,k}) + \sin\phi_k \tan\theta_k (\dot{\theta}_{c,k} - b_{\dot{\theta}1,k}) + \cos\phi_k \tan\theta_k (\dot{\varphi}_{c,k} - b_{\dot{\phi}1,k})]T + \phi_k \\ [\cos\phi_k (\dot{\theta}_{c,k} - b_{\dot{\theta}1,k}) - \sin\phi_k (\dot{\varphi}_{c,k} - b_{\dot{\phi}1,k}) + \theta_k]T + \varphi_k \\ [\sin\phi_k (\dot{\theta}_{c,k} - b_{\dot{\theta}1,k}) / \cos\theta_k + \cos\phi_k (\dot{\varphi}_{c,k} - b_{\dot{\phi}1,k}) / \cos\theta_k]T + \varphi_k \\ \dfrac{-b_{\dot{\phi}1,k}}{\tau_{\dot{\phi}1,k}} T + b_{\dot{\phi}1,k} \\ \dfrac{-b_{\dot{\theta}1,k}}{\tau_{\dot{\theta}1,k}} T + b_{\dot{\theta}1,k} \\ \dfrac{-b_{\dot{\varphi}1,k}}{\tau_{\dot{\varphi}1,k}} T + b_{\dot{\phi}1,k} \end{bmatrix} \tag{3.79}$$

基于式(3.79)所示的状态方程,非线性平方根容积卡尔曼滤波的计算过程可以分成下述步骤[136]。

(1)假定状态方程的维数为 L,那么容积点的个数为 $2L$,容积点 $\xi_i = \sqrt{L}[I]_i$,每个容积点的权重相等,均为 $\xi_i = \dfrac{1}{2L}$,而 $[I]_i$ 容积点是遍历的向量集合,可以用式(3.80)表示:

$$[I]_i \in \left[\begin{bmatrix} 1 \\ 0 \\ \vdots \\ 0 \end{bmatrix}, \begin{bmatrix} 0 \\ 1 \\ \vdots \\ 0 \end{bmatrix}, \cdots, \begin{bmatrix} 0 \\ 0 \\ \vdots \\ 1 \end{bmatrix}, \begin{bmatrix} -1 \\ 0 \\ \vdots \\ 0 \end{bmatrix}, \begin{bmatrix} 0 \\ -1 \\ \vdots \\ 0 \end{bmatrix}, \cdots, \begin{bmatrix} 0 \\ 0 \\ \vdots \\ -1 \end{bmatrix} \right] \tag{3.80}$$

式中,列向量的维度为 L。基于构造的容积点,对前一时刻状态 $\hat{x}_{k-1|k-1}$ 进一步预测计算容积点,可以得到

$$x_{i,k|k-1} = \hat{x}_{k-1|k-1} + S_{k-1|k-1}\xi_i \tag{3.81}$$

式中, $S_{k-1|k-1}$ 为误差的协方差分解因子, $i = 1, 2, \cdots, 2L$。

(2)经由观测方程展开映射传播可以获得观测变量的预测值

$$x_{i,k|k-1}^* = f(x_{i,k|k-1}, u_k) \tag{3.82}$$

然后对预测值求均值:

$$x_{k|k-1} = \frac{1}{2L} \sum_{i=1}^{2L} x_{i,k|k-1}^* \tag{3.83}$$

对 $k-1$ 时刻的 Q_{k-1} 进行因式分解:

$$Q_{k-1} = S_{Q,k-1} S_{Q,k-1}^T \tag{3.84}$$

定义

$$\chi^*_{k|k-1}=\frac{1}{\sqrt{2L}}[x^*_{1,k|k-1}-x_{k|k-1},\quad \cdots,\quad x^*_{2L,k|k-1}-x_{k|k-1}] \tag{3.85}$$

可以求解得到预测误差的协方差矩阵平方根因子:

$$S_{k|k-1}=\mathrm{Tria}\left(\begin{bmatrix} \chi^*_{k|k-1} & S_{Q,k-1} \end{bmatrix}\right) \tag{3.86}$$

　(3)基于上述求得的平方根因子对容积点进行重新采样:

$$x_{i,k|k-1}=S_{k|k-1}\xi_i+x_{k|k-1} \tag{3.87}$$

代入测量方程可以得到测量量的容积点集:

$$Y_{i,k|k-1}=h(x_{i,k|k-1}) \tag{3.88}$$

对量测容积点取均值可得

$$Y_{k|k-1}=\sum_{i=1}^{2L}Y_{i,k|k-1} \tag{3.89}$$

　对 k 时刻的 R_k 进行因式分解:

$$R_k=S_{R,k}S_{R,k}^T \tag{3.90}$$

定义

$$\eta_{k|k-1}=\frac{1}{\sqrt{2L}}[Y_{1,k|k-1}-Y_{k|k-1},\quad \cdots,\quad Y_{2L,k|k-1}-Y_{k|k-1}] \tag{3.91}$$

从而得到信息的协方差因子:

$$S_{YY,k|k-1}=\mathrm{Tria}\left(\begin{bmatrix} \eta_{k|k-1} & S_{R,k} \end{bmatrix}\right) \tag{3.92}$$

　(4)进一步得到交叉协方差矩阵:

$$P_{XY,k|k-1}=\chi_{k|k-1}\eta_{k|k-1}^T \tag{3.93}$$

　式(3.85)中 $\chi^*_{k|k-1}$ 可以表示为

$$\chi_{k|k-1}=\frac{1}{\sqrt{2L}}[x_{1,k|k-1}-x_{k|k-1},\quad \cdots,\quad x_{2L,k|k-1}-x_{k|k-1}] \tag{3.94}$$

从而可以得到容积卡尔曼滤波的反馈增益为

$$K_k=\frac{P_{XY,k|k-1}}{S_{YY,k|k-1}^T S_{YY,k|k-1}} \tag{3.95}$$

　当前时刻的最优估计值为

$$\hat{x}_{k|k}=\hat{x}_{k|k-1}+K_k(Y_k-Y_{k|k-1}) \tag{3.96}$$

同时对误差协方差矩阵的平方根因子进行更新:

$$S_{k|k}=\mathrm{Tria}\left(\begin{bmatrix} \chi_{k|k-1}-K_k\eta_{k|k-1} & K_kS_{R,k} \end{bmatrix}\right) \tag{3.97}$$

至此,就可以利用容积卡尔曼滤波对姿态角进行实时估计了。

3.2.2　车辆侧向运动平面几何模型

　　基于车辆动力学的质心侧偏角估计方法的优点是对 IMU 传感器精度依赖性小，但对模型精度依赖性大。就目前情况而言，通常假设车辆处于平面运动，不考虑对车辆侧倾和俯仰运动。当车辆转向行驶时，车辆的侧倾运动会对侧向加速度、车轮垂向力等产生很大的影响，二自由度车辆模型难以描述这种多维运动特性，存在较大的建模误差，因此基于车辆动力学的质心侧偏角估计方法在这种工况下的精度会部分降低。智能汽车上相机的引入能得到车辆前方预瞄点与车道线的侧向距离关系，丰富了信息源。但是，当车辆在高动态侧向运动的时候，基于视觉检测的车道线无法提供准确的检测值，与此同时，需要考虑其信号迟滞和采样频率相对较低的弊端。为此，本节基于 3.2.1 节中的运动学车辆姿态角估计信息，为进一步提高车辆动力学建模精度，建立考虑加速度信号测量误差的车辆侧向动力学模型。此外，基于相机获取的侧向距离信息，针对视觉信号迟滞和采样频率相对较低的问题，设计小侧向加速度工况下基于视觉辅助的动力学质心侧偏角观测器。

　　根据相机测量车道线内侧侧向距离的几何模型(图 3.16)，可以构建车道线侧向距离与车辆侧向运动的相应关系式。

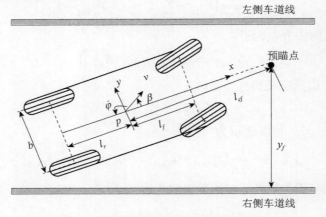

图 3.16　车道线侧向距离几何原理图

　　假定前置相机预瞄点到车道线内侧的侧向距离为 y_f，则满足：

$$y_f = y_{\text{COG}} + l_{cf} \sin \varphi_{\text{camera}} \tag{3.98}$$

式中，y_{COG} 为车辆质心到侧向车道线的侧向距离；l_{cf} 为车辆质心到预瞄点的距离；φ_{camera} 为相机测量得到的车辆相对车道线的航向角。

　　质心到车道线的侧向距离求导数可以表示为

$$
\begin{aligned}
\dot{y}_{\text{COG}} &= v \sin(\varphi_{\text{camera}} + \beta) \\
&= v \sin \varphi_{\text{camera}} \cos \beta + v \cos \varphi_{\text{camera}} \sin \beta \\
&= v_x \sin \varphi_{\text{camera}} + v_y \cos \varphi_{\text{camera}}
\end{aligned}
\tag{3.99}
$$

将式(3.98)两侧对时间求导数，可以得到

$$
\begin{aligned}
\dot{y}_f &= v_x \sin \varphi_{\text{camera}} + v_y \cos \varphi_{\text{camera}} + \dot{\varphi} l_{cf} \cos \varphi_{\text{camera}} \\
&= v_x \sin \varphi_{\text{camera}} + \beta v_x \cos \varphi_{\text{camera}} + \dot{\varphi} l_{cf} \cos \varphi_{\text{camera}}
\end{aligned}
\tag{3.100}
$$

由此可以建立侧向速度与车辆相对车道线侧向距离的函数关系式。

在利用动力学估计车辆质心侧偏角时，需要涉及车轮侧向力。为此应建立相应的轮胎模型，基于刷子轮胎模型计算车轮侧向力。

刷子轮胎模型的侧向力表达式为

$$
F_y = \begin{cases}
-3\mu F_z \kappa \left(1 - |\kappa| + \dfrac{1}{3} \kappa^2 \right), & |\alpha| \leqslant \alpha_{\text{st}} \\
-\mu F_z \, \text{sgn}(\alpha), & |\alpha| > \alpha_{\text{st}}
\end{cases}
\tag{3.101}
$$

式中，$\kappa = \theta_y \tan \alpha$，$\theta_y = \dfrac{c}{3\mu F_z}$，$c$ 为轮胎侧偏刚度；μ 为路面峰值附着系数；F_z 为轮胎的垂向载荷；$\text{sgn}()$ 为符号函数。基于车辆动力学模型，可以得到

$$
\begin{cases}
\dot{\beta} = \dfrac{F_{yf} \cdot \cos \delta + F_{yr}}{m v_x} - \dot{\varphi} \\[3mm]
\ddot{\varphi} = \dfrac{l_f \cdot F_{yf} \cdot \cos \delta - l_r F_{yr}}{I_z}
\end{cases}
\tag{3.102}
$$

考虑到纵侧向加速度造成的垂向载荷转移，4 个车轮所受的垂向力为

$$
\begin{cases}
F_{zfl} = mg \dfrac{l_r}{2l} - m \dfrac{h_g}{2l} a_x - m \dfrac{h_g l_r}{B_f l} a_y \\[3mm]
F_{zfr} = mg \dfrac{l_r}{2l} - m \dfrac{h_g}{2l} a_x + m \dfrac{h_g l_r}{B_f l} a_y \\[3mm]
F_{zrl} = mg \dfrac{l_r}{2l} + m \dfrac{h_g}{2l} a_x - m \dfrac{h_g l_f}{B_f l} a_y \\[3mm]
F_{zrr} = mg \dfrac{l_r}{2l} + m \dfrac{h_g}{2l} a_x + m \dfrac{h_g l_f}{B_f l} a_y
\end{cases}
\tag{3.103}
$$

基于估计得到的车辆姿态角信息，对 IMU 输出的加速度信息进行校正，剔除姿态角引入的加速度分量，可以得到纵/侧向加速度：

$$
\begin{cases}
a_x = a_{xr} + g \sin \theta \\
a_y = a_{yr} + g \sin \phi \cos \theta
\end{cases}
\tag{3.104}
$$

前后车轮的侧偏角可以表示为

$$\begin{cases} \alpha_f = \beta + \dfrac{l_{f0}}{v_x}\dot{\varphi} - \delta \\[3mm] \alpha_r = \beta - \dfrac{l_{r0}}{v_x}\dot{\varphi} \end{cases} \tag{3.105}$$

3.2.3　小侧向加速度质心侧偏角估计

基于相机获取车辆相对车道线的侧向距离,设计基于相机辅助的动力学质心侧偏角观测器状态空间方程:

$$\begin{cases} \dot{\beta} = \dfrac{F_{yf}\cdot\cos\delta + F_{yr}}{mv_x} - \dot{\varphi} \\[3mm] \ddot{\varphi} = \dfrac{l_f\cdot F_{yf}\cdot\cos\delta - l_r F_{yr}}{I_z} \\[3mm] \dot{y}_f = v_x\sin\varphi_{\text{camera}} + \beta v_x\cos\varphi_{\text{camera}} + \dot{\varphi}l_{cf}\cos\varphi_{\text{camera}} \end{cases} \tag{3.106}$$

式(3.106)与传统车辆动力学相比,增加了一维状态侧向距离。当测量信号有侧向距离时,可以进一步提高系统对质心侧偏角的估计精度。

当有相机测量信号时,测量方程为

$$\begin{bmatrix} \dot{\varphi} \\ y_f \end{bmatrix} = \begin{bmatrix} 0 & 1 & 0 \\ 0 & 0 & 1 \end{bmatrix}\begin{bmatrix} \beta \\ \dot{\varphi} \\ y_f \end{bmatrix} \tag{3.107}$$

当没有相机测量信号时,测量方程转化为

$$\dot{\varphi} = \begin{bmatrix} 0 & 1 & 0 \end{bmatrix}\begin{bmatrix} \beta \\ \dot{\varphi} \\ y_f \end{bmatrix} \tag{3.108}$$

上述模型是在小侧向加速度工况下估计车辆质心侧偏角,轮胎模型并没有进入强非线性区域,为此仅用扩展卡尔曼滤波估计车辆质心侧偏角。线性离散系统的卡尔曼滤波器由预测方程和滤波方程描述。

基于上述模型,设计基于视觉辅助的动力学质心侧偏角估计算法框架,如图 3.17 所示。基于动力学估计的信息源包括 IMU、方向盘转角和相机提供的车道线信息。其中,IMU 输出三轴角速度和加速度信息,采样频率为 100Hz,延迟时间相对较短,可以忽略不计。相机输出本车到车辆所处车道的右侧车道线侧向距离和车辆相对右侧车道线的航向角。由于相机获取的信息存在 250ms 的迟滞且采样频率相对较低，不能直接作为质心侧偏角估计算法的反馈测量量。假设当前时刻为 t，为了充分利用智能车的视觉信息源，对 IMU 和方向盘输出信号延迟250ms，用于估计$(t-0.25)$ s 时刻的车辆质心侧偏角。首先，利用第 2 章知识可以估计得到车辆侧倾角和俯仰角，因此在计算 4 个车轮垂向载荷时，剔除由于车辆侧倾和俯仰引入的加速度测量误差。在$(t-0.25)$ s 时刻，如果当前能够获取车道线侧向距离信息，反馈信号包括横摆角速度和侧向距离；当没有视觉信息输出时，反馈信号只含有横摆角速度信息反馈。从而可以得到$(t-0.25)$ s 时刻的质心侧偏角估计值，并把其作为当前时刻质心侧偏角观测器的初值输入。基于当前时刻的横摆角速度信息，对当前质心侧偏角进行估计。

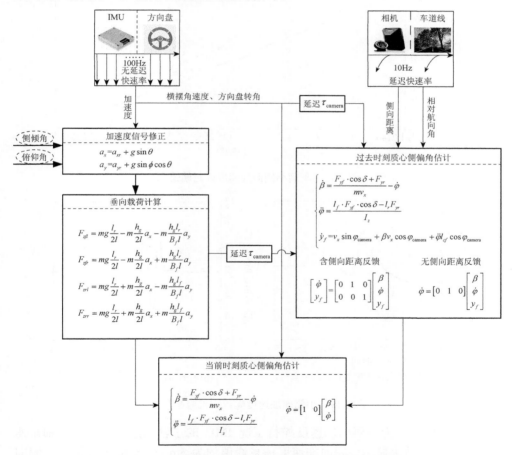

图 3.17　基于视觉辅助的动力学质心侧偏角估计算法框图

3.2.4　实验结果

在小侧向加速度实验时，分别进行小侧向加速度蛇行和小侧向加速度双移线验证算法的有效性。实验中车辆所处车道的两侧车道线为直线。

1. 小侧向加速度蛇行实验

图 3.18 所示为小侧向加速度蛇行的车辆行驶轨迹，车辆从右下方向左上方行驶。图 3.19 所示为相机获取的侧向距离信息和相对右侧车道线的航向角信息。结果显示，相对航向角峰值为 10°，车辆处于小侧向加速度工况。

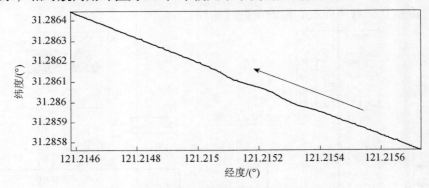

图 3.18　车辆小侧向加速度蛇行轨迹图

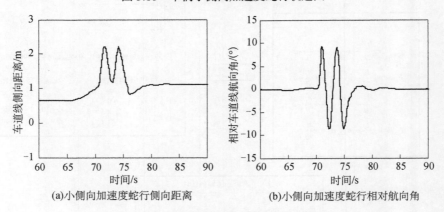

(a) 小侧向加速度蛇行侧向距离　　　　　(b) 小侧向加速度蛇行相对航向角

图 3.19　小侧向加速度蛇行相机原始数据

图 3.20 所示为小侧向加速度蛇行工况 IMU 的三轴加速度信息、三轴角速度信息输出。结果显示，侧向加速度信息峰值约为 5m/s²，车辆没有进入大侧向加速度工况。图 3.21 所示为车辆本征信息输出，包括方向盘转角、方向盘角速度和 4 个车轮的轮速信息。基于上述视觉信息、车辆本征信息，设计的小侧向

加速度蛇行工况下基于视觉辅助的车辆动力学质心侧偏角估计结果如图 3.22~
图 3.27 所示。

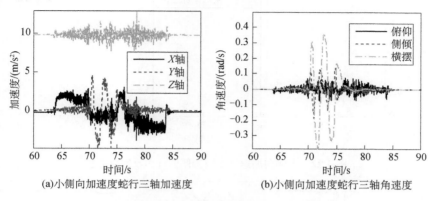

(a)小侧向加速度蛇行三轴加速度　　　　　(b)小侧向加速度蛇行三轴角速度

图 3.20　小侧向加速度蛇行工况 IMU 原始数据

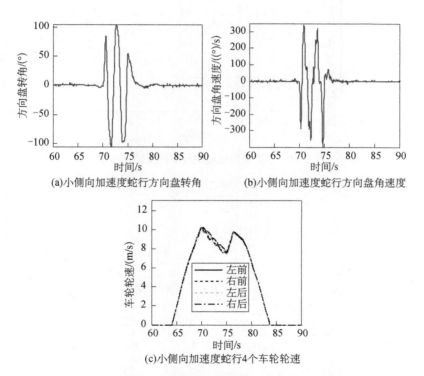

(a)小侧向加速度蛇行方向盘转角　　　　　(b)小侧向加速度蛇行方向盘角速度

(c)小侧向加速度蛇行4个车轮轮速

图 3.21　小侧向加速度蛇行车辆本征信息

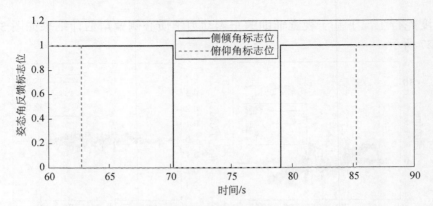

图 3.22 小侧向加速度蛇行侧倾俯仰角反馈标志位

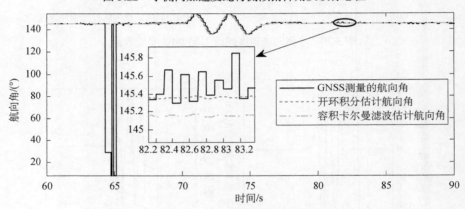

图 3.23 小侧向加速度蛇行航向角估计结果

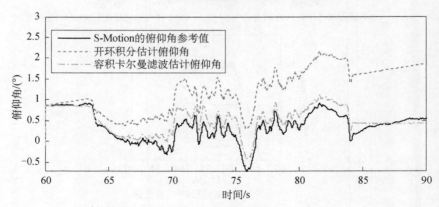

图 3.24 小侧向加速度蛇行俯仰角估计结果

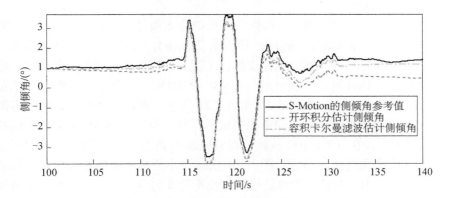

图 3.25　小侧向加速度蛇行侧倾角估计结果

图 3.26　小侧向加速度蛇行相机反馈标志位

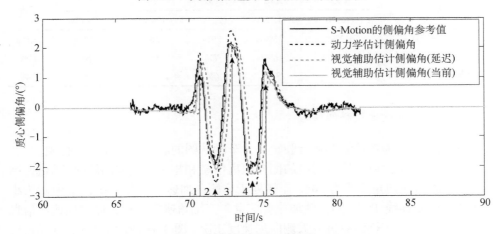

图 3.27　小侧向加速度蛇行质心侧偏角估计结果

如图 3.22 所示，侧倾角的反馈介入时间明显长于俯仰角的反馈介入时间，这是由于在设计反馈机制过程中，俯仰角的反馈介入条件为匀速直线运动，而侧倾角的反馈介入标志为车辆直线运动，因此有侧倾角介入反馈时就有俯仰角介入反馈。如图 3.23 所示，在小侧向加速度蛇行工况，直接横摆角速度开环积分、基于容积卡尔曼滤波估计得到的航向角和 GNSS 在 RTK 差分状态下的航向角三者的输出值相差在 0.2° 以内。如图 3.24 和图 3.25 所示，相比开环积分，基于容积卡尔曼滤波的估计算法得到的俯仰角和侧倾角更好，与基于 S-Motion 得到的参考值相比，峰值误差在 0.2° 以内。从而可以验证基于 IMU 惯性传感器短时间开环积分能够保证姿态角的估计精度。图 3.26 所示为小侧向加速度蛇行相机反馈标志位。可以看出，由于相机的输出信号可靠性不能实时保证，有些时刻并不是接近 100s 的更新周期，所以在测量反馈过程中，以相机的数据更新为反馈标志位。图 3.27 所示为小侧向加速度蛇行质心侧偏角的估计结果。结果显示，在峰值质心侧偏角处，基于动力学的质心侧偏角估计结果明显较差，这是由于在峰值质心侧偏角对应的时间点，对应的加速度信号也达到峰值，轮胎进入非线性区域，导致轮胎模型失准。而延迟估计值明显滞后于 S-Motion 参考值，这是由于延迟估计值是以视觉传感器的接收信号为时间戳，所以 IMU 信息和方向盘信息都延迟了 250ms，与视觉输出信息时间对齐。当前估计值是对延迟值进行补偿后的结果。由图可以看出，它与其他估计算法结果相比，当前估计值误差最小。表 3.9 所示为不同估计结果的峰值误差百分比，其中基于视觉辅助的动力学质心侧偏角估计算法的峰值估计误差平均为 10.4%，即精度为 89.6%。

表 3.9　小侧向加速度蛇行工况质心侧偏角峰值处误差百分比

方法	1 处 (70.7s)	2 处 (71.75s)	3 处 (72.9s)	4 处 (74.1s)	5 处 (75.15s)	平均
动力学估计	17%	33%	29%	28%	12%	23.8%
视觉辅助估计（延迟）	24%	10%	7%	16%	158%	43%
视觉辅助估计（当前）	2%	9%	6%	7%	28%	10.4%

2. 小侧向加速度双移线实验

图 3.28 所示为双移线车辆行驶轨迹，车辆从图的右下方向左上方行驶。

图 3.29 所示为视觉信号对应的侧向距离信息和相对车道线的航向角信息。结果显示，相对航向角峰值为 10°，车辆处于小侧向加速度工况。图 3.30 所示为小侧向加速度双移线 IMU 的三轴加速度信息、三轴角速度信息，侧向加速度信息峰值小于 6m/s²，车辆没有进入大侧向加速度工况。图 3.31 所示为车辆本征信息，包括方向盘转角、方向盘角速度和 4 个车轮的轮速信息。基于视觉与 IMU 融合，得到车辆的相关状态估计结果如图 3.32~图 3.37 所示。

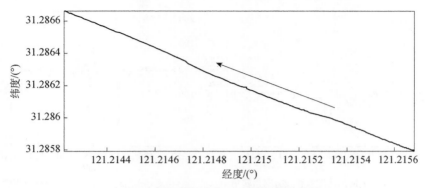

图 3.28　车辆小侧向加速度双移线轨迹图

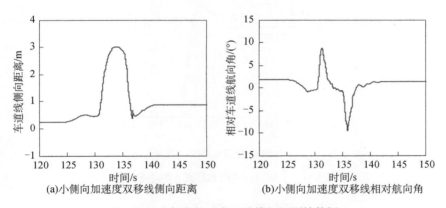

(a)小侧向加速度双移线侧向距离　　　(b)小侧向加速度双移线相对航向角

图 3.29　小侧向加速度双移线相机原始数据

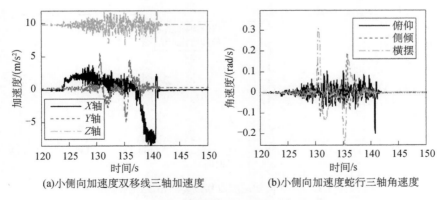

(a)小侧向加速度双移线三轴加速度　　　(b)小侧向加速度蛇行三轴角速度

图 3.30　小侧向加速度双移线 IMU 原始数据

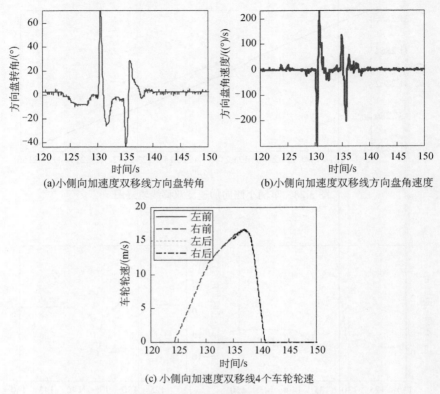

(a)小侧向加速度双移线方向盘转角　　　　(b)小侧向加速度双移线方向盘角速度

(c) 小侧向加速度双移线4个车轮轮速

图 3.31　小侧向加速度双移线车辆本征信息

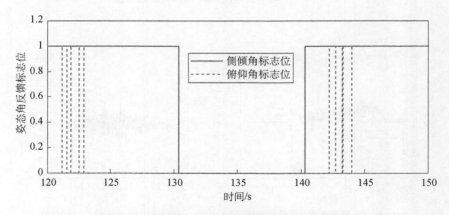

图 3.32　小侧向加速度双移线姿态角反馈标志位

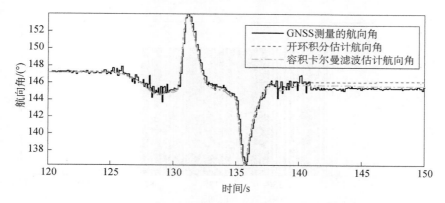

图 3.33　小侧向加速度双移线航向角估计结果

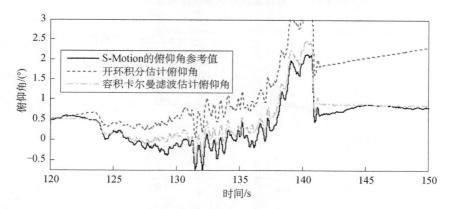

图 3.34　小侧向加速度双移线俯仰角估计结果

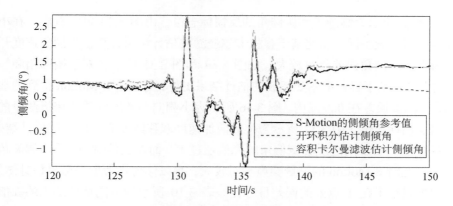

图 3.35　小侧向加速度双移线侧倾角估计结果

图 3.36　小侧向加速度双移线相机反馈标志位

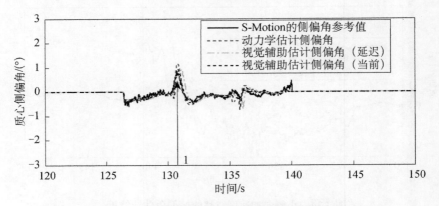

图 3.37　小侧向加速度双移线质心侧偏角估计结果

图 3.32 所示为侧倾角和俯仰角的反馈标志位。由图 3.33 可以看出,在小侧向加速度双移线工况,相比基于容积卡尔曼滤波估计结果,直接横摆角速度开环积分得到的航向角误差相对较大。如图 3.34 和图 3.35 所示,对于俯仰角和侧倾角估计结果,基于容积卡尔曼滤波的估计结果更好,与基于 S-Motion 得到的参考值相比,峰值误差在 0.2°以内。图 3.36 所示为小侧向加速度双移线相机测量的侧向距离反馈标志位。图 3.37 所示为小侧向加速度双移线质心侧偏角的估计结果,其中只有在 130.7s 附近质心侧偏角的峰值超过 1°,而在其他时刻,质心侧偏角均小于 1°,此时 S-Motion 的测量噪声相对较大,难以作为参考值去衡量估计结果。因此这里只给出在 1 点处的误差百分比。表 3.10 所示为不同估计结果的峰值误差百分比。可以看出,基于视觉辅助的动力学质心侧偏角估计算法峰值平均误差为 12.5%,即平均峰值估计精度为 87.5%。

表 3.10　小侧向加速度双移线工况质心侧偏角峰值处误差百分比

方法	1 处(130.7s)
动力学	35%
延迟估计值	25%
当前估计值	12.5%

3.3　基于线控转向（回正力矩）的状态估计

　　轮胎-路面峰值附着系数是描述道路特征的重要因素，本节将通过基于李雅普诺夫函数设计的非线性观测器融合轮胎的回正力矩、侧向加速度和质心至车道线的距离信息估计轮胎-路面峰值附着系数、侧向速度和质心至车道线的侧向距离信息。

　　轮胎-路面峰值附着系数估计算法架构如图 3.38 所示。左侧信息源部分显示了估计算法所使用的信息来源，线控转向系统提供绕主销回正力矩，通过安装于转向横拉杆处的拉压力传感器测得的拉压力计算得到绕主销回正力矩，预先采集车道线的位置对车道线拟合得到车道线地图。4.2 节中 GNSS/INS 组合系统提供车辆质心位置，根据位置和预先制定的地图信息计算质心与车道线距离。将测量的侧向加速度、回正力矩和质心至车道线的侧向距离信息作为反馈测量，基于双轨二自由度整车动力学模型和修正的刷子轮胎模型，通过设计非线性观测器估计轮胎-路面峰值附着系数、侧向距离和侧向速度，所设计非线性观测器通过设计反馈系数保证李雅普诺夫意义下的稳定。

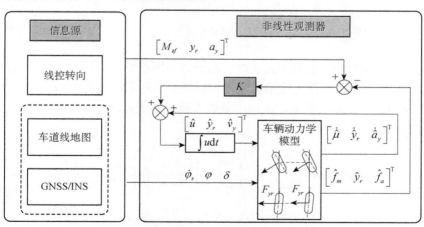

图 3.38　轮胎-路面峰值附着系数估计算法架构图

为书写方便,在不引起歧义的情况下使用路面峰值附着系数表示轮胎-路面峰值附着系数。

3.3.1　车辆与车道线模型

本节给出用于估计器设计的车辆与车道线模型:轮胎模型采用修正的刷子轮胎模型,整车模型为双轨二自由度整车模型,车道线模型为离线预制直线模型。

1. 车辆与轮胎模型

1)轮胎模型

本节使用 3.2.2 节中使用的刷子轮胎模型描述轮胎侧向力和回正力矩特性,二者均是轮胎侧偏角和轮胎-路面峰值附着系数的函数。侧向力模型见式(3.101),为便于阅读,引用至此作为式(3.109),回正力矩模型见式(3.110):

$$F_y = \begin{cases} -3\mu F_z \kappa \left(1 - |\kappa| + \dfrac{1}{3}\kappa^2\right), & |\alpha| \leqslant \alpha_{st} \\ -\mu F_z \operatorname{sgn}\alpha, & |\alpha| > \alpha_{st} \end{cases} \tag{3.109}$$

$$M_z = \begin{cases} \dfrac{d}{2}\mu F_z \kappa \left(1 - |\kappa|\right)^3, & |\alpha| \leqslant \alpha_{st} \\ 0, & |\alpha| > \alpha_{st} \end{cases} \tag{3.110}$$

式中, $\kappa = \theta_y \tan\alpha$, $\theta_y = \dfrac{c}{3\mu F_z}$, c 为轮胎侧偏刚度; d 为轮胎接地印迹长度;

$\alpha_{st} = \arctan\dfrac{1}{\theta_y}$ 为饱和侧偏角; M_z 为轮胎回正力矩。

刷子轮胎模型中,侧偏角过大时,轮胎力和回正力矩均饱和。一般轮胎侧偏角为-20°~20°,在使用刷子轮胎模型时,将侧偏角约束在此范围内。此外,轮胎侧偏角较小时,为简化模型,正切函数被去除。基于式(3.109)和式(3.110),得到新的轮胎模型

$$F_y = \begin{cases} -\operatorname{sgn}(\alpha) \cdot 3\mu F_z \dfrac{c|\alpha|}{3\mu F_z}\left[1 - \dfrac{c|\alpha|}{3\mu F_z} + \dfrac{1}{3}\left(\dfrac{c|\alpha|}{3\mu F_z}\right)^2\right], & |\alpha| < \dfrac{3\mu F_z}{c} \\ -\operatorname{sgn}(\alpha) \cdot \mu F_z, & |\alpha| \geqslant \dfrac{3\mu F_z}{c} \end{cases} \tag{3.111}$$

$$M_z = \begin{cases} \text{sgn}(\alpha) \cdot \dfrac{d}{2} \mu F_z \dfrac{c|\alpha|}{3\mu F_z}\left[1 - \dfrac{c|\alpha|}{3\mu F_z}\right]^3, & |\alpha| < \dfrac{3\mu F_z}{c} \\ \\ \qquad\qquad 0, & |\alpha| \geqslant \dfrac{3\mu F_z}{c} \end{cases} \tag{3.112}$$

为了对轮胎力学特性建模，在轮胎-路面峰值附着系数为 1 的路面上进行轮胎力学特性测试，在 F_z=1876N、3721N 和 5583N 三组垂向载荷下进行实验，结果如图 3.39 所示。

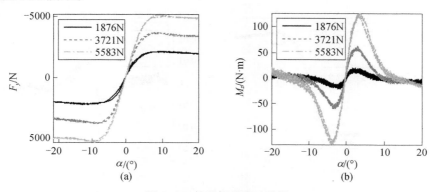

图 3.39   轮胎侧偏实验数据

为了能够通过一套轮胎模型对不同垂向载荷轮胎力学特性进行描述，按照标准刷子轮胎模型对垂向力进行归一化处理，归一化方法见式(3.113)和式(3.114)，将 α / F_z 作为自变量，F_y / F_z 和 M_z / F_z 作为因变量。归一化后，得到结果如图 3.40 所示。

$$\frac{F_y}{F_z} = f_1\left(\frac{\alpha}{F_z}\right) = \begin{cases} -\text{sgn}\left(\dfrac{\alpha}{F_z}\right) \cdot 3\mu_0 \dfrac{c}{3\mu_0}\left|\dfrac{\alpha}{F_z}\right|\left\{1 - \dfrac{c}{3\mu_0}\left|\dfrac{\alpha}{F_z}\right| + \dfrac{1}{3}\left[\dfrac{c}{3\mu_0}\left|\dfrac{\alpha}{F_z}\right|\right]^2\right\}, & \left|\dfrac{\alpha}{F_z}\right| < \dfrac{3\mu_0}{c} \\ \\ \qquad\qquad -\text{sgn}\left(\dfrac{\alpha}{F_z}\right) \cdot \mu_0, & \left|\dfrac{\alpha}{F_z}\right| \geqslant \dfrac{3\mu_0}{c} \end{cases} \tag{3.113}$$

$$\frac{M_z}{F_z} = f_2\left(\frac{\alpha}{F_z}\right) = \begin{cases} \text{sgn}\left(\dfrac{\alpha}{F_z}\right) \cdot \dfrac{d}{2}\mu_0 \dfrac{c}{3\mu_0}\left|\dfrac{\alpha}{F_z}\right|\left[1 - \dfrac{c}{3\mu_0}\left|\dfrac{\alpha}{F_z}\right|\right]^3, & \left|\dfrac{\alpha}{F_z}\right| < \dfrac{3\mu_0}{c} \\ \\ \qquad\qquad 0, & \left|\dfrac{\alpha}{F_z}\right| \geqslant \dfrac{3\mu_0}{c} \end{cases} \tag{3.114}$$

图 3.40 所示的不同垂向力下的侧向力和回正力矩轮胎力学特性相去甚远。为提升拟合效果，对刷子轮胎模型进行修正，原模型中只有参数 c 和 d 可调整，为改善拟合效果，将侧偏刚度 c 拆成 c_1 和 c_2，分别用于侧向力和回正力矩的拟合，

并对侧向力类比于回正力矩在前面乘上系数 d_1，回正力矩对应的轮胎接地印迹长度修改为 d_2，进而刷子轮胎模型改写为式(3.115)和式(3.116)：

$$\frac{F_y}{F_z^{0.81}} = -\mathrm{sgn}(\alpha) \cdot 3 d_1 \mu \frac{c_1}{3\mu}\left(\frac{|\alpha|}{F_z^{0.15}}\right)\left\{1 - \frac{c_1}{3\mu}\left(\frac{|\alpha|}{F_z^{0.15}}\right) + \frac{1}{3}\left[\frac{c_1}{3\mu}\left(\frac{|\alpha|}{F_z^{0.15}}\right)\right]^2\right\} \tag{3.115}$$

$$\frac{M_z}{F_z^{1.85}} = \mathrm{sgn}(\alpha) \cdot \frac{d_2}{2} \mu \frac{c_2}{3\mu}\left(\frac{|\alpha|}{F_z^{0.45}}\right)\left[1 - \frac{c_2}{3\mu}\left(\frac{|\alpha|}{F_z^{0.45}}\right)\right]^3 \tag{3.116}$$

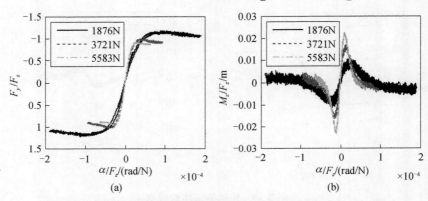

图 3.40 轮胎实验数据按照刷子轮胎模型标准形式垂向力归一化

基于新轮胎模型将垂向载荷归一化后得到如图 3.41 所示的结果。图 3.41(a)中，侧向力曲线重合较好。对于回正力矩而言，在图 3.41(b)中，当垂向载荷 $F_z=1876.36\mathrm{N}$ 时，回正力矩存在少许波动现象。由于轮胎很少工作在该垂向载荷，所以在大多数条件下，相较于传统刷子轮胎模型，本书提出的新轮胎模型能够更好地对垂向载荷进行归一化，拟合效果如图 3.41 所示，基本能够较好地拟合大多数轮胎测试数据。

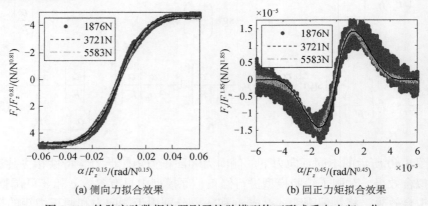

图 3.41 轮胎实验数据按照刷子轮胎模型修正形式垂向力归一化

最终对式(3.115)和式(3.116)描述的轮胎模型整理得到式(3.117)和式(3.118)，即修正后刷子轮胎模型：

$$
F_y = \begin{cases} -\operatorname{sgn}(\alpha) \cdot 3d_1 \mu F_z^{0.81} \dfrac{c_1}{3\mu} \left(\dfrac{|\alpha|}{F_z^{0.15}} \right) \left\{ 1 - \dfrac{c_1}{3\mu} \left(\dfrac{|\alpha|}{F_z^{0.15}} \right) + \dfrac{1}{3} \left[\dfrac{c_1}{3\mu} \left(\dfrac{|\alpha|}{F_z^{0.15}} \right) \right]^2 \right\}, & |\alpha| < \dfrac{3\mu F_z^{0.15}}{c_1} \\ \qquad\qquad\qquad -\operatorname{sgn}(\alpha) \cdot d_1 \mu F_z^{0.81} & , |\alpha| \geq \dfrac{3\mu F_z^{0.15}}{c_1} \end{cases}
$$

$$(3.117)$$

$$
M_z = \begin{cases} \operatorname{sgn}(\alpha) \cdot \dfrac{d_2}{2} \mu F_z^{1.85} \dfrac{c_2}{3\mu} \left(\dfrac{|\alpha|}{F_z^{0.45}} \right) \left[1 - \dfrac{c_2}{3\mu} \left(\dfrac{|\alpha|}{F_z^{0.45}} \right) \right]^3, & |\alpha| < \dfrac{3\mu F_z^{0.45}}{c_2} \\ \qquad\qquad\qquad 0 & , |\alpha| \geq \dfrac{3\mu F_z^{0.45}}{c_2} \end{cases}
$$

$$(3.118)$$

式中，拟合参数为 $c_1=60$，$d_1=4.7$，$c_2=600$，$d_2=2.7\times10^{-4}$。

2)整车动力学模型

路面附着系数估计算法需要在车辆侧向激励较大时运行，为了提升车辆侧向运动模型精度采用双轨二自由度车辆侧向动力学模型。用于估计器设计的双轨二自由度车辆动力学模型图 3.42 所示，δ_{fl} 和 δ_{fr} 分别为前左轮和前右轮转角，可根据方向盘转角计算，φ_L 表示车辆相对于车道线的航向角，y_r 为车辆质心距右侧车道线距离，由预制的车道线地图和 4.2 节 GNSS/INS 部分联合给出，M_{zfl} 和 M_{zfr} 分别表示前轴左侧和右侧轮胎回正力矩。

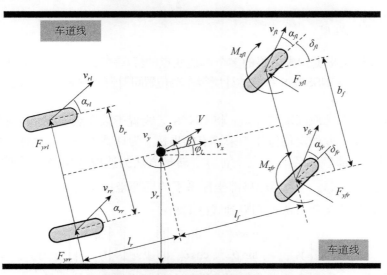

图 3.42　双轨二自由度车辆动力学模型

车辆侧向平动动态见式(3.119)：

$$\dot{v}_y = f_a(\mu, v_y) - r v_x \tag{3.119}$$

式中，$f_a(\mu, v_y)$ 表示估计所得车辆侧向加速度：

$$
\begin{aligned}
f_a(\mu, v_y) &= \frac{1}{m}\left[F_{yfl}\cos\delta_{fl} + F_{yfr}\cos\delta_{fr} + F_{yrl} + F_{yrr} \right] \\
&= \frac{1}{m}\left[F_y(\mu, \alpha_{fl}, F_{zfl})\cos\delta_{fl} + F_y(\mu, \alpha_{fr}, F_{zfr})\cos\delta_{fr} + \right. \\
&\quad \left. F_y(\mu, \alpha_{rl}, F_{zrl}) + F_y(\mu, \alpha_{rr}, F_{zrr}) \right]
\end{aligned} \tag{3.120}
$$

各个轮胎侧偏角与质心纵/侧向速度关系见式(3.121)~式(3.124)：

$$\alpha_{fl} = \frac{v_y + l_f r}{v_x - \dfrac{b_f}{2} r} - \delta_{fl} \tag{3.121}$$

$$\alpha_{fr} = \frac{v_y + l_f r}{v_x + \dfrac{b_f}{2} r} - \delta_{fr} \tag{3.122}$$

$$\alpha_{rl} = \frac{v_y - l_r r}{v_x - \dfrac{b_r}{2} r} - \delta_{rl} \tag{3.123}$$

$$\alpha_{rr} = \frac{v_y - l_r r}{v_x + \dfrac{b_r}{2} r} - \delta_{rr} \tag{3.124}$$

2. 车道线模型

车道线模型根据预先采集的多个车道线点的经/纬度信息制作。基于车道线模型，通过 4.2 节 GNSS/INS 系统估计所得车辆位置可计算车辆质心与车道线的距离。

1)车道线建模

在车道线上选取间隔采样点，将 GNSS 天线置于采样点上，在位置信息稳定后静止一段时间取稳定均值作为采样点的坐标。为计算方便，将地球坐标系坐标转换为当地局部坐标系坐标 (x_{i_1}, y_{i_1})。转换方法为选取地球坐标系下的全局坐标系初始点 (x_{0_g}, y_{0_g}) 为当地局部坐标系下的局部坐标系的原点，局部坐标系 x 轴与正东方向的夹角为 θ_0，则得到式(3.125)：

$$
\begin{bmatrix} x_{i\_1} \\ y_{i\_1} \end{bmatrix} = \begin{bmatrix} \cos\theta_0 & -\sin\theta_0 \\ \sin\theta_0 & \cos\theta_0 \end{bmatrix} \left(\begin{bmatrix} x_{i\_g} \\ y_{i\_g} \end{bmatrix} - \begin{bmatrix} x_{i\_0} \\ y_{i\_0} \end{bmatrix} \right) \tag{3.125}
$$

采用最小二乘拟合的方法得到车道线在局部坐标系下的方程：

$$A_L \cdot x + B_L \cdot y + C_L = 0 \tag{3.126}$$

式中，A_L、B_L 和 C_L 为车道线参数，由参数 A_L 和 B_L 可得到车道线的局部航向信息：当 $B_L=0$ 时，车道线的局部航向值为 0°或 180°；否则车道线的局部航向值 $\theta_L = \arctan(-A_L / B_L)$。

2)侧向距离模型

当车道线模型确定后，根据 GNSS/INS 组合系统估计出的位置即可计算车辆质心至车道线的距离，具体见式(3.127)，质心至车道线距离动态见式(3.128)：

$$y_r = \frac{\left| A_L x + B_L y + C_L \right|}{\sqrt{A_L{}^2 + B_L{}^2}} \tag{3.127}$$

$$\begin{aligned}
\dot{y}_r &= v_{\text{cg}} \sin(\beta + \varphi_L) \\
&= v_{\text{cg}} \sin\beta \cos\varphi_L + v_{\text{cg}} \cos\beta \sin\varphi_L \\
&= v_y \cos\varphi_L + v_x \sin\varphi_L
\end{aligned} \tag{3.128}$$

由式(3.128)可知，质心至车道线的距离中包含车身坐标系下的纵/侧向速度和车辆相对于车道线航向角信息，该距离可辅助估计车辆质心处的侧向速度。

3. 路面峰值附着系数模型

假设路面峰值附着系数为缓变量，即

$$\dot{\mu} = 0 \tag{3.129}$$

3.3.2　非线性观测器设计

由于轮胎模型中包含强非线性项，为了处理非线性，基于李雅普诺夫函数设计非线性观测器对质心至车道线距离、质心处侧向速度和路面峰值附着系数同时进行估计。该估计器只有 3 个微分方程，计算量小，无须线性化，并且能够从理论上证明估计误差的稳定性和鲁棒性。

本书提出式(3.130)~式(3.132)描述质心至车道线距离、路面峰值附着系数和侧向速度估计器，其中侧向加速度、前轴轮胎回正力矩和质心至车道线距离是测量反馈，其通过反馈设计引入观测器中。

$$\dot{\hat{\mu}} = k_1 \operatorname{sgn}(f_{\mu k})\left[M_k - f_k\left(\hat{\mu}, \hat{v}_y\right) \right] + k_2 \operatorname{sgn}(f_{\mu a})\left[a_y - f_a\left(\hat{\mu}, \hat{v}_y\right) \right] \tag{3.130}$$

$$\dot{\hat{y}}_r = \cos\varphi \cdot \hat{v}_y + v_x \sin\varphi + k_3\left(y_r - \hat{y}_r\right) \tag{3.131}$$

$$\dot{\hat{v}}_y = f_a\left(\hat{\mu}, \hat{v}_y\right) - rv_x + k_4\left(y_r - \hat{y}_r\right) + k_5\left[a_y - f_a\left(\hat{\mu}, \hat{v}_y\right) \right] + k_6 \int_0^t \left[a_y - f_a\left(\hat{\mu}, \hat{v}_y\right) \right] \mathrm{d}t \tag{3.132}$$

式中，

$$f_k\left(\mu,v_y\right)=M_{zfl}+M_{zfr}+l_{ml}F_{yfl}+l_{mr}F_{yfr}$$
$$=M_z\left(\mu,\alpha_{fl},F_{zfl}\right)+M_z\left(\mu,\alpha_{fr},F_{zfr}\right)+$$
$$l_{ml}F_y\left(\mu,\alpha_{fl},F_{zfl}\right)+l_{mr}F_y\left(\mu,\alpha_{fr},F_{zfr}\right) \tag{3.133}$$

该非线性观测器的结构图如图 3.38 所示，图中观测器中的反馈系数即式(3.134)：

$$K=\begin{bmatrix} k_1\,\mathrm{sgn}(f_{\mu k}) & 0 & k_2\,\mathrm{sgn}(f_{\mu a}) \\ 0 & k_3 & 0 \\ 0 & k_4 & k_5+\dfrac{1}{s}k_6 \end{bmatrix} \tag{3.134}$$

设计合适的反馈系数 K 以保证该非线性估计器在李雅普诺夫意义下稳定，估计误差收敛。

3.3.3　非线性观测器误差分析

本节将基于李雅普诺夫函数分析 3.3.2 节中设计的非线性观测器的估计误差。将式(3.130)~式(3.132)分别减去式(3.119)、式(3.128)和式(3.129)，得到估计误差动态，见式(3.135)~式(3.137)：

$$\dot{\tilde{\mu}}=-k_1\,\mathrm{sgn}(f_{\mu k})\left[f_k\left(\mu,v_y\right)-f_k\left(\hat{\mu},\hat{v}_y\right)\right]-k_2\,\mathrm{sgn}(f_{\mu a})\left[f_a\left(\mu,v_y\right)-f_a\left(\hat{\mu},\hat{v}_y\right)\right] \tag{3.135}$$

$$\dot{\tilde{y}}_r=-k_3\tilde{y}_r+\cos\varphi\cdot\tilde{v}_y \tag{3.136}$$

$$\dot{\tilde{v}}_y=(1-k_5)\left[f_a\left(\mu,v_y\right)-f_a\left(\hat{\mu},\hat{v}_y\right)\right]-k_6\int_0^t\left[\left(a_y-rv_x\right)-\left(\hat{a}_y-rv_x\right)\right]\mathrm{d}t-k_4\tilde{y}_r$$
$$=-k_6\tilde{v}_y-(k_5-1)\left[f_a\left(\mu,v_y\right)-f_a\left(\hat{\mu},\hat{v}_y\right)\right]-k_4\tilde{y}_r \tag{3.137}$$

基于式(3.135)~式(3.137)，按照式(3.138)选取李雅普诺夫函数：

$$V=\frac{1}{2}\tilde{\mu}^2+\frac{1}{2}\tilde{y}_r^2+\frac{1}{2}\tilde{v}_y^2 \tag{3.138}$$

当估计误差不同时为零时，式(3.138)满足正定条件，进一步将其对时间求导，得

$$\dot{V}=\tilde{\mu}\dot{\tilde{\mu}}+\tilde{y}_r\dot{\tilde{y}}_r+\tilde{v}_y\dot{\tilde{v}}_y \tag{3.139}$$

将估计误差动态式(3.135)~ 式(3.137)代入式 (3.139)中，整理得式(3.140)。下面将设计反馈系数使得式(3.140)表示的李雅普诺夫函数导数非正定：

$$\dot{V}=\tilde{\mu}\left\{-k_1\,\mathrm{sgn}(f_{\mu k})\left[f_k\left(\mu,v_y\right)-f_k\left(\hat{\mu},\hat{v}_y\right)\right]-k_2\,\mathrm{sgn}(f_{\mu a})\left[f_a\left(\mu,v_y\right)-f_a\left(\hat{\mu},\hat{v}_y\right)\right]\right\}+$$
$$\tilde{y}_r\left\{-k_3\tilde{y}_r+(\cos\varphi)\tilde{v}_y\right\}+\tilde{v}_y\left\{-k_6\tilde{v}_y-(k_5-1)\left[f_a\left(\mu,v_y\right)-f_a\left(\hat{\mu},\hat{v}_y\right)\right]-k_4\tilde{y}_r\right\} \tag{3.140}$$

为进一步分析李雅普诺夫函数的导数，可根据中值定理将式(3.140)部分项改

写，有

$$f_k\left(\mu, v_y\right) - f_k\left(\hat{\mu}, \hat{v}_y\right) = \frac{\partial \overline{f_k}}{\partial \mu}\tilde{\mu} + \frac{\partial \overline{f_k}}{\partial v_y}\tilde{v}_y \tag{3.141}$$

$$f_a\left(\mu, v_y\right) - f_a\left(\hat{\mu}, \hat{v}_y\right) = \frac{\partial \overline{f_a}}{\partial \mu}\tilde{\mu} + \frac{\partial \overline{f_a}}{\partial v_y}\tilde{v}_y \tag{3.142}$$

式中，

$$\frac{\partial \overline{f_k}}{\partial \mu} = \frac{\partial f_k}{\partial \mu}\left(\overline{\mu}, \overline{v}_y\right) \tag{3.143}$$

$$\frac{\partial \overline{f_k}}{\partial v_y} = \frac{\partial f_k}{\partial v_y}\left(\overline{\mu}, \overline{v}_y\right) \tag{3.144}$$

$$\frac{\partial \overline{f_a}}{\partial \mu} = \frac{\partial f_a}{\partial \mu}\left(\overline{\mu}, \overline{v}_y\right) \tag{3.145}$$

$$\frac{\partial \overline{f_k}}{\partial v_y} = \frac{\partial f_k}{\partial v_y}\left(\overline{\mu}, \overline{v}_y\right) \tag{3.146}$$

其中，横线上标 $\overline{x}$ 表示介于 x 到 $\hat{x}$ 之间的某一点。近似有

$$\overline{\mu} \approx \hat{\mu} \tag{3.147}$$

基于式(3.138)和式(3.139)，将式(3.140)改写为

$$\dot{V} = -\left[k_1\,\mathrm{sgn}(f_{\mu k})\frac{\partial \overline{f_k}}{\partial \mu} + k_2\,\mathrm{sgn}(f_{\mu a})\frac{\partial \overline{f_a}}{\partial \mu}\right]\tilde{\mu}^2 - k_3\tilde{y}_r^2 - \left[(k_5 - 1)\frac{\partial \overline{f_a}}{\partial v_y} + k_6\right]\tilde{v}_y^2 -$$

$$\left[k_1\,\mathrm{sgn}(f_{\mu k})\frac{\partial \overline{f_k}}{\partial v_y} + k_2\,\mathrm{sgn}(f_{\mu a})\frac{\partial \overline{f_a}}{\partial v_y} + (k_5 - 1)\frac{\partial \overline{f_a}}{\partial \mu}\right]\tilde{\mu}\tilde{v}_y + (-k_4 + \cos\varphi)\tilde{y}_r\tilde{v}_y$$

$$= -\begin{bmatrix} \tilde{\mu} & \tilde{y}_r & \tilde{v}_y \end{bmatrix} A_{3\times3} \begin{bmatrix} \tilde{\mu} \\ \tilde{y}_r \\ \tilde{v}_y \end{bmatrix} \tag{3.148}$$

其中，$A_{3\times3}$ 为

$$A_{3\times3} = \begin{bmatrix} A_{(1,1)} & 0 & A_{(1,3)} \\ 0 & k_3 & A_{(2,3)} \\ A_{(3,1)} & A_{(3,2)} & A_{(3,3)} \end{bmatrix} \tag{3.149}$$

$A_{3\times3}$ 中矩阵元素见式(3.150)~式(3.153)：

$$A_{(1,1)} = k_1\,\mathrm{sgn}(f_{\mu k})\frac{\partial \overline{f_k}}{\partial \mu} + k_2\,\mathrm{sgn}(f_{\mu a})\frac{\partial \overline{f_a}}{\partial \mu} \tag{3.150}$$

$$A_{(1,3)} = A_{(3,1)} = \frac{1}{2}k_1 \operatorname{sgn}(f_{\mu k})\frac{\partial \overline{f}_k}{\partial v_y} + \frac{1}{2}k_2 \operatorname{sgn}(f_{\mu a})\frac{\partial \overline{f}_a}{\partial v_y} + \frac{1}{2}(k_5 - 1)\frac{\partial \overline{f}_a}{\partial \mu} \tag{3.151}$$

$$A_{(2,3)} = A_{(3,2)} = -\frac{1}{2}k_4 + \frac{1}{2}\cos\varphi \tag{3.152}$$

$$A_{(3,3)} = (k_5 - 1)\frac{\partial \overline{f}_a}{\partial v_y} + k_6 \tag{3.153}$$

若要使式(3.140)负定，则矩阵 $A_{3\times3}$ 需保持正定，即需要 $A_{3\times3}$ 各阶主子式均为正值。为了分析 $A_{3\times3}$ 的各阶主子式，下面首先对式(3.148)中各偏导数项进行分析，偏导数项主要包含 $\dfrac{\partial \overline{f}_k}{\partial \mu}$、$\dfrac{\partial \overline{f}_a}{\partial \mu}$、$\dfrac{\partial \overline{f}_k}{\partial v_y}$ 和 $\dfrac{\partial \overline{f}_a}{\partial v_y}$。

1)偏导数项 $\dfrac{\partial \overline{f}_k}{\partial \mu}$

将 $\dfrac{\partial \overline{f}_k}{\partial \mu}$ 展开得到式(3.154)：

$$\frac{\partial \overline{f}_k}{\partial \mu} = \frac{\partial \overline{M}_{zfl}}{\partial \mu} + \frac{\partial \overline{M}_{zfr}}{\partial \mu} + l_{ml}\frac{\partial \overline{F}_{yfr}}{\partial \mu} + l_{mr}\frac{\partial \overline{F}_{yfr}}{\partial \mu} \tag{3.154}$$

根据式(3.117)和式(3.118)，可求得回正力矩和侧向力对路面峰值附着系数的偏导数式(3.155)和式(3.156)：

$$\frac{\partial M_z}{\partial \mu} = \begin{cases} -\dfrac{c_2 d_2}{2}F_z^{1.85}\left(\dfrac{-\alpha}{F_z^{0.45}}\right)\left[1 - \dfrac{c_2}{3\mu}\left(\dfrac{-\alpha}{F_z^{0.45}}\right)\right]^2\left[\dfrac{c_2}{3\mu^2}\left(\dfrac{-\alpha}{F_z^{0.45}}\right)\right], & -\dfrac{3\mu F_z^{0.45}}{c_2} < \alpha \leqslant 0 \\[4mm] \dfrac{c_2 d_2}{2}F_z^{1.85}\left(\dfrac{\alpha}{F_z^{0.45}}\right)\left[1 - \dfrac{c_2}{3\mu}\left(\dfrac{\alpha}{F_z^{0.45}}\right)\right]^2\left[\dfrac{c_2}{3\mu^2}\left(\dfrac{\alpha}{F_z^{0.45}}\right)\right], & 0 < \alpha < \dfrac{3\mu F_z^{0.45}}{c_2} \\[4mm] 0, & |\alpha| \geqslant \dfrac{3\mu F_z^{0.45}}{c_2} \end{cases} \tag{3.155}$$

$$\frac{\partial F_y}{\partial \mu} = \begin{cases} c_1 d_1 F_z^{0.81}\left(\dfrac{-\alpha}{F_z^{0.15}}\right)\left\{\dfrac{c_1}{3\mu^2}\left(\dfrac{-\alpha}{F_z^{0.15}}\right) - \dfrac{2}{27}\dfrac{c_1^2}{\mu^3}\left(\dfrac{-\alpha}{F_z^{0.15}}\right)^2\right\}, & -\dfrac{3\mu F_z^{0.15}}{c_1} < \alpha \leqslant 0 \\[4mm] -c_1 d_1 F_z^{0.81}\left(\dfrac{\alpha}{F_z^{0.15}}\right)\left\{\dfrac{c_1}{3\mu^2}\left(\dfrac{\alpha}{F_z^{0.15}}\right) - \dfrac{2}{27}\dfrac{c_1^2}{\mu^3}\left(\dfrac{\alpha}{F_z^{0.15}}\right)^2\right\}, & 0 < \alpha < \dfrac{3\mu F_z^{0.15}}{c_1} \\[4mm] -\operatorname{sgn}(\alpha)d_1 F_z^{0.81}, & |\alpha| \geqslant \dfrac{3\mu F_z^{0.15}}{c_1} \end{cases} \tag{3.156}$$

回正力矩和侧向力对路面峰值附着系数的偏导数如图 3.43 和图 3.44 所示。当侧偏角小于 0°时，回正力矩对路面峰值附着系数的偏导数为负，侧向力对路面峰值附着系数的偏导数为正。当侧偏角大于 0°时，回正力矩对路面峰值附着系数的偏导数为正，侧向力对路面峰值附着系数的偏导数为负。

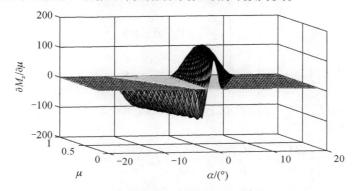

图 3.43　回正力矩对路面峰值附着系数的偏导数

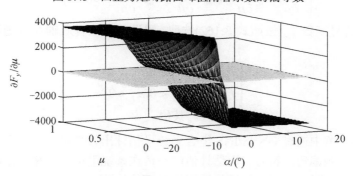

图 3.44　侧向力对路面峰值附着系数的偏导数

由图 3.43 和图 3.44 可知，对于各轮胎，有不等式(3.157)~式(3.160)成立：

$$\begin{cases} \dfrac{\partial \bar{M}_{zfl}}{\partial \mu} > 0, & \bar{\alpha}_{fl} > 0 \\ \dfrac{\partial \bar{M}_{zfl}}{\partial \mu} < 0, & \bar{\alpha}_{fl} < 0 \end{cases} \tag{3.157}$$

$$\begin{cases} \dfrac{\partial \bar{M}_{zfr}}{\partial \mu} > 0, & \bar{\alpha}_{fr} > 0 \\ \dfrac{\partial \bar{M}_{zfr}}{\partial \mu} < 0, & \bar{\alpha}_{fr} < 0 \end{cases} \tag{3.158}$$

$$
\begin{cases}
\dfrac{\partial \overline{F}_{yfl}}{\partial \mu} < 0, & \overline{\alpha}_{fl} > 0 \\[3mm]
\dfrac{\partial \overline{F}_{yfl}}{\partial \mu} > 0, & \overline{\alpha}_{fl} < 0
\end{cases}
\tag{3.159}
$$

$$
\begin{cases}
\dfrac{\partial \overline{F}_{yfr}}{\partial \mu} < 0, & \overline{\alpha}_{fr} > 0 \\[3mm]
\dfrac{\partial \overline{F}_{yfr}}{\partial \mu} > 0, & \overline{\alpha}_{fr} < 0
\end{cases}
\tag{3.160}
$$

式(3.154)中 l_{ml} 和 l_{mr} 分别表示左右轮的机械拖矩, 且 $l_{ml} < 0$ ，$l_{mr} < 0$ ，因此有如下不等式成立:

$$
\begin{cases}
\dfrac{\partial \overline{M}_{zfl}}{\partial \mu} + \dfrac{\partial \overline{M}_{zfr}}{\partial \mu} + l_{ml}\dfrac{\partial \overline{F}_{yfr}}{\partial \mu} + l_{mr}\dfrac{\partial \overline{F}_{yfr}}{\partial \mu} > 0, & \overline{\alpha}_{f} > 0 \\[3mm]
\dfrac{\partial \overline{M}_{zfl}}{\partial \mu} + \dfrac{\partial \overline{M}_{zfr}}{\partial \mu} + l_{ml}\dfrac{\partial \overline{F}_{yfr}}{\partial \mu} + l_{mr}\dfrac{\partial \overline{F}_{yfr}}{\partial \mu} < 0, & \overline{\alpha}_{f} < 0
\end{cases}
\tag{3.161}
$$

其中, 符号函数 $f_{\mu k}$ 按照式(3.162)选取, 假设前轴或者后轴左右侧轮胎侧偏角符号一致。

$$
\begin{cases}
f_{\mu k} > 0, & \alpha_{f} > 0, \hat{\alpha}_{f} > 0 \\[2mm]
f_{\mu k} < 0, & \alpha_{f} < 0, \hat{\alpha}_{f} < 0 \\[2mm]
f_{\mu k} = 0, & \text{其他}
\end{cases}
\tag{3.162}
$$

由于第 4 章中通过 GNSS/INS 组合系统可估计出较准确的侧偏角, 由此可计算出前轴轮胎侧偏角的符号, 而估计值的正负在系统里可知, 并且在估算出前轴轮胎侧偏角的实际正负后, 如果估计系统里面的估计结果符号不一致, 可以强行将估计系统的估计值变为和 GNSS/INS 组合系统估计出的侧偏角同符号。进而可保证如下不等式成立:

$$
\operatorname{sgn}(f_{\mu k}) \dfrac{\partial \overline{f}_{k}}{\partial \mu} \geqslant 0
\tag{3.163}
$$

2)偏导数项 $\dfrac{\partial \overline{f}_{a}}{\partial \mu}$

将 $\dfrac{\partial \overline{f}_{a}}{\partial \mu}$ 展开得到

$$
\dfrac{\partial \overline{f}_{a}}{\partial \mu} = \dfrac{1}{m}\left[\dfrac{\partial \overline{F}_{yfl}}{\partial \mu}\cos\delta_{fl} + \dfrac{\partial \overline{F}_{yfl}}{\partial \mu}\cos\delta_{fr} + \dfrac{\partial \overline{F}_{yrl}}{\partial \mu} + \dfrac{\partial \overline{F}_{yrl}}{\partial \mu}\right]
\tag{3.164}
$$

对式(3.164)中描述的前轴轮胎侧向力对路面峰值附着系数的偏导数项进行

研究可知，后轴轮胎侧向力对路面峰值附着系数的偏导数同样满足式(3.165)和式(3.166)：

$$
\begin{cases}
\dfrac{\partial \overline{F}_{yrl}}{\partial \mu} < 0, & \overline{\alpha}_{rl} > 0 \\[3mm]
\dfrac{\partial \overline{F}_{yrl}}{\partial \mu} > 0, & \overline{\alpha}_{rl} < 0
\end{cases}
\tag{3.165}
$$

$$
\begin{cases}
\dfrac{\partial \overline{F}_{yrr}}{\partial \mu} < 0, & \overline{\alpha}_{rr} > 0 \\[3mm]
\dfrac{\partial \overline{F}_{yrr}}{\partial \mu} > 0, & \overline{\alpha}_{rr} < 0
\end{cases}
\tag{3.166}
$$

再结合前轴轮胎侧向力对路面峰值附着系数的偏导数的符号由式(3.159)和式(3.160)给出，式(3.140)~式(3.142)中的符号函数 $f_{\mu a}$ 按照式(3.167)选取：

$$
\begin{cases}
f_{\mu a} < 0, & \alpha_f > 0, \hat{\alpha}_f > 0, \alpha_r > 0, \hat{\alpha}_r > 0 \\
f_{\mu a} > 0, & \alpha_f < 0, \hat{\alpha}_f < 0, \alpha_r < 0, \hat{\alpha}_r < 0 \\
f_{\mu a} = 0, & \text{其他}
\end{cases}
\tag{3.167}
$$

采用第一个偏导数项 $\dfrac{\partial \overline{f}_k}{\partial \mu}$ 中类似的处理方法可得到不等式

$$
\mathrm{sgn}(f_{\mu a}) \frac{\partial \overline{f}_a}{\partial \mu} \geqslant 0
\tag{3.168}
$$

3) 偏导数项 $\dfrac{\partial \overline{f}_k}{\partial v_y}$

将 $\dfrac{\partial \overline{f}_k}{\partial v_y}$ 展开得到

$$
\frac{\partial \overline{f}_k}{\partial v_y} = \frac{\partial \overline{M}_{zfl}}{\partial v_y} + \frac{\partial \overline{M}_{zfr}}{\partial v_y} + l_{ml}\frac{\partial \overline{F}_{yfr}}{\partial v_y} + l_{mr}\frac{\partial \overline{F}_{yfr}}{\partial v_y}
\tag{3.169}
$$

根据式(3.118)可求出回正力矩对侧偏角的偏导数，由式(3.170)给出：

$$
\frac{\partial M_z}{\partial \alpha} =
\begin{cases}
-\dfrac{c_2 d_2}{6} F_z^{1.85}\left(\dfrac{-1}{F_z^{0.45}}\right)\left[1-\dfrac{c_2}{3\mu}\left(\dfrac{-\alpha}{F_z^{0.45}}\right)\right]^3 - \dfrac{c_2 d_2}{2} F_z^{1.85}\left(\dfrac{-\alpha}{F_z^{0.45}}\right)\left[1-\dfrac{c_2}{3\mu}\left(\dfrac{-\alpha}{F_z^{0.45}}\right)\right]^2\left[-\dfrac{c_2}{3\mu}\left(\dfrac{-1}{F_z^{0.45}}\right)\right], & -\dfrac{3\mu F_z^{0.45}}{c_2} < \alpha \leqslant 0 \\[5mm]
\dfrac{c_2 d_2}{6} F_z^{1.85}\left(\dfrac{1}{F_z^{0.45}}\right)\left[1-\dfrac{c_2}{3\mu}\left(\dfrac{\alpha}{F_z^{0.45}}\right)\right]^3 + \dfrac{c_2 d_2}{2} F_z^{1.85}\left(\dfrac{\alpha}{F_z^{0.45}}\right)\left[1-\dfrac{c_2}{3\mu}\left(\dfrac{\alpha}{F_z^{0.45}}\right)\right]^2\left[-\dfrac{c_2}{3\mu}\left(\dfrac{1}{F_z^{0.45}}\right)\right], & 0 < \alpha < \dfrac{3\mu F_z^{0.45}}{c_2} \\[5mm]
0, & |\alpha| \geqslant \dfrac{3\mu F_z^{0.45}}{c_2}
\end{cases}
\tag{3.170}
$$

不同路面峰值附着系数和侧偏角下回正力矩对侧偏角的偏导数关系如

图 3.45 所示，回正力矩对侧偏角的导数既有正也有负。由于回正力矩对侧偏角的偏导数符号不定，不妨假设式(3.169)有界，即不等式(3.171)有界，$\ell\left(v_y,\mu\right)$ 为 $\left\|\dfrac{\partial \overline{f}_k}{\partial v_y}\right\|$ 的上界。

$$\left\|\frac{\partial \overline{f}_k}{\partial v_y}\right\| \leqslant \ell\left(v_y,\mu\right) \tag{3.171}$$

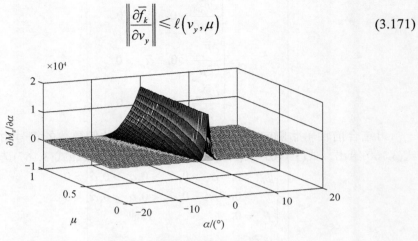

图 3.45　回正力矩对侧偏角导数

4)偏导数项 $\dfrac{\partial \overline{f}_a}{\partial v_y}$

将 $\dfrac{\partial \overline{f}_a}{\partial v_y}$ 展开得到

$$
\begin{aligned}
\frac{\partial \overline{f}_a}{\partial v_y} &= \frac{1}{m}\left[\frac{\partial \overline{F}_{yfl}}{\partial v_y}\cos\delta_{fl} + \frac{\partial \overline{F}_{yfl}}{\partial v_y}\cos\delta_{fr} + \frac{\partial \overline{F}_{yrl}}{\partial v_y} + \frac{\partial \overline{F}_{yrl}}{\partial v_y}\right] \\
&= \frac{\cos\delta_{fl}}{m\left(v_x - \dfrac{b_f}{2}r\right)}\frac{\partial \overline{F}_{yfl}}{\partial \alpha_{fl}} + \frac{\cos\delta_{fr}}{m\left(v_x + \dfrac{b_f}{2}r\right)}\frac{\partial \overline{F}_{yfr}}{\partial \alpha_{fl}} + \\
&\quad \frac{1}{m\left(v_x - \dfrac{b_r}{2}r\right)}\frac{\partial \overline{F}_{yrl}}{\partial \alpha_{fl}} + \frac{1}{m\left(v_x + \dfrac{b_r}{2}r\right)}\frac{\partial \overline{F}_{yfr}}{\partial \alpha_{fl}}
\end{aligned} \tag{3.172}
$$

当纵向速度超过一定值时，式(3.172)的符号由轮胎模型中侧向力对侧偏角的偏导数决定。下面对轮胎模型中侧向力对侧偏角的偏导数进行研究。侧向力对侧偏角的偏导数为

$$\frac{\partial F_y}{\partial \alpha} = \begin{cases} c_1 d_1 F_z^{0.81} \left\{ \left(\dfrac{-1}{F_z^{0.15}} \right) - \dfrac{2c_1}{3\mu} \left(\dfrac{-\alpha}{F_z^{0.15}} \right) \left(\dfrac{-1}{F_z^{0.15}} \right) + \left(\dfrac{c_1}{3\mu} \right)^2 \left(\dfrac{-\alpha}{F_z^{0.15}} \right)^2 \left(\dfrac{-1}{F_z^{0.15}} \right) \right\}, & -\dfrac{3\mu F_z^{0.15}}{c_1} < \alpha \leqslant 0 \\[3mm] -c_1 d_1 F_z^{0.81} \left\{ \left(\dfrac{1}{F_z^{0.15}} \right) - \dfrac{2c_1}{3\mu} \left(\dfrac{\alpha}{F_z^{0.15}} \right) \left(\dfrac{1}{F_z^{0.15}} \right) + \left(\dfrac{c_1}{3\mu} \right)^2 \left(\dfrac{\alpha}{F_z^{0.15}} \right)^2 \left(\dfrac{1}{F_z^{0.15}} \right) \right\}, & 0 < \alpha \, \dfrac{3\mu F_z^{0.15}}{c_1} \\[3mm] 0, & |\alpha| \geqslant \dfrac{3\mu F_z^{0.15}}{c_1} \end{cases}$$

$$(3.173)$$

不同路面峰值附着系数和侧偏角下侧向力与侧偏角的偏导数关系如图 3.46 所示，可知侧向力对侧偏角的偏导数小于或等于 0。

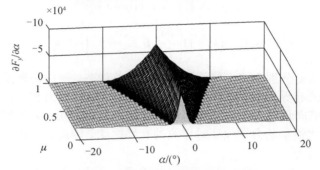

图 3.46　侧向力与侧偏角的偏导数的关系

因此式(3.173)恒小于或等于 0，得到不等式

$$\frac{\partial \overline{f_a}}{\partial v_y} \leqslant 0 \tag{3.174}$$

所以，对于 $A_{3\times3}$，可取 $k_1 > 0$，$k_2 > 0$，$k_3 > 0$，$k_4 = \cos\varphi$，$k_5 < 1$，$k_6 > 0$。显然此时 $A_{3\times3}$ 的一阶和二阶主子式大于 0，只需分析 $A_{3\times3}$ 的三阶主子式：

$$\frac{|A_{3\times3}|}{k_3} = \left[k_1 \operatorname{sgn}(f_{\mu k}) \frac{\partial \overline{f_k}}{\partial \mu} + k_2 \operatorname{sgn}(f_{\mu a}) \frac{\partial \overline{f_a}}{\partial \mu} \right] \left[(k_5 - 1) \frac{\partial \overline{f_a}}{\partial v_y} + k_6 \right] - $$

$$\frac{1}{4} \left[k_1 \operatorname{sgn}(f_{\mu k}) \frac{\partial \overline{f_k}}{\partial v_y} + k_2 \operatorname{sgn}(f_{\mu a}) \frac{\partial \overline{f_a}}{\partial v_y} + (k_5 - 1) \frac{\partial \overline{f_a}}{\partial \mu} \right]^2 \tag{3.175}$$

在式(3.175)中，当 k_6 满足不等式(3.176)所示的条件时，三阶主子式大于 0：

$$k_6 > \frac{1}{4} \frac{\left[k_1 \operatorname{sgn}(f_{\mu k}) \dfrac{\partial \overline{f_k}}{\partial v_y} + k_2 \operatorname{sgn}(f_{\mu a}) \dfrac{\partial \overline{f_a}}{\partial v_y} + (k_5 - 1) \dfrac{\partial \overline{f_a}}{\partial \mu} \right]^2}{\left[k_1 \operatorname{sgn}(f_{\mu k}) \dfrac{\partial \overline{f_k}}{\partial \mu} + k_2 \operatorname{sgn}(f_{\mu a}) \dfrac{\partial \overline{f_a}}{\partial \mu} \right]} - (k_5 - 1) \frac{\partial \overline{f_a}}{\partial v_y} \tag{3.176}$$

至此，估计器的估计误差收敛性已经得到证明。

3.3.4　非线性观测器鲁棒性分析

由于整车模型和轮胎模型存在一定的不确定性，该不确定性会给估计器模型式(3.130)~式(3.132)带来一定的扰动，而 3.3.2 节中估计误差分析是在名义整车和轮胎模型条件下进行的，有必要进一步分析估计误差在整车模型和轮胎模型存在有界扰动条件下的稳定性。

$$\dot{\tilde{\mu}} = -k_1 \mathrm{sgn}(f_{\mu k})\left(\frac{\partial \overline{f}_k}{\partial \mu}\tilde{\mu} + \frac{\partial \overline{f}_k}{\partial v_y}\tilde{v}_y\right) - k_2 \mathrm{sgn}(f_{\mu a})\left(\frac{\partial \overline{a}_y}{\partial \mu}\tilde{\mu} + \frac{\partial \overline{a}_y}{\partial v_y}\tilde{v}_y\right) + u_1 \quad (3.177)$$

$$\dot{\tilde{y}}_r = -k_3\tilde{y}_r + \tilde{v}_y\cos\varphi + u_2 \quad (3.178)$$

$$\dot{\tilde{v}}_y = -k_6\tilde{v}_y - (k_5-1)\left(\frac{\partial \overline{a}_y}{\partial \mu}\tilde{\mu} + \frac{\partial \overline{a}_y}{\partial v_y}\tilde{v}_y\right) - k_4\tilde{y}_r + u_3 \quad (3.179)$$

式中，u_1、u_2 和 u_3 分别为路面峰值附着系数误差动态、侧向距离误差动态和侧向速度误差动态的有界扰动，u_1 一般是由轮胎模型求解侧向力和回正力矩造成的有界扰动，u_2 为航向角误差和侧向距离误差导致的有界扰动，u_3 为根据轮胎模型求解侧向力和简化整车动力学模型时导致的有界扰动。因此，李雅普诺夫函数对时间的导数可改写为

$$\dot{V} = \tilde{\mu}\left(-k_1\mathrm{sgn}(f_{\mu k})\left(\frac{\partial \overline{f}_k}{\partial \mu}\tilde{\mu} + \frac{\partial \overline{f}_k}{\partial v_y}\tilde{v}_y\right) - k_2\mathrm{sgn}(f_{\mu a})\left(\frac{\partial \overline{f}_a}{\partial \mu}\tilde{\mu} + \frac{\partial \overline{f}_a}{\partial v_y}\tilde{v}_y\right) + u_1\right)$$

$$+ \tilde{y}_r\left(-k_3\tilde{y}_r + (\cos\varphi)\tilde{v}_y + u_2\right) + \tilde{v}_y\left(-k_6\tilde{v}_y - (k_5-1)\left(\frac{\partial \overline{f}_a}{\partial \mu}\tilde{\mu} + \frac{\partial \overline{f}_a}{\partial v_y}\tilde{v}_y\right) - k_4\tilde{y}_r + u_3\right)$$

$$= -A_{(1,1)}\tilde{\mu}^2 - k_3\tilde{y}_r^2 - A_{(3,3)}\tilde{v}_y^2 - \left[A_{(1,1)} + (k_5-1)\frac{\partial \overline{f}_a}{\partial \mu}\right]\tilde{\mu}\tilde{v}_y + (\cos\varphi - k_4)\tilde{v}_y\tilde{y}_r + \tilde{\mu}u_1 + \tilde{y}_ru_2 + \tilde{v}_yu_3$$

$$(3.180)$$

由于 $k_4 = \cos\varphi$，有

$$\dot{V} = -A_{(1,1)}\tilde{\mu}^2 - k_3\tilde{y}_r^2 - A_{(3,3)}\tilde{v}_y^2 + \tilde{\mu}u_1 + \tilde{y}_ru_2 + \tilde{v}_yu_3$$

$$\leqslant -A_{(1,1)}|\tilde{\mu}|^2 - k_3|\tilde{y}_r|^2 - A_{(3,3)}|\tilde{v}_y|^2 + |\tilde{\mu}||u_1| + |\tilde{y}_r||u_2| + |\tilde{v}_y||u_3|$$

$$= \left[-A_{(1,1)}(1-\theta_1)|\tilde{\mu}|^2 - A_{(1,1)}\theta_1|\tilde{\mu}|^2 + |\tilde{\mu}||u_1|\right] + \left[-k_3(1-\theta_2)|\tilde{y}_r|^2 - k_3\theta_2|\tilde{y}_r|^2 + |\tilde{y}_r||u_2|\right] +$$

$$\left[-A_{33}(1-\theta_3)|\tilde{v}_y|^2 - A_{(1,1)}\theta_1|\tilde{v}_y|^2 + |\tilde{v}_y||u_3|\right]$$

$$= -A_{(1,1)}(1-\theta_1)|\tilde{\mu}|^2 - k_3(1-\theta_2)|\tilde{y}_r|^2 - A_{(3,3)}(1-\theta_3)|\tilde{v}_y|^2 -$$

$$\left(A_{(1,1)}\theta_1|\tilde{\mu}|^2 - |\tilde{\mu}||u_1|\right) - \left(k_3\theta_2|\tilde{y}_r|^2 - |\tilde{y}_r||u_2|\right) - \left(A_{(1,1)}\theta_1|\tilde{v}_y|^2 - |\tilde{v}_y||u_3|\right)$$

$$(3.181)$$

式中，$0 < \theta_1 < 1$，$0 < \theta_2 < 1$，$0 < \theta_3 < 1$。当扰动满足不等式(3.182)时，可得到不等式(3.183)。

$$\begin{cases} |u_1| < A_{(1,1)}\theta_1 \\ |u_2| < k_3\theta_2 \\ |u_3| < A_{(3,3)}\theta_3 \end{cases} \tag{3.182}$$

$$\dot{V} \leqslant -A_{(1,1)}(1-\theta_1)|\tilde{\mu}|^2 - k_3(1-\theta_2)|\tilde{y}_r|^2 - A_{(3,3)}(1-\theta_3)|\tilde{v}_y|^2 \tag{3.183}$$

选取状态 $x = \begin{bmatrix} \tilde{\mu} & \tilde{y}_r & \tilde{v}_y \end{bmatrix}^{\mathrm{T}}$，按照定义 $W(x)$ 为

$$W(x) = A_{(1,1)}(1-\theta_1)|\tilde{\mu}|^2 + k_3(1-\theta_2)|\tilde{y}_r|^2 + A_{(3,3)}(1-\theta_3)|\tilde{v}_y|^2 \tag{3.184}$$

显然可得到

$$\frac{1}{4}\|x\|^2 \leqslant V \leqslant \|x\|^2 \tag{3.185}$$

$$\frac{\partial V}{\partial t} + \frac{\partial V}{\partial x}\dot{x} \leqslant -W(x) \tag{3.186}$$

根据文献[137]中的定理 4.19，由式(3.185)和式(3.186)可知，存在 $u_1 \sim u_3$ 的有界扰动输入时，名义误差动态满足输入状态稳定，因此 3.3.2 节提出的非线性估计器对整车动力学模型、轮胎模型和航向角误差导致的有界扰动具备一定的鲁棒性。

3.3.5　实验结果

本节通过实车实验验证本书提出的路面峰值附着系数估计算法。实验工况包括蛇行和双移线工况。其中质心与车道线的距离信息通过 GNSS/INS 组合系统得到，主销回正力矩通过转向横拉杆处的拉压力和主销与横拉杆的距离计算。拉压力通过在转向横拉杆处安装拉压力传感器得到，如图 3.47 所示。

图 3.47　转向横拉杆处安装拉压力传感器示意图

1. 蛇行工况

蛇行工况实验车辆纵向速度约为 45km/h，名义路面峰值附着系数约为 0.8，

由车辆通过急加减速工况计算得出。图 3.48(a)是车辆行驶轨迹，浅色直线为建模的车道线，两条车道线之间的深色曲线为车辆行驶轨迹。

(a)行车轨迹

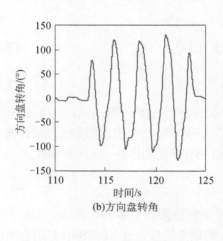

(b)方向盘转角

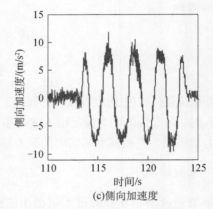

(c)侧向加速度

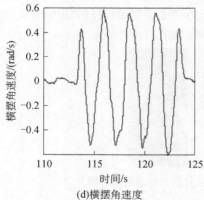

(d)横摆角速度

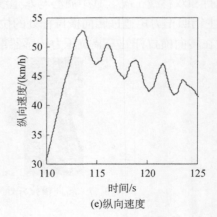

(e)纵向速度

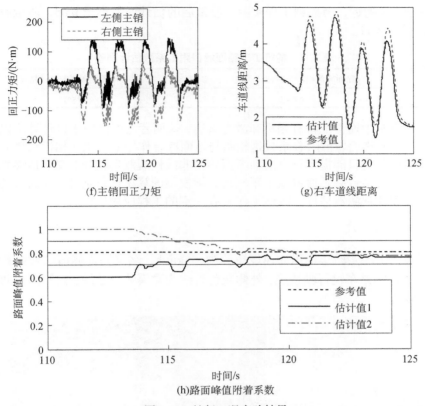

(f)主销回正力矩　　　　　　(g)右车道线距离

(h)路面峰值附着系数

图 3.48　蛇行工况实验结果

图 3.48(b)为方向盘转角的变化曲线，方向盘转角峰值约为 120°，图 3.48(c)~和图 3.48 (e)分别是侧向加速度、横摆角速度和纵向速度，侧向加速度为水平侧向加速度，即根据 GNSS/INS 组合系统估计出的俯仰角和侧倾角已经将姿态导致的重力分量移除，侧向加速度峰值应在 7.5m/s^2 附近，横摆角速度峰值约为 0.6rad/s，纵向速度约为 45km/h，图 3.48(f)给出了左右侧主销处的回正力矩，可知主销峰值回正力矩达到 160N·m。图 3.48(g)给出了质心至车道线距离的估计结果，参考值由 GNSS/INS 组合系统输出的位置并结合预建车道线地图计算，可知估计所得侧向距离能够较好地跟随参考值，峰值误差小于 0.3m，这一部分误差由于车辆动力学模型误差导致。

图 3.48(h)描述了路面峰值附着系数的估计结果，给出了两种初始条件下的估计结果以验证本书提出的非线性观测器在初始值存在一定误差条件下的收敛性。在 3.3.3 节中已经说明，选择合适的反馈系数后，本书提出的非线性观测器可实现估计误差渐近收敛，并在 3.3.4 节中进一步验证了观测器的鲁棒性。结合图 3.48(h)可知，在驾驶员转向动作施加一定时间激励后，无论峰值附着系数初始值从 0.6(实线)或者 1.0(虚线)开始，提出的非线性观测器均能够随着时间推进收敛

至参考值 0.8 附近，考虑到工程实际，收敛后的估计误差小于 0.05，收敛时间约为 4s，见表 3.11。

表 3.11　蛇行工况路面峰值附着系数估计误差

	路面峰值附着系数估计误差	路面峰值附着系数估计精度
数值	0.03	96.25%

智能汽车中通常配备有相机和激光雷达，这两者均可以用于设计算法以区分路面种类，但路面峰值附着系数是轮胎与地面综合作用的结果。相机和激光雷达提供的路面种类只能提供合适的参考值辅助非线性观测器快速收敛，最终真实的路面峰值附着系数必须通过基于车辆动力学模型的算法进行估计，即通过类似于提出的非线性观测器估计，故该工作具有一定的工程应用价值。

2. 双移线工况

双移线工况实验车辆纵向速度也约为 45km/h，名义路面峰值附着系数约为 0.8。图 3.49(a)是车辆行驶轨迹，外侧灰色直线为建模的车道线，内侧黑色曲线为车辆行驶轨迹。

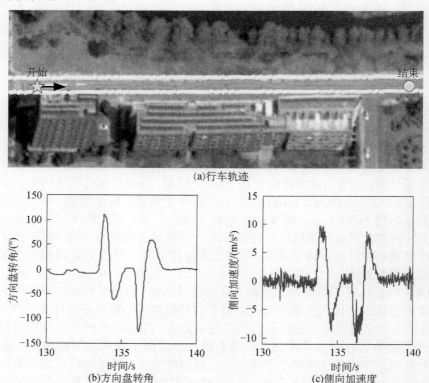

(a)行车轨迹

(b)方向盘转角

(c)侧向加速度

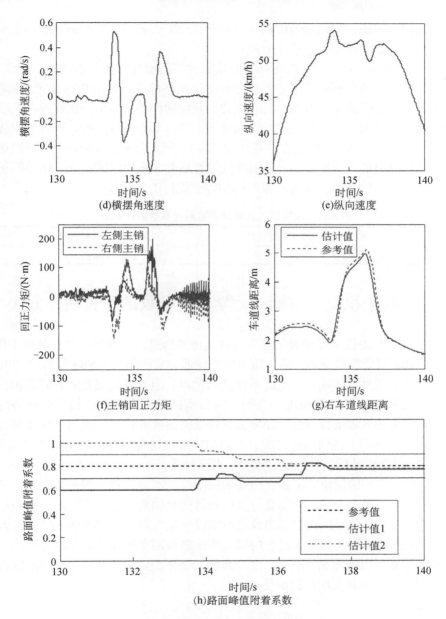

图 3.49　双移线工况实验结果

图 3.49(b)是方向盘转角变化曲线，方向盘转角峰值约为 100°，图 3.49(c)~图 3.49 (e)分别是侧向加速度、横摆角速度和纵向速度，侧向加速度峰值约为 7.8m/s²，横摆角速度峰值约为 0.6rad/s，纵向速度约为 45km/h，图 3.49(f)表示左

右侧主销回正力矩，主销峰值回正力矩达到 160N·m。图 3.49(g)是质心至车道线距离估计结果，峰值误差小于 0.3m。

图 3.49(h)给出了以 1.0 和 0.6 两种初始条件下路面峰值附着系数的估计结果。两种初始条件下的路面峰值附着系数估计结果最终均可收敛至 0.78 附近，考虑到工程实际，估计误差小于 0.05，见表 3.12，收敛时间约为 4.5s，比蛇行工况收敛时间略长，这是由于在蛇行工况行驶条件下，转向动作持续进行，而对于双移线工况，在第一次变道后，中间存在约 1s 的转向盘回正过程，该情况下，侧向加速度较小，此时回正力矩也较小，路面峰值附着系数非线性观测器缺乏估计器正常运行所需的激励条件，所以收敛时间相较于蛇行工况要长。

表 3.12　双移线工况路面峰值附着系数估计误差

	路面峰值附着系数估计误差	路面峰值附着系数估计精度
数值	0.025	96.8%

3.4　基于视觉、车辆动力学和陀螺仪的位置估计方法

使用 GNSS 提供全局位置信息并与其他传感器进行组合是一种有效的手段。然而，GNSS 信号容易受到影响，输出频率较低。常用的与 GNSS 组合的 INS 具有自主性强、受外界影响小、短时精度高的优点，但其导航误差随时间累积，难以满足长时间独立导航的需求。当用于清扫道路的无人驾驶清扫车在道路行驶时，由于其工作区域的特殊性，经常会遇到受树荫或者建筑物遮挡而只能部分收到或者完全收不到卫星信号的情况，此时 GNSS 无法提供准确的绝对位置信息，并且 IMU 只能够进行短时的位置推算。在这种条件下，依赖 GNSS 提供全局位置修正 IMU 误差的定位方案存在一定的局限性。本节针对清扫车在固定区域重复行驶的特点，将车辆的轮速信息与价格较低的单轴角速度计进行融合得到相对位置信息，在局部区域内先对车道线进行离线采集并进行车道线建模以便与行驶区域划分。同时采用清扫车上已有的视觉传感器检测车道线的信息对推算的位置和航向进行修正以消除累积误差，实现车辆的亚米级定位，具有传感器配置成本低、建图工作量小和实用性强的优点。

3.4.1　算法结构

本书提出自主式组合定位系统的整体架构如图 3.50 所示，该系统包括信号源模块、地图模块和融合模块三部分。信号源模块中视觉模块提供车辆相对车道线的航向和与车道线的距离信息，包括相对车道线的航向 φ_m 和距车道线的距离 L_m，单轴惯导模块提供车辆的横摆角速度 ω_z，车辆信息模块提供轮速 v_x。地图模块提

供车道线的局部地图信息。融合模块中的初始化模块根据车辆的初始位置进行车辆的初始区域判定，并提供车辆的初始局部航向值 $\varphi_{l,ini}$ 和车辆初始局部位置值 $x_{l,ini}, y_{l,ini}$，车辆区域判断模块则根据初始化的信息和航向、位置融合模块提供的融合后的航相角 $\theta_{l,Fus}$ 和位置 $x_{l,Fus}$、$y_{l,Fus}$ 进行车辆行驶区域判断，之后提供局部航向的测量值和所测量选用的车道线坐标值以及与车道线侧向的距离信息；航向融合模块对航向信息进行融合得到最优航向值，位置融合模块融合 GNSS 测量值和车道线的测量值得到最优位置；最终通过局部坐标与全局坐标转换模块，将局部航向和位置转换为全局航向 $\varphi_{g,Fus}$ 和位置 $x_{g,Fus}$、$y_{g,Fus}$。

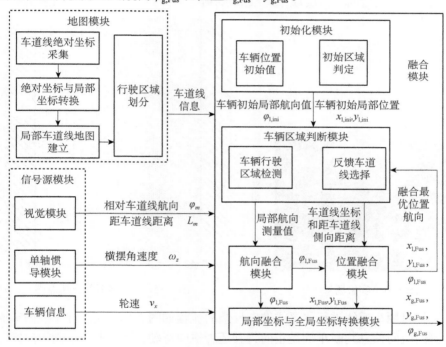

图 3.50 整体架构图

3.4.2 车道线模型

本书采用的方法是预先对车道线进行建模。首先对车道线在地球坐标系下的坐标进行采集，采用将 GNSS 天线置于车道线上静止一段时间取平均的方法得到车道线上点的坐标 (x_{i_G}, y_{i_G})。为计算方便，将全局坐标转换为局部坐标 (x_{i_l}, y_{i_l})。全局坐标系(东北天坐标系，ENU)与局部平面坐标系的转换方法如下：选取全局坐标系中的 (x_{0_G}, y_{0_G}) 为局部坐标系的原点，局部坐标系的 x 轴与正东方向的夹角为 θ_0，则有

$$\begin{bmatrix} x_{i\_1} \\ y_{i\_1} \end{bmatrix} = \begin{bmatrix} \cos\theta_0 & -\sin\theta_0 \\ \sin\theta_0 & \cos\theta_0 \end{bmatrix} \left(\begin{bmatrix} x_{i\_G} \\ y_{i\_G} \end{bmatrix} - \begin{bmatrix} x_{i\_0} \\ y_{i\_0} \end{bmatrix} \right) \tag{3.187}$$

车道线模型采用式(3.126)，车道线参数 A_L、B_L、C_L 通过最小二乘算法拟合得到。

一组实验场景如图 3.51 所示，对其进行简化后建立如图 3.52 所示的实现场景简化示意图，其中一共有 3 条车道线：车道 1、车道 2 和车道 3。相机有时能够检测到多个车道线，需要根据车辆行驶的位置、方向和观测到的车道线选择用哪个车道线进行测量反馈，因此将车辆可能的行驶区域划分为 4 部分：A_1、A_2、A_3、A_4，以方便后面进行反馈车道线的选择。

图 3.51　实验场景

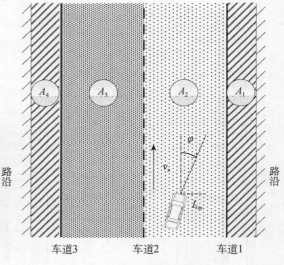

图 3.52　实验场景简化示意图

选择可用车道线进行位置或航向反馈的流程如图 3.53 所示，首先根据车辆当前时刻的航向信息判断车辆是正向行驶还者逆向行驶，然后根据车辆的位置信息判定车辆处于哪一个区域，再根据所处的区域进行可能可用的车道线选择，最后结合视觉模块给出的车道线质量信息判断哪一条车道线有用。值得注意的是，当车辆处于道路边缘区域(A_1 和 A_4)行驶时，只有一条车道线可用。车辆坐标为 (x, y)，航向角为 φ，一般情况下，车道 1、车道 2 和车道 3 是平行的，假设车辆在局部坐标系下的航向角为 φ_L。如图 3.52 所示，视觉模块测得的是相机相对于车道线的侧向距离和相机相对于车道线的相对航向信息 φ。相机所能够测得的最大相对航向角 φ_{max} 为 22°，因此当车辆处于转弯的过程中，无法进行车道线和航向的反馈时，只能靠航迹推算得到车辆的位置和航向信息。判断车辆行驶状态即正向、逆向或者转弯的逻辑如式(3.188)所示：

$$\begin{cases} \varphi_L - \varphi_{\max} < \varphi \le \varphi_L + \varphi_{\max} & , \quad \text{正向行驶} \\ \varphi_L + 180° - \varphi_{\max} < \varphi \le \varphi_L + 180° + \varphi_{\max}, & \text{逆向行驶} \\ \text{其他} & , \qquad \text{转弯} \end{cases} \tag{3.188}$$

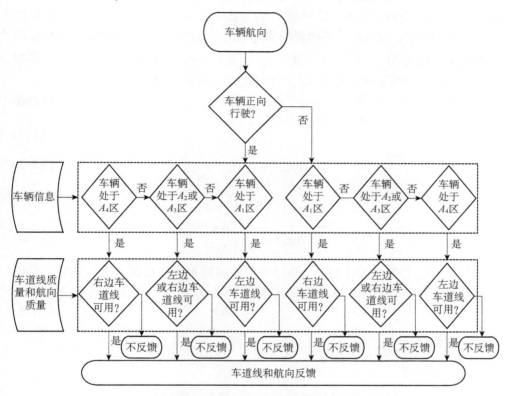

图 3.53　车辆行驶区域和车道线反馈策略判断流程图

3.4.3　航向角融合

1. 航向角计算

航向角计算公式为

$$\varphi_k = \varphi_{k-1} + \omega_z \cdot \mathrm{d}t \tag{3.189}$$

式中，φ_k 为 k 时刻车辆的航向角；φ_{k-1} 为 $k-1$ 时刻车辆的航向角；ω_z 为车辆的横摆角速度；$\mathrm{d}t$ 为采样周期。式(3.189)所估计的航向精度受 z 轴横摆角速度传感器即陀螺仪精度的影响。由于陀螺仪存在零偏、刻度因数误差和随机误差等影响，长时间积分会导致车辆航向角存在较大误差，需要用车道线的航向对误差进行修正。

2. 航向角误差反馈

首先定义 k 时刻航向角误差 $\Delta\varphi$ 为 k 时刻真实航向角 φ 与积分计算得到的航向角 φ_k 的差值，如式(3.190)所示。建立航向角误差的状态方程如式(3.191)所示，其中，$\Delta\dot{\varphi}$ 为航向角误差的一阶导数，$\Delta\ddot{\varphi}$ 为航向角误差的二阶导数并认为其为 0。如式(3.192)所示，航向角误差的观测值为车道线航向与相机航向之和与车辆航向角的差值，记为 $\Delta\varphi_m$。选取状态量为 $x_{\Delta\varphi} = [\begin{matrix} \Delta\varphi & \Delta\dot{\varphi} \end{matrix}]^{\mathrm{T}}$，观测量 $z = \Delta\varphi_m$，得到如式(3.193)所示的系统状态方程和式(3.194)所示的观测方程。

$$\Delta\varphi = \varphi - \varphi_k \tag{3.190}$$

$$\begin{cases} \Delta\dot{\varphi} = \Delta\dot{\varphi} \\ \Delta\ddot{\varphi} = 0 \end{cases} \tag{3.191}$$

$$\Delta\varphi_m = \varphi_L + \varphi_m - \varphi \tag{3.192}$$

$$\begin{bmatrix} \Delta\dot{\varphi} \\ \Delta\ddot{\varphi} \end{bmatrix} = \begin{bmatrix} 0 & 1 \\ 0 & 0 \end{bmatrix} \begin{bmatrix} \Delta\varphi \\ \Delta\dot{\varphi} \end{bmatrix} \tag{3.193}$$

$$\Delta\varphi_m = \begin{bmatrix} 1 & 0 \end{bmatrix} \begin{bmatrix} \Delta\varphi \\ \Delta\dot{\varphi} \end{bmatrix} \tag{3.194}$$

根据式(3.193)和式(3.194)，采用卡尔曼滤波对航向角误差进行估计，最终得到车辆在局部坐标系下航向角的最优估计值 φ_{Fused} 为

$$\varphi_{\mathrm{Fused}} = \varphi_k + \Delta\varphi \tag{3.195}$$

3.4.4　位置估计

1. 位置计算

车速 V 可以直接在车辆的 CAN 总线上获取，因此采用式(3.196)对车辆局部坐标系下的位置 (x_k, y_k) 进行推算。但车速信号存在累积误差，航向角也存在误差，会导致积分得到的位置存在误差，因此需要通过相机得到的侧向位置对积分得到的车辆位置进行修正：

$$\begin{cases} x_k = x_{k-1} + V_t \cdot \cos(\varphi_{\mathrm{Fused},k}) \cdot \mathrm{d}t \\ y_k = y_{k-1} + V_t \cdot \sin(\varphi_{\mathrm{Fused},k}) \cdot \mathrm{d}t \end{cases} \tag{3.196}$$

2. 位置误差反馈

由于相机能够输出距车道线的侧向距离，所以可以利用该信息对推算得到的位置进行修正。前面已经提到，清扫车行驶区域的车道线为直线，因此采用如式(3.197)所示的点到直线的距离公式计算车辆当前位置 (x_k, y_k) 与车道线的距离 L。

相机测得的到车道线的距离为 L_m ，则侧向距离误差的测量值选取为 $z = \Delta L_m = L - L_m$ ，状态量选取为 $x_L = \begin{bmatrix} \Delta L & \Delta \dot{L} \end{bmatrix}^{\mathrm{T}}$ ，最终可得到式(3.198)所示的状态方程和式(3.199)所示的测量方程，并采用卡尔曼滤波对侧向位置误差进行估计。

$$L = \left| \frac{A \cdot x_{\text{Fused},k} + B \cdot y_{\text{Fused},k} + C}{\sqrt{A^2 + B^2}} \right| \tag{3.197}$$

$$\begin{bmatrix} \Delta \dot{L} \\ \Delta \ddot{L} \end{bmatrix} = \begin{bmatrix} 0 & 1 \\ 0 & 0 \end{bmatrix} \begin{bmatrix} \Delta L \\ \Delta \dot{L} \end{bmatrix} \tag{3.198}$$

$$\Delta L_m = \begin{bmatrix} 1 & 0 \end{bmatrix} \begin{bmatrix} \Delta L \\ \Delta \dot{L} \end{bmatrix} \tag{3.199}$$

相机受外界的影响较大，会出现侧向位置值跳变的情况，导致测量值的协方差矩阵对于不同环境会经常有变化，因此采用基于新息序列的噪声自适应卡尔曼滤波算法。用卡尔曼滤波得到侧向位置误差的最优估计值后，需要将侧向位置误差按航向值分配到 x 和 y 方向，最终得到修正后的车辆位置 $(x_{\text{Fused}}, y_{\text{Fused}})$：

$$\begin{cases} x_{\text{Fused},k} = x_k - \Delta L \cdot \sin(\varphi_{\text{Fused}}) \\ y_{\text{Fused},k} = y_k + \Delta L \cdot \cos(\varphi_{\text{Fused}}) \end{cases} \tag{3.200}$$

3.4.5 实验结果

在图 3.54 所示的清扫车上进行实验，所采用的传感器为 GNSS 接收机 Trimble982、惯性传感器 ADIS16490 和 Mobileye 相机。实验数据采集、在线运算与离线仿真平台如图 3.55 所示。实验数据通过 CAN 信号进行传输，车速信息可直接从车辆 CAN 总线上获取。Mobileye 相机能够直接输出相机相对于车道线的

图 3.54 清扫车

距离和航向信息，也通过 CAN 总线发送，GNSS 接收机的数据为串口，需要通过 STM32 单片机转换为 CAN 信号，IMU 传感器与 STM32 进行 SPI 通信并将 z 轴的角速度信息发送至 CAN 总线上。控制算法烧录至澳特卡公司的 GP3DP 系列汽车级控制器中实时在线运行，同时通过 NI CompactRIO9802 将 CAN 总线上的这些相关数据都采集下来，用于 MATLAB/Simulink 的离线仿真。

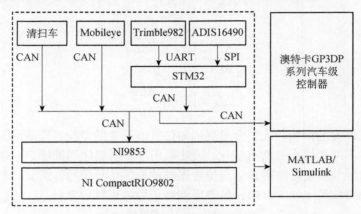

图 3.55　实验数据采集、在线运算与离线仿真平台

值得注意的是，这里只在初始化时采用了双天线 GNSS 提供的位置信息和航向信息，初始化完成后采用 GNSS 位置作为位置的真值以判断融合得到位置的精度。三轴加速度计和陀螺仪也只采用了 z 轴的角速度信息，即横摆角速度。初始位置和航向信息也可以通过其他方式获得，如先通过驾驶员将车辆停放至固定位置再让清扫车开始作业。

一组工况的数据如图 3.56 所示。图 3.56(a)为清扫车运行过程中的车速和方向盘转角，由图可知车速约为 3km/h，在静止约 76s 之后开始行驶。车道线的质量信息如图 3.56(b)所示，其中，车道线质量为 2 或者 3 代表可用，0 或 1 代表不可用。实验时受到树荫等的影响，车道线质量时好时坏。由相机获取的航向角信息如图 3.56(c)所示，76s 之前车辆处于静止状态，静止时相机测得的相对于车道线的航向角为 0°，即静止时不可用。由图 3.56(a)可知，126~135s 时车辆处于转向状态，此时航向角较大，但由图 3.56(b)可知，此时车道线的质量为 0，表示相机给出的车道线距离和航向信息不可用。相机测得的车道线距离如图 3.56(d)所示。相机坐标系规定左边车道线距离为负值，右边车道线距离为正值。为方便起见，对给出的左边车道线的原始距离乘以-1 以方便画图，由图 3.56(d)可知，两个车道线绝对值之和近似等于实际两条道路的宽度 3.5m。当 126~135s 车辆处于转向状态时，车道线的距离信息也不可用。

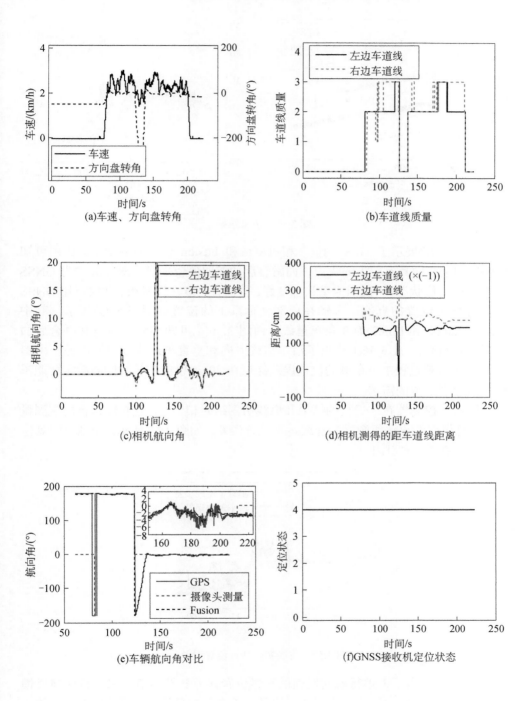

(a)车速、方向盘转角

(b)车道线质量

(c)相机航向角

(d)相机测得的距车道线距离

(e)车辆航向角对比

(f)GNSS接收机定位状态

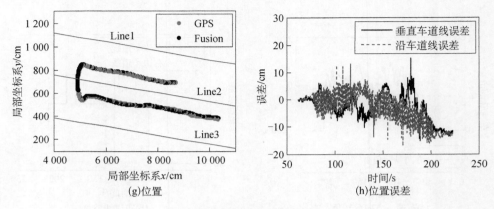

(g)位置　　　　　　　　　　　　　(h)位置误差

图 3.56　仿真结果

图 3.56(e)展示了 GPS 测量、相机测量和 Fusion 融合后的结果。由图可知 GNSS 测量航向具有较大的噪声，而融合后的航向值较平滑。图 3.56(f)为 GNSS 接收机的定位状态，4 说明卫星状态良好，其位置精度在厘米级，此时可用 GNSS 的位置作为位置的真值。车辆在局部坐标系下的位置如图 3.56(g)所示，其中 Line1、Line2 和 Line3 为 3 条车道线。由图 3.56(g)可知 GNSS 位置和融合后的位置基本重合。图 3.56(f)给出了沿车道线方向和垂直车道线方向的误差。由图可知，在行驶过程中，车辆的位置误差保持在 20cm 以内，精度能够满足智能车辆车道级别定位的需求。

因实车控制器在线运行的结果和离线仿真结果相似，并且在线运行的观测量有限，这里仅给出一组数据的在线运行位置误差，如图 3.57 所示。由图可知其位置误差也在 25cm 以内。

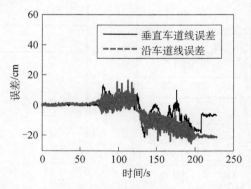

图 3.57　在线实时估计位置误差

图 3.58 给出了未进行航向反馈的车辆位置误差和航向值，未进行航向反馈时，最终车辆的航向误差已达到 8°，但是由于有位置反馈，车辆位置误差虽然比

有航向反馈时大，最大的误差仍保持在 40cm 之内。

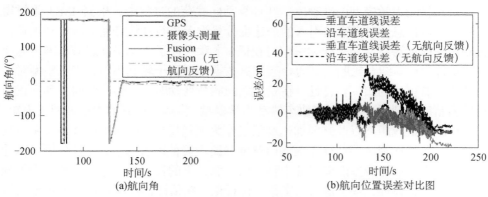

图 3.58 未加航向反馈的航向角和位置误差对比

3.5 本 章 小 结

本章充分发挥车辆动力学对于自动驾驶汽车位姿估计的辅助，设计了自动驾驶汽车位姿估计方法。提出了基于车辆动力学和多轴 IMU 信息融合方法，在车身坐标系下对车身姿态角和车身速度进行估计。基于视觉车道线信息进一步辅助车辆动力学模型以提高侧向速度估计精度。基于线控转向系统提供的回正力矩信息设计非线性观测器对侧向速度和路面峰值附着系数进行估计。基于预先建立的车道线地图利用视觉信息辅助航位推算算法以减小后者位置累积误差。具体有以下内容。

基于三轴角速度设计了姿态角估计算法。长时间积分会带来累积误差，为了消除该误差，将车辆动力学估计的车身姿态角用于测量反馈，同时在基于车辆动力学估计车身姿态角时考虑了 IMU 与旋转中心的安装杆臂误差并对其作补偿，使用自适应 EKF 算法对基于三轴角速度的姿态角估计算法和基于车辆动力学的姿态角估计算法进行了融合。当车辆处于极限工况时，基于车辆动力学估计的车身姿态角存在较大误差，此时需要隔离测量反馈，而隔离时间伴随有延迟，故而提出了延迟-预测的估计架构，保证了错误信息不会被引入估计器中，并且对该延迟-预测架构的估计误差进行了稳定性证明，该误差能够保证有界收敛。然后，基于三轴加速度设计了全维速度估计算法，与姿态角估计类似，通过引入基于车辆动力学估计的纵/侧向速度可消除长时间积分导致的累积误差，使用自适应卡尔曼滤波算法对三轴加速度和车辆动力学信息进行了融合，并将延迟-预测估计架构应用于速度估计。对于车辆动力学估计器，在纵向工况，基于卡尔曼滤波算法利用从动轮的轮速估计运动纵向角速度和纵向速度；在侧向工况，基于二自由度车辆侧向动力学模型，利用卡尔曼滤波算法估计运动的侧向加速度和侧向速度。为提高车辆动力学模型的准确度，在计算垂向载荷的过程中，根据 IMU 采样得到的加速度信息，对姿态角引入的加速度分量误差进行在线校正。考虑到视觉传感器的采样迟滞特性和采样频率相对较低，本章设计了考虑采样迟滞车辆侧向速度的估计算法。结合轮胎六分力台架测试数据修正刷子轮胎模型，修正模型对垂向载荷具有更好的归一化特性，在轮胎垂向载荷变动时，轮胎的侧向力和回正力矩模型精度得到提升。基于双轨车辆动力学模型，将测量得到的主销处回正力矩、质心处距车道线距离以及侧向加速度信息作为测量反馈，根据李雅普诺夫函数理论设计了非线性观测器估计车辆侧向速度和路面峰值附着系数，并且分析了估计器的稳定性，估计误差能够保证李雅普诺夫意义下的稳定性。进一步地，为了分析估计器的鲁棒性，基于输入状态稳定性理论，在估计器模型存在有界扰动的情况下，分析了估计误差的收敛性。分析结果表明，估计误差仍然能够保证收敛性。

　　提出了自主式自动驾驶汽车位姿估计与组合导航方法，然而这些估计方法也存在一定的局限性：在姿态和速度联合估计方法中使用的单轨二自由度车辆动力学模型的适用范围有限，当车辆进入轮胎在横向非线性区域时，该车辆模型的精度将降低，因此用于提供测量反馈修正的基于车辆动力学方法所提供的车辆横向速度具有较大误差，也可能导致侧倾角误差。在未来的研究中，可考虑使用精度更高的车辆动力学模型。在使用相机过程中，外界环境的变化会对视觉信息造成影响，虽然在光线剧烈变化时，实验结果表明短时间的车道线信息不可用仍能取得较好的定位效果，但长时间视觉无法提供车道线信息作为反馈修正航位推算位置误差时，位置的估计精度需要进一步研究。同时，可考虑开发视觉算法将典型的静态建筑信息也引入车道线地图中，以弥补单纯使用车道线用于定位的局限性。

第 4 章　基于 GNSS/IMU 的组合导航

自动驾驶汽车多源异构传感系统中的全球导航卫星系统(GNSS)是一种被广泛应用的传感器。当 GNSS 信号正常时，GNSS 能够提供准确的位置和速度信息，双天线 GNSS 接收机还可提供航向角信息，但是其测量更新频率一般较低，并且通常伴随延迟，需要与其他传感器组合使用来估计自动驾驶汽车的位姿和导航信息，例如，与基于 IMU 的惯性导航系统(INS)进行松耦合组合、紧耦合组合或者超紧耦合组合，这样既可以移除 INS 中的累积误差又可以获取更高频率且无延迟的位姿和导航信息，充分利用了 GNSS 和 INS 的优点，是一种常用的传感器融合方案。

现有研究中典型的 GNSS 和 IMU 的组合方法可根据算法中状态变量的选取不同而分为直接状态法和间接状态法。例如，密歇根大学的 Yoon 在使用 GNSS 和 IMU 组合估计车辆速度时直接使用车辆航向、纵向速度和侧向速度作为状态变量，针对 GNSS 测量低频和延迟问题，提出了异步更新和时间平移的方法，通过卡尔曼滤波算法在 GNSS 测量时刻对基于 IMU 的积分方法进行修正，在其余时刻则通过 IMU 积分来获取速度和航向。间接状态法如误差状态法是使用 INS 中的误差作为状态变量并根据其状态方程设计估计器，对 INS 中的姿态角误差、速度误差、位置误差、角速度零偏误差和加速度零偏误差进行估计，基于测量的位置和速度误差通过卡尔曼滤波算法对 INS 中的误差进行估计，然后使用这些误差修正 INS。

在第 2 章 GNSS 与 IMU 时空同步的基础上，本章设计 GNSS/IMU 组合算法以估计自动驾驶汽车位姿和导航信息。基于直接状态法，以车辆水平姿态角、纵向速度和侧向速度作为状态变量，考虑 GNSS 测量低频和延迟问题，基于卡尔曼滤波提出了车辆速度估计方法；基于误差状态法，估计 INS 的位置、速度、姿态和角速度零偏误差，进而对 INS 反馈修正，以实现连续、实时、可靠的姿态、速度和位置估计。同样地，由于 GNSS 接收机输出速度和位置信息频率较低，与 INS 输出信息频率差异较大，影响 INS 姿态误差估计精度，本章提出了两种方法加以解决：基于多目标平行自适应卡尔曼滤波的 INS 姿态误差估计方法；基于 Huber-M 估计的鲁棒回归方法提升 GNSS 接收机速度频率，进而通过自适应卡尔曼滤波方法估计 INS 姿态误差。针对正常行驶水平激励不足时航向角误差能观性较差的问题，提出航向角估计方法，并将该估计航向角应用于航迹推算中对车辆位置进行估计。

4.1　基于直接状态法的车辆状态估计

在车辆状态估计中，一般常用待估计状态本身或者使用待估计状态的误差作为状态变量，然后设计估计器对待估计变量进行估计。二者虽本质相同，但在实际模型表达以及估计器设计时采用的估计方法和策略存在不同。本节介绍使用待估计状态本身设计估计器对车辆状态进行估计的方法，即直接状态法。

4.1.1　运动学状态观测器设计

在对车辆纵侧向速度进行估计时，都是在车身坐标系中对惯性传感器 IMU 进行解算，车身坐标系下状态的动态方程即式(3.52)。当 GNSS 存在时，其输出的东向、北向、天向速度可作为测量量以设计观测器对状态估计，由车辆坐标系与东北天坐标系的坐标转换关系可得模型(3.52)的测量方程为

$$
\begin{bmatrix} v_{e,\mathrm{IMU}}^n \\ v_{n,\mathrm{IMU}}^n \end{bmatrix} = \begin{bmatrix} \cos\varphi & -\sin\varphi & 0 & 0 & 0 & 0 \\ \sin\varphi & \cos\varphi & 0 & 0 & 0 & 0 \end{bmatrix} \begin{bmatrix} v_x \\ v_y \\ v_z \\ b_{x1} \\ b_{y1} \\ b_{z1} \end{bmatrix} \tag{4.1}
$$

式中，$v_{e,\mathrm{IMU}}^n$ 和 $v_{n,\mathrm{IMU}}^n$ 为在导航坐标系中 GNSS 测量的东向速度和北向速度在 IMU 中心处的转化数值；φ 为车身在导航坐标系下的航向角。

4.1.2　基于估计-预测的迟滞补偿算法

通常，GNSS 接收机的售价与其信息输出频率呈正相关关系。图 4.1 描述了 NovAtel OEM718D 型 GNSS 接收机信息输出频率与售价的关系。在实际使用过程

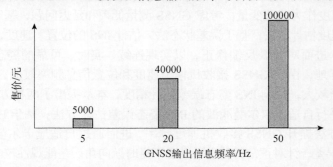

图 4.1　NovAtel OEM718D GNSS 接收机输出信息频率与价格关系

中，受限于成本，GNSS 接收机的信息输出频率通常小于 10Hz，本研究所使用的 NovAtel OEM718D 型 GNSS 接收机的信息输出频率为 5Hz。

当使用低频 GNSS 接收机时，将面临 GNSS 信息频率与 IMU 等传感器输出频率不一致问题，如图 4.2 所示，实线表示的时刻为 GNSS 信息采样时刻，虚线表示的时刻是 INS 的更新时刻。通常，INS 更新频率远大于 10Hz，所以在 t_1 与 t_2 间的控制器的测量值均为 t_1 时刻的 GNSS 信息的采样值，称为多采样频率问题，或称多速率问题。

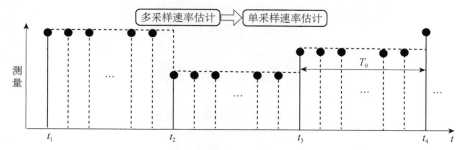

图 4.2　测量时刻与信息更新示意图

若使用零阶保持器将 t_1 与 t_2 间的测量值均维持为 t_1 时刻的测量值，则会带来采样导致的测量误差，且该误差与该信息的动态直接相关。对于观测器，其相当于与状态相关的扰动项，若不加处理而在每个控制周期均使用该测量值用于估计器的测量反馈，可能会导致估计器发散。多速率问题导致的采样误差与测量噪声叠加后的总噪声难以满足高斯白噪声假设。卡尔曼滤波一类最优算法难以直接应用，需要对系统模型或者测量模型进行必要处理。

假定整车控制系统的控制周期为 T，并与 IMU 输出的三轴加速度和角速度数据周期一致，GNSS 的采样迟滞时间为 τ_{GNSS}。系统采样时间轴匹配示意图如图 4.3 所示，假设在 t_0 时刻接收到 GNSS 数据，而该时刻接收到的数据为车辆 $t_0 - \tau_{\text{GNSS}}$ 时刻的对应状态。如果不考虑 GNSS 采样信号的迟滞，在车辆高动态行驶时将导致测量信号产生较大的误差，甚至会促使状态观测值出现发散现象。为解决 GNSS 测量信号迟滞问题，当有测量信号更新时，应该使用估计器得到 GNSS 采样时刻的车辆状态，然后基于 IMU 从 GNSS 采样时刻到当前时刻的信息，预测得到当前的车辆状态。因此，采用估计预测一体化观测器对 GNSS 采样迟滞进行补偿。具体延迟与预测方法与 3.1.2 节相同。

通过上述分析，整个估计预测框架可以描述为图 4.4，首先将 IMU 输出的信号进行延迟，设置其延迟的时间为 τ_{GNSS}，以保证 GNSS 和 IMU 的采样信号时间对齐。通过 GNSS 与 IMU 融合估计车辆在 $t_0 - \tau_{\text{GNSS}}$ 时刻的状态，然后通过预测模型，基于 IMU 输出的当前时刻信息和估计得到的 $t_0 - \tau_{\text{GNSS}}$ 时刻车辆状态推算当前时刻的车辆状态。其结构框图如图 4.4 所示。

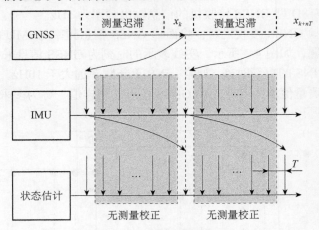

图 4.3　GNSS 迟滞测量校正示意图

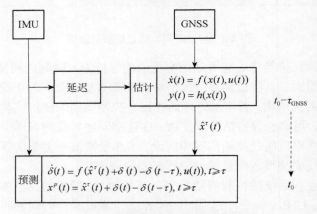

图 4.4　估计预测一体化测量迟滞补偿框架

4.1.3　基于反向平滑与灰色预测融合误差补偿算法

假设 GNSS 的采样周期是 IMU 的 n 倍，则在两个 GNSS 采样周期内，观测器没有测量校正信号，会导致误差累积。当没有测量反馈信号时，卡尔曼滤波中的测量校正方程变为

$$x_{k+1|k+1} = x_{k+1|k}$$
$$P_{k+1|k+1} = P_{k+1|k}$$

(4.2)

为抑制相邻 GNSS 采样周期内误差累积的弊端，提出基于反向平滑与灰色预测融合的误差补偿算法。

假设在 $t_0 + \tau_{\text{GNSS}}$ 时刻恰好接收到 GNSS 信号，在 3.1.2 节提出的估计预测算法的框架下，设计观测器对当前时刻状态进行估计。由于 $t_0 - nT$ 到 t_0 时刻没有测量信号，为了对 t_0 到 $t_0 - nT$ 时刻直接积分的误差进行补偿，需要对 $t_0 - nT$ 到 t_0 时刻的误差进行解算。在 t_0 时刻，当 GNSS 对估计结果进行校正后，利用反向平滑对过去的结果进行估计，由于反向平滑过程依然没有进行校正，假设距离 t_0 时刻越近反向平滑的结果越可靠。

其校正方程为

$$
\begin{aligned}
L(k) &= P(k|k)\Phi_k^{\mathrm{T}} P^{-1}(k+1|k) \\
\hat{x}(k|k_{t_0}) &= \hat{x}(k|k) + L(k)\left[\hat{x}(k+1|k_{t_0}) - \hat{x}(k+1|k)\right]
\end{aligned}
\tag{4.3}
$$

式中，$k = k_{t_0} - 1, k_{t_0} - 2, k_{t_0} - 3, k_{t_0} - 4$。

因此状态估计误差可以表示为

$$
\Delta x_{k,\text{previous}} = \hat{x}(k|k_{t_0}) - \hat{x}(k)
\tag{4.4}
$$

对于 $k = k_{t_0} - 5, k_{t_0} - 6, \cdots, k_{t_0} - 9$ 时刻，由于反向平滑没有测量信号依然会造成误差累积，无法直接保证过去时刻的误差估计精度。为此，提出采用灰色预测模型补偿剩余时刻的方法。整个补偿步骤如图 4.5 所示。

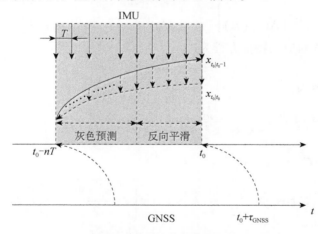

图 4.5　反向平滑与灰色预测融合的误差补偿框架

假设原始误差序列为

$$
\Delta x^{(0)} = \left(\Delta x^{(0)}(1), \Delta x^{(0)}(2), \cdots, \Delta x^{(0)}(m_1 - 1), \Delta x^{(0)}(m_1)\right)
\tag{4.5}
$$

由此可以得到一阶累加数列

$$
\Delta x^{(1)} = \left(\Delta x^{(1)}(1), \Delta x^{(1)}(2), \cdots, \Delta x^{(1)}(m_1 - 1), \Delta x^{(1)}(m_1)\right)
\tag{4.6}
$$

式中，$\Delta x^{(1)}(k)$ 可以通过式(4.7)计算得到

$$\Delta x^{(1)}(k) = \sum_{i=1}^{m_1} (\Delta x^{(0)}(i)), \quad k = 1, 2, \cdots, m_1 - 1, m_1 \tag{4.7}$$

同理，可以得到紧邻均值序列：

$$\Delta z^{(1)} = \left(\Delta z^{(1)}(1), \Delta z^{(1)}(2), \cdots, \Delta z^{(1)}(m_1 - 1), \Delta z^{(1)}(m_1) \right) \tag{4.8}$$

式中，$\Delta z^{(1)}(k)$ 可以通过式(4.9)计算得到

$$\Delta z^{(1)}(k) = \frac{1}{2} \left[\Delta x^{(1)}(k) + \Delta x^{(1)}(k-1) \right], \quad k = 2, 3, \cdots, m_1 - 1, m_1 \tag{4.9}$$

由此可以得到 GM(2,1) 的白化方程：

$$\frac{d^2 \Delta x^{(1)}}{dt^2} + a_1 \frac{d \Delta x^{(1)}}{dt} + a_2 \Delta x^{(1)} = b \tag{4.10}$$

令 $\hat{a} = \begin{bmatrix} a_1 & a_2 & b \end{bmatrix}^{\mathrm{T}}$，则最小二乘估计参数序列满足：

$$\hat{a} = (B^{\mathrm{T}} B)^{-1} B^{\mathrm{T}} Y \tag{4.11}$$

式中，Y 和 B 的取值为

$$Y = \begin{bmatrix} \Delta x^{(-1)}(2) \\ \Delta x^{(-1)}(3) \\ \vdots \\ \Delta x^{(-1)}(m_1) \end{bmatrix}, \quad B = \begin{bmatrix} -\Delta x^{(0)}(2) & -\Delta z^{(1)}(2) & 1 \\ -\Delta x^{(1)}(3) & -\Delta z^{(1)}(3) & 1 \\ \vdots & \vdots & \vdots \\ -\Delta x^{(0)}(m_1) & -\Delta z^{(1)}(m_1) & 1 \end{bmatrix} \tag{4.12}$$

其白化方程对应的特征方程为

$$\lambda^2 + a_1 \lambda + a_2 = 0 \tag{4.13}$$

因此方程的通解为

$$\hat{z}^{(1)}(k) = \begin{cases} C_1 \mathrm{e}^{\frac{-a_1 + \sqrt{a_1^2 - 4a_2}}{2} k} + C_2 \mathrm{e}^{\frac{-a_1 - \sqrt{a_1^2 - 4a_2}}{2} k} + C_3, & a_1^2 - 4a_2 > 0 \\ \mathrm{e}^{\frac{-a_1 k}{2}} (C_1 + C_2 k) + C_3, & a_1^2 - 4a_2 = 0 \\ \mathrm{e}^{\frac{-a_1 k}{2}} \left[C_1 \cos\left(\frac{\sqrt{-a_1^2 + 4a_2}}{2} k \right) + C_2 \sin\left(\frac{\sqrt{-a_1^2 + 4a_2}}{2} k \right) \right] + C_3, & a_1^2 - 4a_2 < 0 \end{cases}$$

$$\tag{4.14}$$

式中，C_1 和 C_2 是常数；当 0 不是特征方程的根时，C_3 也是常数，为 b_1/a_2。

在得到 $t_0 - nT$ 到 t_0 时刻的误差特性后，通过过去时刻的误差信息预测 t_0 至 $t_0 + nT$ 时刻的误差。这里假设相邻两个 GNSS 采样阶段的误差变化趋势相似。根据 $t_0 - nT$ 时刻和 t_0 时刻的协方差矩阵，构造的相应的误差权重如图 4.6 所示。其对应的函数表达式为

$$y = \begin{cases} 0.5, & x < 0.5 \\ 0.5 \sin(\pi x - \pi) + 1, & 0.5 \leqslant x \leqslant 1.5 \\ 1.5, & x > 1.5 \end{cases} \tag{4.15}$$

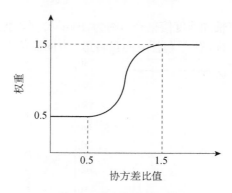

图 4.6　权重设计示意图

4.1.4　实验结果

在大侧向加速度工况下，视觉传感器采集的车道线信息容易丢失。此外，由于轮胎模型进入强非线性区域，其精度严重不足，此时基于视觉辅助的动力学质心侧偏角观测器应用受到了制约。为此，在大侧向加速度工况，设计了基于 GNSS 辅助的运动学车辆状态观测器来估计车辆的状态。

1. 蛇行实验

基于 GNSS 与 IMU 及车辆轮速和方向盘转角等多源信息融合，估计得到车辆的相关状态信息如图 4.7~图 4.10 所示。图 4.7 为大侧向加速度蛇行的车辆行驶轨迹，其中车辆是从右下方向左上方行驶。图 4.8 为大侧向加速度蛇行的 GNSS 原始数据，其中 GNSS 的航向角有时会出现跳变点，可以根据图 4.8(b)所示 RMS 进行剔除。航迹角在静止时会出现大跳变，车辆运动后跳变就会消失，这对将 GNSS 合速度分到东北方向并没有影响。图 4.9 为大侧向加速度蛇行 IMU 原

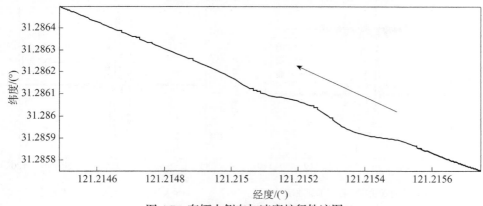

图 4.7　车辆大侧向加速度蛇行轨迹图

始数据。结果显示，三轴加速度信息峰值约为 10m/s²，车辆已经进入大侧向加速度工况。图 4.10 为车辆本征信息，包括方向盘转角、方向盘角速度和 4 个车轮的轮速。

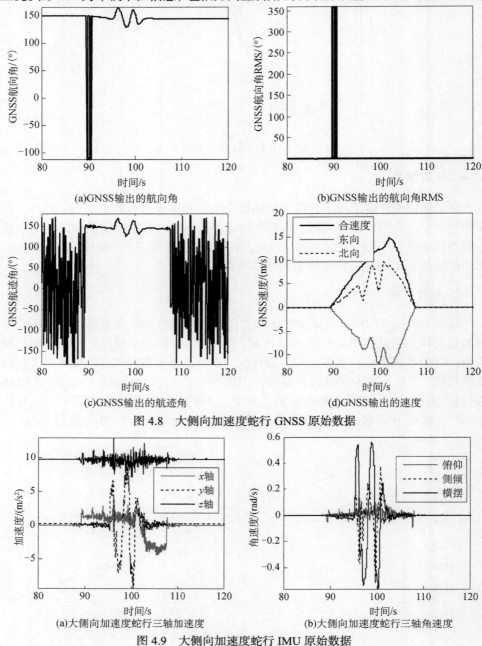

(a)GNSS输出的航向角   (b)GNSS输出的航向角RMS

(c)GNSS输出的航迹角   (d)GNSS输出的速度

图 4.8 大侧向加速度蛇行 GNSS 原始数据

(a)大侧向加速度蛇行三轴加速度   (b)大侧向加速度蛇行三轴角速度

图 4.9 大侧向加速度蛇行 IMU 原始数据

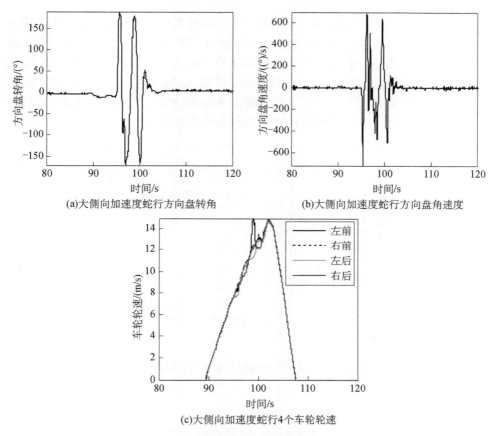

(a)大侧向加速度蛇行方向盘转角 (b)大侧向加速度蛇行方向盘角速度

(c)大侧向加速度蛇行4个车轮轮速

图 4.10 大侧向加速度蛇行车辆本征信息

　　图 4.11 为侧倾角和俯仰角的反馈标志位。图 4.12 显示在大侧向加速度蛇行工况,直接横摆角速度开环积分与基于容积卡尔曼滤波估计得到的航向角与 GNSS 在 RTK 差分状态下的航向角输出相差大于 0.5°,因此不能直接使用,需要用第 3 章的内插值得到相应的航向角信息。俯仰角和侧倾角的估计结果依然能够保证良好的精度,如图 4.13 和图 4.14 所示。图 4.15 和图 4.16 为大侧向加速度蛇行的纵向速度和侧向速度估计结果。结果显示,纵向速度基本重合,侧向速度相差比较大。这是由于纵向速度的量级大于侧向速度,要保证车辆的估计精度,应保证纵向速度的估计结果。在纵向速度基本一致的条件下,车辆侧偏角估计值与侧向速度估计值的精度基本保持一致。结合图 4.17 和图 4.18 可以看出,开环积分误差较大,难以满足精度要求;不考虑多速率和考虑迟滞加多速率的效果明显好于不考虑 GNSS 采样迟滞的估计结果;考虑 GNSS 采样迟滞与考虑采样迟滞加多速率的估计结果大体相当,总体来说其误差值更小,主要是由于在考虑采样迟

滞问题后，在相邻两个 GNSS 采样时刻，开环积分累积误差相对较小，加入多速率后效果并不会太明显。表 4.1 给出了不同估计结果的峰值误差百分比。为了进一步比较两者的效果，将姿态角的估计结果输入加入偏差，以增大相邻 GNSS 采样时刻的开环误差。为此，当车辆转向时，将输入的侧倾角缩小为原来的 50%。如图 4.19 和图 4.20 所示，考虑采样迟滞加多速率的估计算法优于只考虑采样多速率的估计算法。表 4.2 为不同估计算法的峰值误差百分比。

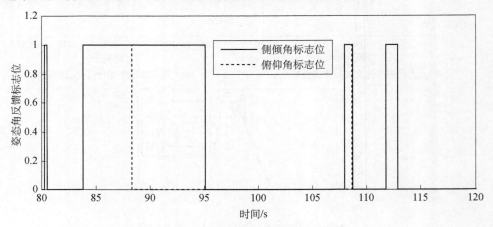

图 4.11　大侧向加速度蛇行姿态角反馈标志位

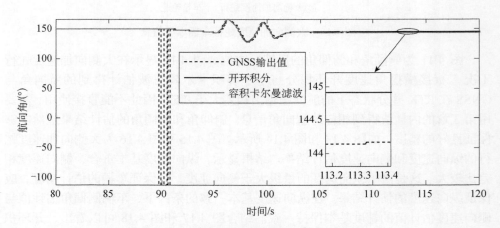

图 4.12　大侧向加速度蛇行航向角估计结果

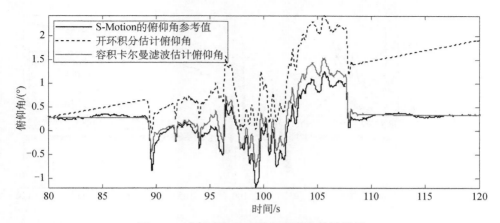

图 4.13　大侧向加速度蛇行俯仰角估计结果

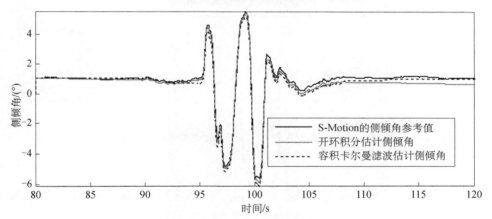

图 4.14　大侧向加速度蛇行侧倾角估计结果

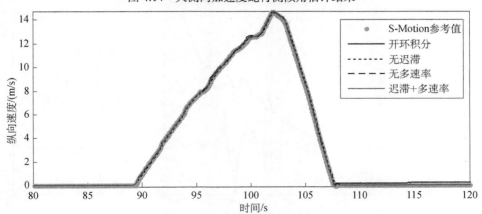

图 4.15　大侧向加速度蛇行纵向速度估计结果

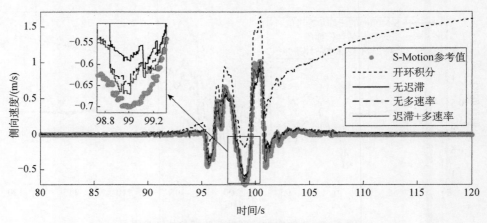

图 4.16　大侧向加速度蛇行侧向速度估计结果

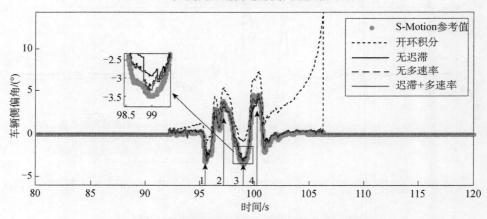

图 4.17　大侧向加速度蛇行车辆侧偏角估计结果

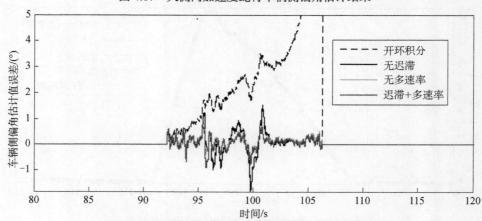

图 4.18　大侧向加速度双移线车辆侧偏角估计值误差

表 4.1 大侧向加速度蛇行工况质心侧偏角峰值误差百分比

方法	1 处(95.5s)	2 处(97.06s)	3 处(98.98s)	4 处(100.4s)	平均
开环积分	52%	39%	87%	59%	59.25%
无迟滞	38%	22%	16%	11%	21.75%
无多速率	22%	7%	8%	2%	9.75%
迟滞+多速率	20%	8%	5%	3%	9%

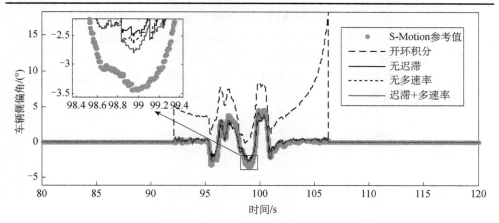

图 4.19 大侧向加速度蛇行车辆侧偏角估计结果(50%的侧倾角估计值输入)

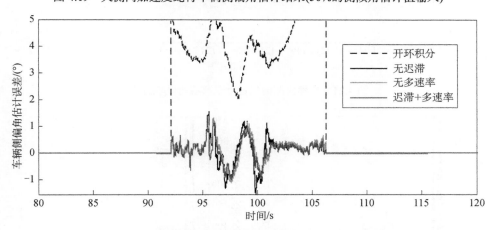

图 4.20 大侧向加速度蛇行车辆侧偏角估计误差结果(50%的侧倾角估计值输入)

表 4.2 大侧向加速度蛇行工况质心侧偏角峰值处误差百分比(50%的侧倾角估计值输入)

方法	1 处(95.5s)	2 处(97.06s)	3 处(98.98s)	4 处(100.4s)	平均
开环积分	137%	105%	109%	341%	173.0%
无迟滞	45%	33%	29%	24%	32.75%

续表

方法	1 处(95.5s)	2 处(97.06s)	3 处(98.98s)	4 处(100.4s)	平均
无多速率	31%	21%	25%	18%	23.75%
迟滞+多速率	27%	20%	20%	17%	21%

2. 双移线实验

图 4.21 为大侧向加速度双移线的车辆行驶轨迹,其中车辆是从左上方向右下方行驶。图 4.22 为 GNSS 测量的车辆行驶速度、航向角及航迹角等相关状态信息。图 4.23 为大侧向加速度双移线实验 IMU 原始数据。结果显示,该工况下车辆峰值侧向加速度接近 10m/s²,表明在该工况下车辆处于大侧向加速度状态。图 4.24 为车辆本征信息。

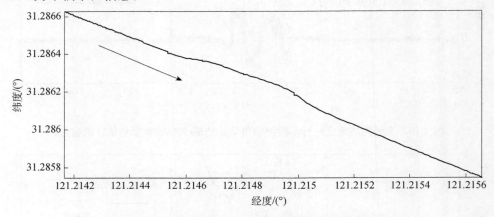

图 4.21　车辆大侧向加速度双移线行驶轨迹图

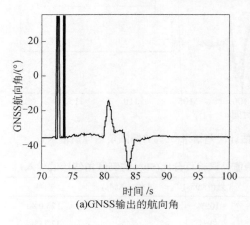

(a)GNSS输出的航向角

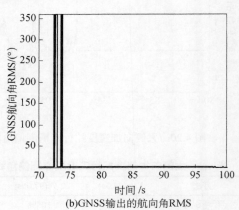

(b)GNSS输出的航向角RMS

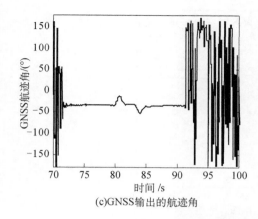

(c)GNSS输出的航迹角

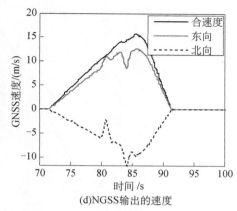

(d)NGSS输出的速度

图 4.22　大侧向加速度双移线 GNSS 原始数据

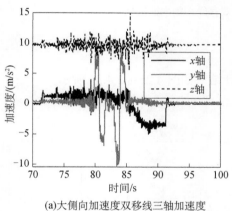

(a)大侧向加速度双移线三轴加速度

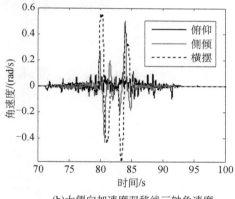

(b)大侧向加速度双移线三轴角速度

图 4.23　大侧向加速度双移线 IMU 原始数据

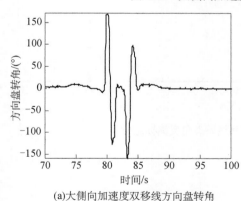

(a)大侧向加速度双移线方向盘转角

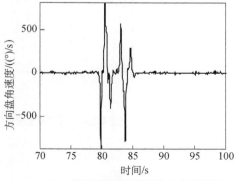

(b)大侧向加速度双移线方向盘角速度

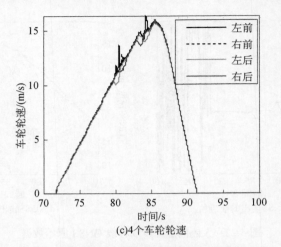

(c)4个车轮轮速

图 4.24 大侧向加速度双移线车辆本征信息

基于 GNSS 与 IMU 融合，得到的估计结果如图 4.25~图 4.32 所示。

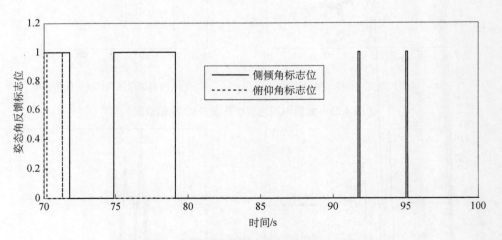

图 4.25 大侧向加速度双移线姿态角反馈标志位

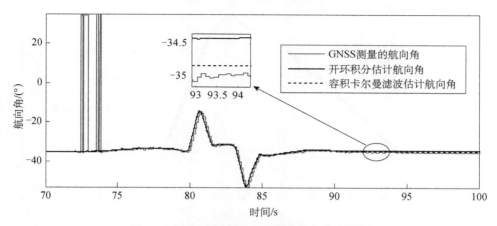

图 4.26　大侧向加速度双移线航向角估计结果

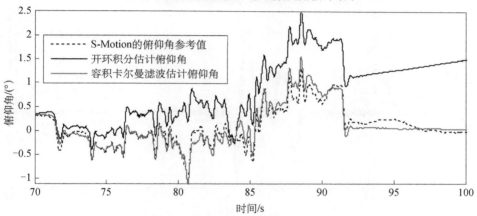

图 4.27　大侧向加速度双移线俯仰角估计结果

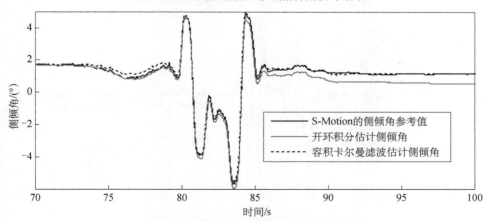

图 4.28　大侧向加速度双移线侧倾角估计结果

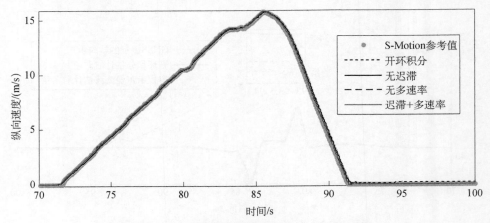

图 4.29　大侧向加速度双移线纵向速度估计结果

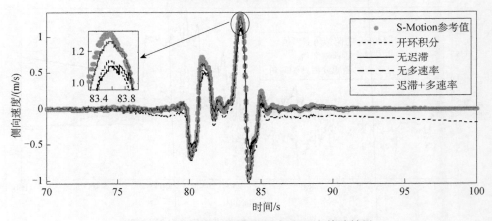

图 4.30　大侧向加速度双移线侧向速度估计结果

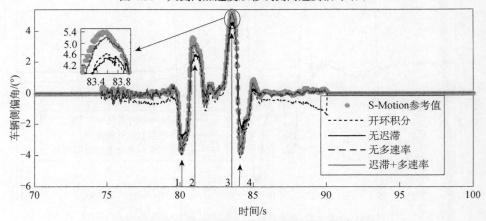

图 4.31　大侧向加速度双移线车辆侧偏角估计结果

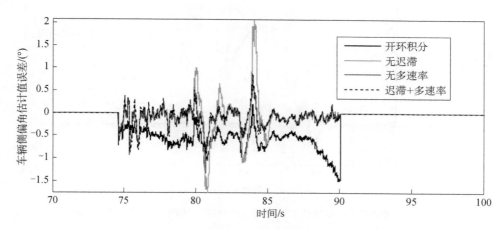

图 4.32 大侧向加速度双移线车辆侧偏角估计误差结果

结合图 4.31 和图 4.32 可以看出，开环积分得到的估计结果误差较大，难以满足精度要求。不考虑多速率和考虑迟滞加多速率的效果明显优于不考虑 GNSS 采样迟滞的估计结果。考虑 GNSS 采样迟滞与考虑采样迟滞加多速率的估计结果大体相当，误差值更小，效果相差不大，主要是由于考虑采样迟滞问题后，在两个 GNSS 采样时刻，开环积分累积误差相对较小。表 4.3 为不同估计结果的峰值误差百分比。为进一步验证考虑采样频率与迟滞的算法优于不考虑多速率算法的估计结果，当车辆非直线行驶时，将侧倾角估计值乘以 50%作为质心侧偏角的输入值，比较车辆侧偏角的估计误差值，结果如图 4.33 和图 4.34 所示。相应的峰值误差百分比如表 4.4 所示。

表 4.3　大侧向加速度双移线工况质心侧偏角峰值误差百分比

方法	1 处(80.07s)	2 处(80.96s)	3 处(83.49s)	4 处(84.12s)	平均
开环积分	25%	25%	19%	1%	17.5%
无迟滞	9%	2%	16%	5%	8%
无多速率	7%	5%	6%	1%	4.75%
迟滞+多速率	2%	5%	5%	1%	3.25%

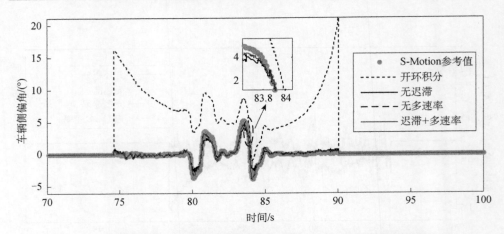

图 4.33　大侧向加速度双移线车辆侧偏角估计结果(50%的侧倾角估计值输入)

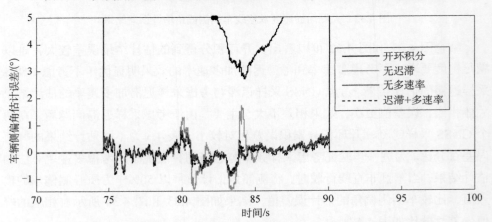

图 4.34　大侧向加速度双移线车辆侧偏角估计误差结果(50%的侧倾角估计值输入)

表 4.4　大侧向加速度双移线工况质心侧偏角峰值误差百分比(50%的侧倾角估计值输入)

方法	1 处(80.07s)	2 处(80.96s)	3 处(83.49s)	4 处(84.12s)	平均
开环积分	200%	193%	62%	75%	132.5%
无迟滞	33%	22%	26%	41%	30.5%
无多速率	13%	3%	15%	3%	8.5%
迟滞＋多速率	10%	7%	13%	2%	8%

4.2　基于误差状态法的车辆状态估计

本节介绍在误差状态法框架下 GNSS 信息与 IMU 信息的融合方法，并对车辆状态进行估计。

4.2.1 GNSS/INS 组合系统架构及模型

1. GNSS/INS 组合系统架构

图 4.35 给出了 GNSS/INS 组合算法架构。IMU 模块和 GNSS 模块刚性连接装载于车身，INS 根据 IMU 的加速度和角速度信息通过惯导算法解算车辆的位置、速度和姿态，INS 和 GNSS 同时输出车辆的位置和速度信息，INS 模块额外输出车身姿态信息。本研究使用 MEMS 类型 IMU，角速度零偏和加速度零偏存在一定的不稳定性，导致 INS 的位置、速度和姿态存在累积误差，需结合 GNSS 模块输出的位置和速度信息通过 INS 误差估计模块估计 INS 中存在的误差，然后反馈至 INS 对其中状态进行校正。

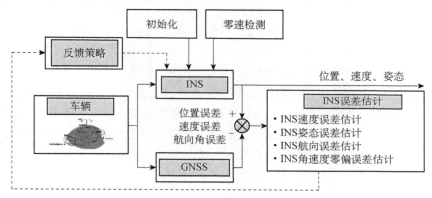

图 4.35　GNSS 与 INS 组合算法架构

GNSS 信号易受遮挡和多径效应影响，位置和速度测量的随机误差难以满足零均值高斯白噪声假设，且存在异常值，噪声统计特性存在时变。在 INS 误差估计中使用自适应卡尔曼滤波算法以应对测量中的异常。INS 误差估计包含四部分：INS 速度误差估计、INS 姿态误差估计、INS 航向角误差估计和 INS 角速度零偏误差估计。INS 位置误差估计与速度误差估计类似，此处不作重点说明。同时，设计反馈策略环节用以处理 GNSS 接收机输出速度和位置的异常情况。

此外，算法架构中还包含了初始化模块和零速检测模块。初始化模块的作用是对 INS 中的位置、速度、姿态和角速度零偏在车辆零速时刻进行初始化，初始化方法见 2.2.2 节。零速检测模块是根据 IMU 测量的角速度和加速度信息判断车辆是否静止，当加速度与角速度小于一定阈值时，即认为车辆处于静止状态。

图 4.35 中 INS 模块使用已有算法搭建[3]，姿态解算使用带圆锥误差补偿的双子样姿态解算算法，速度解算采用考虑划桨误差补偿的双子样速度解算算法，位置根据速度积分得到，本书不再详细介绍。INS 误差估计算法是本书的研究重点，下面将分别介绍 INS 误差估计模块的状态方程和测量方程。

2. GNSS/INS 组合系统建模

1)INS 误差状态方程

以下介绍 INS 误差状态方程，推导过程可参考文献[3]。

姿态误差动态见式(4.16)：

$$
\begin{bmatrix} \dot{\Psi}_E \\ \dot{\Psi}_N \\ \dot{\Psi}_U \end{bmatrix} = - \begin{bmatrix} \Psi_E \\ \Psi_N \\ \Psi_U \end{bmatrix} \times \begin{bmatrix} -\dfrac{v_N}{R_M + h} \\[3mm] \omega_{ie}^i \cos L + \dfrac{v_E}{R_N + h} \\[3mm] \omega_{ie}^i \sin L + \dfrac{v_E}{R_N + h} \tan L \end{bmatrix} + \begin{bmatrix} -\dfrac{\delta v_N}{R_M + h} \\[3mm] \dfrac{\delta v_E}{R_N + h} \\[3mm] \dfrac{\delta v_E}{R_N + h} \tan L + \dfrac{v_E}{R_N + h} \sec^2 L \delta L \end{bmatrix} +
$$

$$
\begin{bmatrix} 0 \\ -\omega_{ie}^i \sin L \delta L \\ \omega_{ie}^i \cos L \delta L \end{bmatrix} - C_b^n \left(\begin{bmatrix} \delta K_{G\phi} & -\delta G_\varphi & \delta G_\theta \\ \delta G_\varphi & \delta K_{G\theta} & -\delta G_\phi \\ -\delta G_\theta & \delta G_\phi & \delta K_{G\varphi} \end{bmatrix} \begin{bmatrix} \omega_\phi^b \\ \omega_\theta^b \\ \omega_\varphi^b \end{bmatrix} + \begin{bmatrix} \varepsilon_\phi^b \\ \varepsilon_\theta^b \\ \varepsilon_\varphi^b \end{bmatrix} \right) \tag{4.16}
$$

式中，Ψ_E、Ψ_N 和 Ψ_U 分别为 INS 东向、北向和天向姿态误差角；δv_E 和 δv_N 分别为 INS 中东向和北向速度误差；δL 为 INS 中纬度误差；δK_G 为角速度刻度系数误差；δG 为角速度轴间耦合误差；下标 ϕ、θ 和 φ 分别为侧倾轴、俯仰轴和横摆轴；下标 ie 为地球坐标系相对于惯性坐标系。

速度误差动态方程见式(4.17)：

$$
\begin{bmatrix} \delta \dot{v}_E \\ \delta \dot{v}_N \\ \delta \dot{v}_U \end{bmatrix} = - \begin{bmatrix} \Psi_E \\ \Psi_N \\ \Psi_U \end{bmatrix} \times \begin{bmatrix} a_E \\ a_N \\ a_U \end{bmatrix} + \begin{bmatrix} \delta v_E \\ \delta v_N \\ \delta v_U \end{bmatrix} \times \left(2 \begin{bmatrix} 0 \\ \omega_{ie}^i \cos L \\ \omega_{ie}^i \sin L \end{bmatrix} + \begin{bmatrix} -\dfrac{v_N}{R_M + h} \\[3mm] \dfrac{v_E}{R_N + h} \\[3mm] \dfrac{v_E}{R_N + h} \tan L \end{bmatrix} \right) +
$$

$$
\begin{bmatrix} v_E \\ v_N \\ v_U \end{bmatrix} \times \left(2 \begin{bmatrix} 0 \\ -\omega_{ie}^i \sin L \delta L \\ \omega_{ie}^i \cos L \delta L \end{bmatrix} + \begin{bmatrix} -\dfrac{\delta v_N}{R_M + h} \\[3mm] \dfrac{\delta v_E}{R_N + h} \\[3mm] \dfrac{\delta v_E}{R_N + h} \tan L + \dfrac{v_E}{R_N + h} \sec^2 L \delta L \end{bmatrix} \right) +
$$

$$
C_b^n \begin{bmatrix} \delta K_{Ax} & -\delta A_z & \delta A_y \\ \delta A_z & \delta K_{Ay} & -\delta A_x \\ -\delta A_y & \delta A_x & \delta K_{Az} \end{bmatrix} \begin{bmatrix} a_x^b \\ a_y^b \\ a_z^b \end{bmatrix} + C_b^n \begin{bmatrix} \upsilon_x^b \\ \upsilon_y^b \\ \upsilon_z^b \end{bmatrix} \tag{4.17}
$$

式中，a_E、a_N 和 a_U 分别为东向、北向和天向加速度；v_U 和 δv_U 分别为天向速度及其误差；ω_{ie}^i 为惯性系下的地球转速；δK_A 为加速度传感器刻度系数误差；δA 为加速度传感器轴间耦合误差；υ 为加速度零偏误差；下标 x、y 和 z 分别为 IMU 的 x、y 和 z 轴。

位置误差动态见式(4.18)：

$$\begin{bmatrix} \delta \dot{L} \\ \delta \dot{\lambda} \\ \delta \dot{h} \end{bmatrix} = \begin{bmatrix} \dfrac{\delta v_N}{R_M + h} - \left(\delta h \dfrac{v_N}{(R_M + h)^2} \right) \\ \dfrac{\delta v_E}{(R_N + h)\cos L} + \delta L \dfrac{v_E}{R_N + h}\tan L \sec L - \left(\delta h \dfrac{v_E \sec L}{(R_N + h)^2} \right) \\ \delta v_U \end{bmatrix} \tag{4.18}$$

角速度零偏误差动态见式(4.19)：

$$\begin{bmatrix} \dot{\varepsilon}_\phi^b \\ \dot{\varepsilon}_\theta^b \\ \dot{\varepsilon}_\varphi^b \end{bmatrix} = \begin{bmatrix} 0 \\ 0 \\ 0 \end{bmatrix} \tag{4.19}$$

本书使用 MEMS 类型 IMU，噪声和零偏等误差较大。为简化运算，在姿态和速度误差动态方程中忽略与地球半径相关的项。然后，对 INS 误差状态方程简化，得到新的姿态误差和速度误差动态，见式(4.20)和式(4.21)：

$$\begin{bmatrix} \dot{\Psi}_E \\ \dot{\Psi}_N \\ \dot{\Psi}_U \end{bmatrix} = -C_b^n \begin{bmatrix} \varepsilon_\phi^b \\ \varepsilon_\theta^b \\ \varepsilon_\varphi^b \end{bmatrix} \tag{4.20}$$

$$\begin{bmatrix} \delta \dot{v}_E \\ \delta \dot{v}_N \\ \delta \dot{v}_U \end{bmatrix} = -\begin{bmatrix} \Psi_E \\ \Psi_N \\ \Psi_U \end{bmatrix} \times \begin{bmatrix} a_E \\ a_N \\ a_U \end{bmatrix} + C_b^n \begin{bmatrix} \upsilon_x^b \\ \upsilon_y^b \\ \upsilon_z^b \end{bmatrix} \tag{4.21}$$

加速度零偏项 $\begin{bmatrix} \upsilon_x^b & \upsilon_y^b & \upsilon_z^b \end{bmatrix}^T$ 在正常行驶时与姿态误差耦合在一起，难以观测[132]，且处理不当会导致其与姿态误差一同估计出错误结果，这里忽略加速度零偏项在速度误差上的贡献，即速度误差的动态只和姿态误差相关。另外，对于天向速度，无 GNSS 天向速度测量值反馈。为避免其发散，在天向速度误差动态方程中引入阻尼项，该阻尼项系数 $\tau_{\delta v_U}$ 取值较小，在低动态时，该阻尼项可抑制垂向速度估计误差发散，在高动态时，该阻尼项对于垂向速度动态影响较小。速度误差动态方程进一步改写为

$$\begin{bmatrix} \delta\dot{v}_E \\ \delta\dot{v}_N \\ \delta\dot{v}_U \end{bmatrix} = -\begin{bmatrix} 0 & -\Psi_U & \Psi_N \\ \Psi_U & 0 & -\Psi_E \\ -\Psi_N & \Psi_E & 0 \end{bmatrix}\begin{bmatrix} a_E \\ a_N \\ a_U \end{bmatrix} + \begin{bmatrix} 0 \\ 0 \\ -\tau_{\delta v_U}\cdot\delta v_U \end{bmatrix} \tag{4.22}$$

由于车辆在天向的位置运动幅度不大且要求精度不高，可直接使用 GNSS 接收机解算出高度信息。位置误差动态只考虑水平方向，其动态见式(4.23)：

$$\begin{bmatrix} \delta\dot{L} \\ \delta\dot{\lambda} \end{bmatrix} = \begin{bmatrix} \dfrac{1}{R_M+h}\delta v_N \\ \dfrac{1}{(R_N+h)\cos L}\delta v_E \end{bmatrix} \tag{4.23}$$

最终选取导航坐标系下 3 维 INS 速度误差、3 维 INS 姿态误差、3 维 INS 角速度零偏和 2 维 INS 位置误差共 11 个状态作为 INS 误差状态，即 $X_I = \begin{bmatrix} \delta v_E & \delta v_N & \delta v_U & \Psi_E & \Psi_N & \Psi_U & \varepsilon_\phi^b & \varepsilon_\theta^b & \varepsilon_\varphi^b & \delta L & \delta\lambda \end{bmatrix}^T$，可得惯导误差状态方程为式(4.24)，其中下标 I 表示 INS。

$$\dot{X}_I(t) = A_I(t)X_I(t) + W_I(t) \tag{4.24}$$

$A_I(t)$ 为惯导误差的系统矩阵，非零元素为 $A_{I(1,4)}=-a_U$，$A_{I(1,5)}=a_N$，$A_{I(2,4)}=a_U$，$A_{I(2,6)}=-a_E$，$A_{I(3,3)}=-\tau_{\delta v_U}$，$A_{I(3,4)}=-a_N$，$A_{I(3,5)}=a_E$，$A_{I(4,7)}=-C_{b(1,1)}^n$，$A_{I(4,8)}=-C_{b(1,2)}^n$，$A_{I(4,9)}=-C_{b(1,3)}^n$，$A_{I(5,7)}=-C_{b(2,1)}^n$，$A_{I(5,8)}=-C_{b(2,2)}^n$，$A_{I(5,9)}=-C_{b(2,3)}^n$，$A_{I(6,7)}=-C_{b(3,1)}^n$，$A_{I(6,8)}=-C_{b(3,2)}^n$，$A_{I(6,9)}=-C_{b(3,3)}^n$，$A_{I(10,2)}=\dfrac{1}{R_M+h}$，$A_{I(11,1)}=\dfrac{1}{(R_N+h)\cdot\cos L}$。$W_I(t)$ 为惯导的系统噪声项，$W_I(t)=\begin{bmatrix} w_{\delta v_E} & w_{\delta v_N} & w_{\delta v_U} & w_{\Psi_E} & w_{\Psi_N} & w_{\Psi_U} & w_{\varepsilon_\phi^n} & w_{\varepsilon_\theta^n} & w_{\varepsilon_\varphi^n} & w_L & w_\lambda \end{bmatrix}^T$。

2)测量方程

GNSS 输出一般有经/纬度、东/北向速度和轨迹角信息，当使用双天线 GNSS 时，还可输出双天线航向角信息。下面分别描述测量模型。

(1)位置误差测量方程。

INS 估计所得位置方程为式(4.25)，其中 L 和 λ 分别为纬度和经度真值：

$$\begin{bmatrix} L_I \\ \lambda_I \end{bmatrix} = \begin{bmatrix} L+\delta L \\ \lambda+\delta\lambda \end{bmatrix} = \begin{bmatrix} L \\ \lambda \end{bmatrix} + \begin{bmatrix} \delta L \\ \delta\lambda \end{bmatrix} \tag{4.25}$$

GNSS 位置测量方程为式(4.26)，N_L 和 N_λ 分别为纬度和经度测量噪声：

$$\begin{bmatrix} L_G \\ \lambda_G \end{bmatrix} = \begin{bmatrix} L - \dfrac{N_\lambda}{R_M + h} \\ \lambda - \dfrac{N_L}{(R_N + h)\cos L} \end{bmatrix} = \begin{bmatrix} L \\ \lambda \end{bmatrix} + \begin{bmatrix} -\dfrac{N_\lambda}{R_M + h} \\ -\dfrac{N_L}{(R_N + h)\cos L} \end{bmatrix} \tag{4.26}$$

取 INS 位置和 GNSS 位置测量之差作为观测量，位置误差观测方程为

$$Z_p(t) = \begin{bmatrix} (L_I - L_G)(R_M + h) \\ (\lambda_I - \lambda_G)(R_N + h)\cos L \end{bmatrix} = \begin{bmatrix} (R_M + h)\delta L \\ (R_N + h)\cos L \delta \lambda \end{bmatrix} + \begin{bmatrix} N_\lambda \\ N_L \end{bmatrix} \tag{4.27}$$

结合状态方程可知位置误差测量方程为

$$Z_p(t) = H_p \cdot X_I + N_p \tag{4.28}$$

式中，H_p 为位置误差的测量矩阵，其中非零元素为 $H_p(1,10) = R_M + h$，$H_p(2,11) = (R_N + h)\cos L$；$N_p$ 为速度误差的测量噪声项，$N_p = \begin{bmatrix} N_\lambda & N_L \end{bmatrix}^T$。

(2)速度误差测量方程。

INS 估计所得速度为

$$\begin{bmatrix} v_{IE} \\ v_{IN} \end{bmatrix} = \begin{bmatrix} v_E + \delta v_E \\ v_N + \delta v_N \end{bmatrix} = \begin{bmatrix} v_E \\ v_N \end{bmatrix} + \begin{bmatrix} \delta v_E \\ \delta v_N \end{bmatrix} \tag{4.29}$$

GNSS 速度测量方程为式(4.30)，其中，N_{v_E} 和 N_{v_N} 分别为 GNSS 输出东向和北向速度噪声：

$$\begin{bmatrix} v_{GE} \\ v_{GE} \end{bmatrix} = \begin{bmatrix} v_E - N_{v_E} \\ v_N - N_{v_N} \end{bmatrix} = \begin{bmatrix} v_E \\ v_N \end{bmatrix} + \begin{bmatrix} -N_{v_E} \\ -N_{v_N} \end{bmatrix} \tag{4.30}$$

将东/北向的 INS 速度和 GNSS 速度作差可得速度误差为

$$Z_v(t) = \begin{bmatrix} v_{IE} - v_{GE} \\ v_{IN} - v_{GN} \end{bmatrix} = \begin{bmatrix} \delta v_E + N_{v_E} \\ \delta v_N + N_{v_N} \end{bmatrix} = \begin{bmatrix} \delta v_E \\ \delta v_N \end{bmatrix} + \begin{bmatrix} N_{v_E} \\ N_{v_N} \end{bmatrix} \tag{4.31}$$

结合状态方程可知速度误差测量方程为

$$Z_v(t) = H_v \cdot X_I + N_v \tag{4.32}$$

式中，H_v 为速度误差的测量矩阵，其中非零元素为 $H_v(1,1) = 1$，$H_v(2,2) = 1$；N_v 为速度误差的测量噪声项，$N_v = \begin{bmatrix} N_{v_E} & N_{v_N} \end{bmatrix}^T$。

4.2.2　速度误差估计

1. Sage-Husa 新息自适应卡尔曼滤波算法

基于 INS 误差的状态方程和测量方程，即可使用滤波算法估计 INS 误差。为对 GNSS 测量速度和位置误差噪声统计特性自适应，使用 Sage-Husa 新息自

适应(innovation-based adaptive estimation, IAE)卡尔曼滤波算法从而估计 INS 速度误差[138,139]。

为使用卡尔曼滤波，将状态方程和测量方程改写为差分方程，得到式(4.33)：

$$X_I(k+1) = G_I(k)X_I(k) + W_I(k)$$
$$y(k) = CX_I(k) + N(k) \tag{4.33}$$

式中，$G_I(k)$ 为离散状态转移矩阵，下面将推导其具体形式。

对于一般含噪声输入的线性系统(4.33)，其时域解见式(4.34)：

$$\dot{x}(t) = A(t)x(t) + B(t)u(t) + \Gamma(t)\xi(t) \tag{4.34}$$

$$x(t) = \Phi(t-t_0)x(t_0) + \int_{t_0}^{t} \Phi(t-\tau)(B(\tau)u(\tau) + \Gamma(\tau)\xi(\tau))d\tau \tag{4.35}$$

式中，$x(t)$ 为状态向量；$u(t)$ 为系统输入；$\Gamma(t)$ 为系统噪声输入矩阵；$\xi(t)$ 为系统噪声；$A(t)$ 为系统矩阵；$B(t)$ 为系统输入矩阵；$\Phi(t)$ 为状态转移矩阵：

$$\Phi(t-t_0) = e^{A(t_0)(t-t_0)} \tag{4.36}$$

考虑 $t_0 = kT$ 至 $t = (k+1)T$ 这段时间，且 $B(\tau) = B(kT), u(\tau) = u(kT)$，则得到式(4.37)：

$$x((k+1)T) = e^{A(kT)T}x(kT) + \int_{kT}^{(k+1)T} e^{A(kT)((k+1)T-\tau)}B(kT)u(kT)d\tau + \int_{kT}^{(k+1)T} e^{A(kT)((k+1)T-\tau)}\Gamma(kT)\xi(\tau)d\tau \tag{4.37}$$

令 $t = (k+1)T - \tau$，则有

$$x((k+1)T) = e^{A(kT)T}x(kT) + \int_{0}^{T} e^{A(kT)t}dt \cdot B(kT)u(kT) + \int_{0}^{T} e^{A(kT)t}\Gamma(kT)dt \cdot \xi(kT) \tag{4.38}$$

离散系统方程(4.38)变为

$$x((k+1)T) = G(kT)x(kT) + H(T)u(kT) + \int_{0}^{T} e^{A(kT)t}\Gamma(kT)dt \cdot \xi(kT) \tag{4.39}$$

式中，$G(kT) = e^{A(kT)T}$，$H(kT) = \int_{0}^{T} e^{A(kT)t}dt \cdot B(kT)$。而

$$G(kT) = I + \sum_{i=1}^{\infty} \frac{1}{i!} \cdot (A(kT))^i \cdot T^i$$

$$H(kT) = \sum_{i=1}^{\infty} \frac{1}{i!} \cdot (A(kT))^{i-1} \cdot B(kT) \cdot T^i \tag{4.40}$$

当 T 很小时，可只取 $i=1$，即

$$G(kT) \approx I + A(kT) \cdot T$$

$$H(kT) \approx B(kT) \cdot T \tag{4.41}$$

$G(kT)$ 和 $H(kT)$ 即连续系统转换为离散系统后的系统矩阵和输入矩阵。

进而，可根据系统(4.33)使用卡尔曼滤波算法，滤波算法如图 4.36 所示。其中，G_k 为卡尔曼滤波增益矩阵，A_{k-1} 为 $k-1$ 时刻系统矩阵，$P_{k|k-1}$ 为 $k-1$ 时刻对 k

时刻预测的状态误差协方差矩阵，$P_{k-1|k-1}$ 为 $k-1$ 时刻协方差矩阵，$P_{k|k}$ 为 k 时刻协方差矩阵，$C_{k|k-1}$ 为测量矩阵，$\hat{x}_{k|k}$ 为 k 时刻最优状态，$\hat{x}_{k-1}$ 为 $k-1$ 时刻最优状态，$\hat{x}_{k|k-1}$ 为 $k-1$ 时刻预测 k 时刻的状态，z_k 为 k 时刻测量量，$\mathrm{d}t$ 为时间步长，Γ_{k-1} 为系统噪声的输入矩阵，Q_{k-1} 为系统噪声协方差矩阵，R_k 为测量噪声协方差矩阵。

　　标准的卡尔曼滤波在使用过程中，核心在于设定系统模型噪声协方差矩阵 Q 和测量模型噪声协方差矩阵 R，其通常被设为定值，需对系统模型和测量模型大量分析才可确定。二者决定了滤波过程中系统信息和测量信息对于估计值贡献的权重，选取不当会导致卡尔曼滤波算法估计出非最优状态甚至滤波发散。有必要对 GNSS 接收机测量模型噪声协方差矩阵 R 自适应，提升滤波估计过程的稳定性。由于系统噪声由 INS 决定，INS 中系统噪声较小，且相较于测量噪声，改变也小，所以不再对系统噪声协方差矩阵自适应。

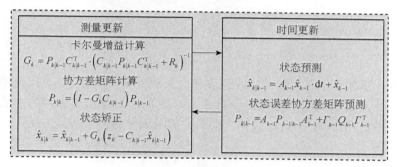

图 4.36　卡尔曼滤波算法

为了对 R 自适应，定义 k 时刻新息序列为
$$d_k \doteq z_k - C_k \hat{x}_{k|k-1} \tag{4.42}$$
则新息序列期望为
$$\begin{aligned} E\left(d_k \cdot d_k^{\mathrm{T}}\right) &= E\left(\left(z_k - C_k \hat{x}_{k|k-1}\right)\left(z_k - C_k \hat{x}_{k|k-1}\right)^{\mathrm{T}}\right) \\ &= E\left(\left(C_k\left(x_{k|k} - \hat{x}_{k|k-1}\right) + \eta\right)\left(C_k\left(x_{k|k} - \hat{x}_{k|k-1}\right) + \eta\right)^{\mathrm{T}}\right) \\ &= E\left(C_k\left(x_{k|k} - \hat{x}_{k|k-1}\right)\left(x_{k|k} - \hat{x}_{k|k-1}\right)^{\mathrm{T}} C_k^{\mathrm{T}}\right) + E\left(\eta\eta^{\mathrm{T}}\right) \\ &= C_k P_{k|k-1} C_k^{\mathrm{T}} + R_k \end{aligned} \tag{4.43}$$
　　在实际应用中，$E\left(d_k \cdot d_k^{\mathrm{T}}\right)$ 可通过时间滑动窗口平均计算，滑动窗口的长度 n 需据实调节，过小的窗口可能导致期望变化较大，过大的窗口导致滤波动态响应

变差。结合式(4.43)可估计测量噪声的协方差矩阵，见式(4.44)：

$$\hat{R}_k = E\left(d_k \cdot d_k^{\mathrm{T}}\right) - C_k P_{k|k-1} C_k^{\mathrm{T}}$$

$$= \frac{1}{n} \sum_{i=1}^{n} d_{k-i} \cdot d_{k-i}^{\mathrm{T}} - C_k P_{k|k-1} C_k^{\mathrm{T}} \tag{4.44}$$

式中，$\dfrac{1}{n}\displaystyle\sum_{i=1}^{n} d_{k-i} \cdot d_{k-i}^{\mathrm{T}}$ 这一项求和计算量较大，可按照式(4.45)构造测量误差协方差

矩阵的递推估计公式，$\hat{R}_0$ 根据 GNSS 速度和位置按照经验值选取。

$$\hat{R}_k = \sum_{i=1}^{k} \left(d_i \cdot d_i^{\mathrm{T}} - C_i P_{i|i-1} C_i^{\mathrm{T}}\right)$$

$$= \frac{1}{k}\left[\left(\sum_{i=1}^{k-1} d_i \cdot d_i^{\mathrm{T}} - C_i P_{i|i-1} C_i^{\mathrm{T}}\right) + \left(d_k \cdot d_k^{\mathrm{T}} - C_k P_{k|k-1} C_k^{\mathrm{T}}\right)\right]$$

$$= \frac{1}{k}\left[(k-1)\hat{R}_{k-1} + \left(d_k \cdot d_k^{\mathrm{T}} - C_k P_{k|k-1} C_k^{\mathrm{T}}\right)\right]$$

$$= \frac{k-1}{k}\hat{R}_{k-1} + \frac{1}{k}\left(d_k \cdot d_k^{\mathrm{T}} - C_k P_{k|k-1} C_k^{\mathrm{T}}\right) \tag{4.45}$$

为进一步使算法对当前 GNSS 速度和位置统计特性具有更好的动态性能，引入渐消因子对过去时刻的测量值部分遗忘，削弱过去测量信息对当前估计的影响，渐消因子 b 为(0，1)内的实数，根据渐消因子得到渐消系数，见式(4.46)：

$$\alpha_k = \frac{\alpha_{k-1}}{\alpha_{k-1} + b} \tag{4.46}$$

由此得到 $\hat{R}_k$ 的递推形式为[139]

$$\hat{R}_k = (1 - \alpha_k)\hat{R}_{k-1} + \alpha_k \left(d_k \cdot d_k^{\mathrm{T}} - C_k P_{k|k-1} C_k^{\mathrm{T}}\right) \tag{4.47}$$

式(4.47)包含 $\left(d_k \cdot d_k^{\mathrm{T}} - C_k P_{k|k-1} C_k^{\mathrm{T}}\right)$ 减法运算，当 $P_{k|k-1}$ 和 d_k 估计值不匹配时，该项的符号易为负，导致 R_k 失去正定性，引起滤波异常，所以需对 $\hat{R}_k$ 的各元素进行约束。对于第 i 个测量量有

$$\chi_k^i = \left(d_k^i\right)^2 - C_k^i P_{k|k-1}^i C_k^{i\mathrm{T}} \tag{4.48}$$

然后，按照式(4.49)描述的规则，便可将 $\hat{R}_k^i$ 约束在一定范围内，提升滤波器的稳定性[139]。

$$\hat{R}_k^i = \begin{cases} (1 - \alpha_k)\hat{R}_{k-1}^i + \alpha_k \hat{R}_{\min}^i, & \chi_k^i < \hat{R}_{\min}^i \\ \hat{R}_{\max}^i, & \chi_k^i > \hat{R}_{\max}^i \\ (1 - \alpha_k)\hat{R}_{k-1}^i + \alpha_k \chi_k^i, & \hat{R}_{\min}^i \leqslant \chi_k^i \leqslant \hat{R}_{\max}^i \end{cases} \tag{4.49}$$

该自适应卡尔曼滤波算法可解决 GNSS 信息测量噪声协方差矩阵自适应问题，

应对 GNSS 速度和位置信息短时间测量噪声方差变化或者短时测量异常，以融合 GNSS 信息和 INS 信息对位置误差、速度误差和姿态误差进行估计。

2. GNSS/INS 测量多速率

对速度误差估计而言，GNSS 接收机存在直接测量，而且其估计的能观性较好，故在 GNSS 接收机位置和速度到来时刻进行测量更新，在其非到来时刻按照 INS 运行频率作时间更新基本可满足要求。

但对姿态误差而言，较低的采样频率导致姿态误差估计结果存在较大的误差，在实际调试过程中发现姿态误差估计精度约为 0.3°。在 GNSS 接收机输出位置和速度信息良好，即存在位置和速度误差测量时，速度估计精度可接受；一旦 GNSS 接收机输出速度和位置信息异常，0.3° 的姿态误差精度难以保证 INS 推算的准确性，10s 即可导致 2.6m 的位置误差和 0.52m/s 的速度误差。有必要解决该传感器采样频率不一致问题，即慢采样频率的 GNSS 与快采样频率的 INS 输出频率不一致时的姿态误差估计方法。

4.2.3　姿态误差估计

本节针对 GNSS 测量输出频率低的问题，提出了两种估计方法以准确估计姿态误差，如图 4.37 所示。方法一直接使用低频 GNSS 位置和速度信息与 INS 位置和速度作差得到测量误差，然后使用多目标平行自适应卡尔曼滤波算法估计姿态误差。方法二基于 Huber-M 稳健回归算法对 GNSS 速度进行回归处理，得到过去一段时间内的速度回归曲线，对过去时刻速度值进行解算以提高 GNSS 速度频率，然后基于更高的 GNSS 速度频率使用新息自适应卡尔曼滤波算法获取准确的姿态误差。

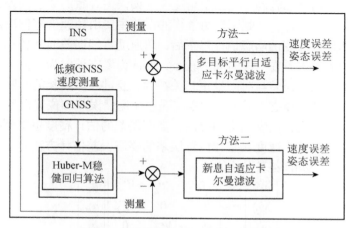

图 4.37　姿态误差估计算法架构

1. 多目标平行自适应卡尔曼滤波算法

图 4.38 为多目标平行自适应卡尔曼滤波算法架构，包括两套并行运算的 INS 模块和误差估计模块。INS1 模块和 INS2 模块共用一套姿态解算模块。姿态解算模块误差修正频率较低。INS1 输出结果最终将对外输出，其速度和位置层的修正频率较高。INS2 需要通过累积的速度和位置误差估计姿态误差，其修正频率和姿态解算修正频率一致。

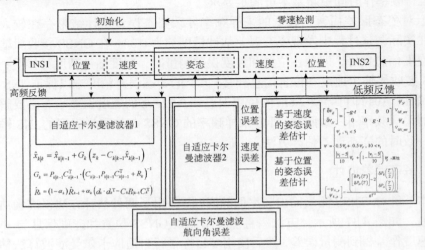

图 4.38　多目标平行自适应卡尔曼滤波算法架构

姿态解算模块的输入通常为陀螺仪测得的角增量，姿态解算的误差来源为角速度零偏和姿态解算算法。对于车载应用，考虑到圆锥误差和划桨误差的二子样姿态解算算法的精度已较高，相比于角速度零偏误差导致的姿态误差，姿态解算算法的误差可忽略不计，因此姿态角解算的误差主要由角速度零偏决定。在经过上电初始化和角速度零偏动态估计修正后，角速度零偏误差通常较小，角速度零偏误差导致的姿态误差在一段时间内较小，可认为姿态误差为定值。姿态误差导致的速度误差和位置误差与时间呈正相关特性，经过一段较长的时间后，可通过速度和位置误差估计姿态误差，此时姿态误差在速度误差和位置误差中相较于测量噪声有较好的体现，信噪比得到提高，姿态误差的估计精度也得到提高。

下面分别介绍基于速度误差和位置误差的姿态误差估计方法。

1)基于速度误差的姿态误差估计

$$\begin{bmatrix} \delta \dot{v}_E \\ \delta \dot{v}_N \\ \delta \dot{v}_U \end{bmatrix} = -\begin{bmatrix} 0 & -\Psi_U & \Psi_N \\ \Psi_U & 0 & -\Psi_E \\ -\Psi_N & \Psi_E & 0 \end{bmatrix}\begin{bmatrix} a_E \\ a_N \\ a_U \end{bmatrix} \tag{4.50}$$

　　由 INS 速度误差动态(4.50)可知，东向和北向速度误差产生的原因为姿态误差角。由于航向角由双天线 GNSS 测量，误差较小，其通过水平加速度作用到东向和北向速度误差，且与垂向加速度相比，水平加速度较小，因此相较于东向和北向姿态误差角导致的速度误差，航向角导致的误差较小，忽略不计，假设东向和北向速度误差由东向和北向姿态误差角导致。一段时间内，姿态误差与速度误差的关系见式(4.51)，其中，v_{0E_err} 和 v_{0N_err} 为一段时间内初始速度误差。

$$\begin{bmatrix} \delta v_E \\ \delta v_N \end{bmatrix} = \begin{bmatrix} v_{0E\_err} \\ v_{0N\_err} \end{bmatrix} + \begin{bmatrix} \int_0^T -\Psi_N(t) \cdot a_U(t)\,\mathrm{d}t \\ \int_0^T \Psi_E(t) \cdot a_U(t)\,\mathrm{d}t \end{bmatrix} \tag{4.51}$$

　　由于 $\Psi_N(t)$ 和 $\Psi_E(t)$ 在 $[0,T]$ 内为定值，天向加速度为重力加速度 g，式(4.51)改写为

$$\begin{bmatrix} \delta v_E \\ \delta v_N \end{bmatrix} = \begin{bmatrix} v_{0E\_err} \\ v_{0N\_err} \end{bmatrix} + \begin{bmatrix} -\Psi_N g \cdot t \\ \Psi_E \cdot g \cdot t \end{bmatrix} \tag{4.52}$$

进一步写成测量方程形式为

$$\begin{bmatrix} \delta v_E \\ \delta v_N \end{bmatrix} = \begin{bmatrix} -g \cdot t & 1 & 0 & 0 \\ 0 & 0 & g \cdot t & 1 \end{bmatrix} \begin{bmatrix} \Psi_N \\ v_{0E\_err} \\ \Psi_E \\ v_{0N\_err} \end{bmatrix} \tag{4.53}$$

　　选取状态为 $\begin{bmatrix} \Psi_N & v_{0E\_err} & \Psi_E & v_{0N\_err} \end{bmatrix}^{\mathrm{T}}$，进一步得到

$$\begin{bmatrix} \Psi_{N\_k} \\ v_{0E\_err\_k} \\ \Psi_{E\_k} \\ v_{0N\_err\_k} \end{bmatrix} = \begin{bmatrix} 1 & 0 & 0 & 0 \\ 0 & 1 & 0 & 0 \\ 0 & 0 & 1 & 0 \\ 0 & 0 & 0 & 1 \end{bmatrix} \begin{bmatrix} \Psi_{N\_k\_1} \\ v_{0E\_err\_k\_1} \\ \Psi_{E\_k\_1} \\ v_{0N\_err\_k\_1} \end{bmatrix} \tag{4.54}$$

　　根据以上状态方程和测量方程即可使用自适应卡尔曼滤波算法估计姿态角误差，根据速度误差估计所得姿态角误差记为 Ψ_{E_v} 和 Ψ_{N_v}。

　　2)基于位置误差的姿态误差估计

　　在 $[0,t]$ 内，位置误差为速度误差积分，即式(4.55)，其中 δP_E 和 δP_N 为 INS 东向和北向位置误差：

$$\begin{bmatrix} \delta P_E(t) \\ \delta P_N(t) \end{bmatrix} = \begin{bmatrix} \int_0^t v_{0E\_err}\,\mathrm{d}t \\ \int_0^t v_{0N\_err}\,\mathrm{d}t \end{bmatrix} + \begin{bmatrix} \int_0^t \int_0^t -\Psi_N(t) \cdot a_U(t)\,\mathrm{d}t\mathrm{d}t \\ \int_0^t \int_0^t \Psi_E(t) \cdot a_U(t)\,\mathrm{d}t\mathrm{d}t \end{bmatrix} \tag{4.55}$$

同样假设 $\phi_N(t)$ 和 $\phi_E(t)$ 在 $[0,T]$ 内为定值，因此式(4.55)改写为

$$\begin{bmatrix} \delta P_E(t) \\ \delta P_N(t) \end{bmatrix} = \begin{bmatrix} v_{0E\_err}t \\ v_{0N\_err}t \end{bmatrix} + \begin{bmatrix} -\dfrac{1}{2}a_N gt^2 \\ \dfrac{1}{2}a_E gt^2 \end{bmatrix} \tag{4.56}$$

当 GNSS 接收机的位置处于 RTK 状态时位置精度较高，所以使用位置误差估计姿态误差时不再滤波。

在 $t = \dfrac{T}{2}$ 时刻，位置误差为

$$\begin{bmatrix} \delta P_E\left(\dfrac{T}{2}\right) \\ \delta P_N\left(\dfrac{T}{2}\right) \end{bmatrix} = \begin{bmatrix} v_{0E\_err} \cdot \dfrac{T}{2} \\ v_{0N\_err} \cdot \dfrac{T}{2} \end{bmatrix} + \begin{bmatrix} -\Psi_N g \cdot \dfrac{T^2}{8} \\ \Psi_E g \cdot \dfrac{T^2}{8} \end{bmatrix} \tag{4.57}$$

在 $t = T$ 时刻，位置误差为

$$\begin{bmatrix} \delta P_E(T) \\ \delta P_N(T) \end{bmatrix} = \begin{bmatrix} v_{0E\_err} \cdot T \\ v_{0N\_err} \cdot T \end{bmatrix} + \begin{bmatrix} -\Psi_N g \cdot \dfrac{T^2}{2} \\ \Psi_E g \cdot \dfrac{T^2}{2} \end{bmatrix} \tag{4.58}$$

可求得姿态角误差为

$$\begin{bmatrix} -\Psi_{N\_P} \\ \Psi_{E\_P} \end{bmatrix} = \dfrac{4\left(\begin{bmatrix} \delta P_E(T) \\ \delta P_N(T) \end{bmatrix} - 2\begin{bmatrix} \delta P_E\left(\dfrac{T}{2}\right) \\ \delta P_N\left(\dfrac{T}{2}\right) \end{bmatrix}\right)}{gT^2} \tag{4.59}$$

3)基于速度和位置误差的姿态误差估计结果融合

由于 GNSS 接收机输出位置在 RTK 状态下通过载波相位差分估计得到，而 GNSS 接收机输出速度测量值一般通过多普勒效应解算得到，二者的精度无必然关联，通过对其加权融合可在一定程度上提高姿态误差估计的鲁棒性。

GNSS 接收机输出速度为低速时其解算精度较低，此时通过速度误差估计姿态误差所占的权重需要被降低。具体融合规则见式(4.60)：

$$\Psi = \begin{cases} 0.5\Psi_v + 0.5\Psi_p, & v_{\text{High\_Threshold}} < v_{\text{I}} \\[2mm] \dfrac{|v_{\text{I}}-5|}{10}\Psi_v + \left(1 - \dfrac{|v_{\text{I}}-5|}{10}\right)\Psi_p, & v_{\text{Low\_Threshold}} \leqslant v_{\text{I}} \leqslant v_{\text{High\_Threshold}} \\[2mm] \Psi_p, & v_{\text{I}} < v_{\text{Low\_Threshold}} \end{cases} \quad (4.60)$$

式中，$v_{\text{Low\_Threshold}}$ 和 $v_{\text{High\_Threshold}}$ 分别为速度的下上阈值。

本节的实验结果在 4.2.5 节中一并给出。

2. 新息自适应卡尔曼滤波算法

从另一个角度，本研究试图提高 GNSS 速度采样频率，再使用自适应卡尔曼滤波算法对 GNSS/INS 组合以估计姿态误差。通过对 GNSS 输出速度回归处理，获取一段时间的速度轨迹方程，即可根据该轨迹方程解算任意时刻 GNSS 速度测量值，提升 GNSS 速度输出频率。

GNSS 信号受遮挡、多路径效应等影响，容易产生图 4.39 中圈 1 中的异常点数据，若直接采用普通极大似然估计算法对 t_1~t_2 时间段内的数据回归处理，回归结果易受异常点的影响，最终回归曲线如图 4.39 虚线所示，该速度曲线对异常点的残差较小，而对其他正常点的数据具有较大的残差。若有效数据处于圈 2 处，则虚线明显具有较大的回归误差。针对该问题，本书提出使用 Huber-M 稳健回归(鲁棒回归)算法对 GNSS 速度进行回归，回归曲线为图 4.39 实线所示，从而提升 GNSS 速度测量频率。下面对基于极大似然估计的 GNSS 速度回归方法和基于 Huber-M 估计的 GNSS 速度回归方法进行介绍。

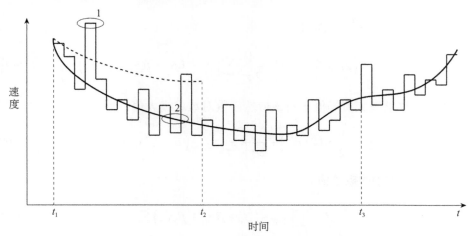

图 4.39　GNSS 接收机速度曲线回归示意图

1)基于极大似然估计的 GNSS 速度回归

由于东/北向速度是东/北向加速度的积分项，东/北向加速度会根据驾驶员加速踏板和方向盘操作而改变。假设在一小段时间内（通常 $t \leqslant 2s$），东/北向速度曲线能够通过关于时间 t 的函数进行描述。函数形式可使用高次多项式或者其他形式的函数形式，以包含 3 个回归参数的二次多项式为例进行回归分析：

$$v_G = \beta_0 + \beta_1 t + \beta_2 t^2 + w \tag{4.61}$$

式中，v_G 为 GNSS 接收机的速度测量值；t 为从拟合初始点开始的时间；β_0、β_1 和 β_2 为待拟合参数；w 表示满足 $N(0, \sigma^2)$ 的随机噪声，即噪声幅值服从正态分布，噪声均值为 0，噪声方差为 σ^2，简写为 $w \sim N(0, \sigma^2)$。

为将多项式方程改写为线性形式，令 $x_1 = t$，$x_2 = t^2$，则原二次多项式改写为

$$v_G = \beta_0 + \beta_1 x_1 + \beta_2 x_2 + w \tag{4.62}$$

假设已经得到 v_G 的一组观测值 $(x_i, v_i)(i = 1, 2, \cdots, n)$，$x_i$ 为非随机变量，v_{Gi} 为随机样本，则 v_{Gi} 服从式(4.63)所示的分布：

$$v_{Gi} \sim N(\beta_0 + \beta_1 x_1 + \beta_2 x_2, \sigma^2) \tag{4.63}$$

进一步有 v_{Gi} 的概率密度函数 $f(v_i)$ 为

$$f(v_i) = \frac{1}{\sqrt{2\pi}\sigma} \exp\left\{-\frac{1}{2\sigma^2}\left[v_{Gi} - (\beta_0 + \beta_1 x_1 + \beta_2 x_2)\right]^2\right\}, \quad i = 1, 2, \cdots, n \tag{4.64}$$

于是 v_{Gi} 的似然函数 $L(\beta_0, \beta_1, \beta_2, \sigma^2)$ 为

$$
\begin{aligned}
L(\beta_0, \beta_1, \beta_2, \sigma^2) &= \prod_{i=1}^{n} f(v_{Gi}) \\
&= (2\pi\sigma^2)^{-\frac{n}{2}} \exp\left\{-\frac{1}{2\sigma^2}\sum_{i=1}^{n}\left[v_{Gi} - (\beta_0 + \beta_1 x_{i1} + \beta_2 x_{i2})\right]^2\right\}
\end{aligned}
\tag{4.65}
$$

对该似然函数求极大值等价于对该似然函数对数求极大值，即

$$\ln(L) = -\frac{n}{2}\ln(2\pi\sigma^2) - \frac{1}{2\sigma^2}\sum_{i=1}^{n}\left[v_{Gi} - (\beta_0 + \beta_1 x_{i1} + \beta_2 x_{i2})\right]^2 \tag{4.66}$$

即求解 J(式(4.67))的极小值。

$$J = \sum_{i=1}^{n}\left[v_{Gi} - (\beta_0 + \beta_1 x_{i1} + \beta_2 x_{i2})\right]^2 \tag{4.67}$$

对于一组 n 个 v_{Gi} 的测量值，有 n 个测量方程

$$\begin{cases} v_{G1} = \beta_0 + \beta_1 x_{11} + \beta_2 x_{12} + w_1 \\ v_{G2} = \beta_0 + \beta_1 x_{21} + \beta_2 x_{22} + w_2 \\ \qquad\qquad\qquad \vdots \\ v_{Gn} = \beta_0 + \beta_1 x_{n1} + \beta_2 x_{n2} + w_n \end{cases} \tag{4.68}$$

改写成矩阵形式有

$$v_G = X\beta_{\text{Recur}} + w \tag{4.69}$$

式中，$v_G = \begin{bmatrix} v_{G1} & v_{G2} & \cdots & v_{Gn} \end{bmatrix}^T$；$X = \begin{bmatrix} 1 & x_{11} & x_{12} \\ 1 & x_{21} & x_{22} \\ \vdots & \vdots & \vdots \\ 1 & x_{n1} & x_{n2} \end{bmatrix}$；$\beta_{\text{Recur}} = \begin{bmatrix} \beta_0 & \beta_1 & \beta_2 \end{bmatrix}^T$；

$w = \begin{bmatrix} w_1 & w_2 & \cdots & w_n \end{bmatrix}^T$。

为求 J 的极小值，将 J 对 $\hat{\beta}_i$ 分别求偏导数，有

$$\begin{cases} \dfrac{\partial J}{\partial \hat{\beta}_0} = -2\sum_{i=1}^{n}\left(v_{Gi} - \hat{\beta}_0 - \hat{\beta}_1 x_{i1} - \hat{\beta}_2 x_{i2}\right) = 0 \\[2mm] \dfrac{\partial J}{\partial \hat{\beta}_1} = -2\sum_{i=1}^{n}\left(v_{Gi} - \hat{\beta}_0 - \hat{\beta}_1 x_{i1} - \hat{\beta}_2 x_{i2}\right)x_{i1} = 0 \\[2mm] \dfrac{\partial J}{\partial \hat{\beta}_2} = -2\sum_{i=1}^{n}\left(v_{Gi} - \hat{\beta}_0 - \hat{\beta}_1 x_{i1} - \hat{\beta}_2 x_{i2}\right)x_{i2} = 0 \end{cases} \tag{4.70}$$

将式(4.70)整理后有

$$X^T(v_G - X\hat{\beta}_{\text{Recur}}) = 0 \tag{4.71}$$

进一步移项整理得

$$X^T X\hat{\beta}_{\text{Recur}} = X^T v_G \tag{4.72}$$

由于 X 为确定性矩阵，与时间 t 相关，并且其取值间隔为 GNSS 速度的采样时间间隔，容易验证 $X^T X^{-1}$ 存在，即得到回归参数的估计值为

$$\hat{\beta}_{\text{Recur}} = \left(X^T X\right)^{-1} X^T v_G \tag{4.73}$$

理论上，基于回归参数，可利用该回归曲线内插值解算 GNSS 天线速度相邻采样点之间的速度值。然而，以上回归曲线是对所有速度测量值进行的等权重回归，当 GNSS 接收机输出速度存在某个或者几个异常值(异方差性)，即当异常值的误差较大时，以上回归曲线残差相较于正态分布具有更重的尾部，回归曲线会被异常值"拉"向一侧，导致回归曲线对大部分正常点都具有较大的残差，最终

内插值计算的速度点存在偏差。在进行回归分析时，需要对异常值进行处理，使用 Huber-M 估计的鲁棒回归来实现最优回归曲线的求解。

2)基于 Huber-M 估计的 GNSS 速度回归

当 GNSS 接收机输出速度存在异常值时，可通过鲁棒回归的方法抑制 GNSS 接收机速度异常值对回归参数的影响。在式(4.67)中，每个观测点在优化目标中以 L_2 范数的形式出现，L_2 范数对异常值异常敏感，而相比于 L_2 范数，L_1 范数对异常值的鲁棒性更强。基于 Huber-M 的鲁棒回归算法的优化函数混合使用 L_1 和 L_2 范数，使得 GNSS 接收机速度异常值在优化目标 J 中通过 L_1 范数得到较轻的权重，而正常速度值通过 L_2 范数得到较重的权重，然后通过迭代重加权最小二乘(iterative recursive least square，IRLS)算法实现对回归参数的估计。

改写式(4.67)中的优化目标函数 J_H 为

$$J_H = \sum_{i=1}^{n} \rho\left(v_{Gi} - \left(\hat{\beta}_0 + \hat{\beta}_1 x_{i1} + \hat{\beta}_2 x_{i2} \right) \right) \tag{4.74}$$

式中，

$$\rho(\varsigma) = \begin{cases} \dfrac{1}{2}\varsigma^2, & |\varsigma| \leqslant \kappa \\ |\varsigma|\kappa - \dfrac{1}{2}\kappa^2, & |\varsigma| > \kappa \end{cases} \tag{4.75}$$

κ 为需整定参数，$\varsigma = v_{Gi} - \left(\hat{\beta}_0 + \hat{\beta}_1 x_{i1} + \hat{\beta}_2 x_{i2} \right)$ 为残差。

为了求解回归参数，将 J_H 对待求解回归参数分别求偏导数有

$$\begin{cases} \dfrac{\partial J_H}{\partial \beta_0} = \sum_{i=1}^{n} \rho'\left(v_{Gi} - \hat{\beta}_0 - \hat{\beta}_1 x_{i1} - \hat{\beta}_2 x_{i2} \right) = 0 \\ \dfrac{\partial J_H}{\partial \beta_1} = \sum_{i=1}^{n} \rho'\left(v_{Gi} - \hat{\beta}_0 - \hat{\beta}_1 x_{i1} - \hat{\beta}_2 x_{i2} \right) x_{i1} = 0 \\ \dfrac{\partial J_H}{\partial \beta_2} = \sum_{i=1}^{n} \rho'\left(v_{Gi} - \hat{\beta}_0 - \hat{\beta}_1 x_{i1} - \hat{\beta}_2 x_{i2} \right) x_{i2} = 0 \end{cases} \tag{4.76}$$

式中，

$$\rho'(\varsigma) = \begin{cases} \varsigma, & |\varsigma| \leqslant \kappa \\ \kappa \mathrm{sgn}(\varsigma), & |\varsigma| > \kappa \end{cases} \tag{4.77}$$

式(4.77)为非线性方程，需在 4.2.3 节的基础上使用极大似然估计计算得出的回归参数作为迭代初始值 $\hat{\beta}_0$，然后采用迭代方法求解，这里使用 IRLS 求解，流程如图 4.40 所示。

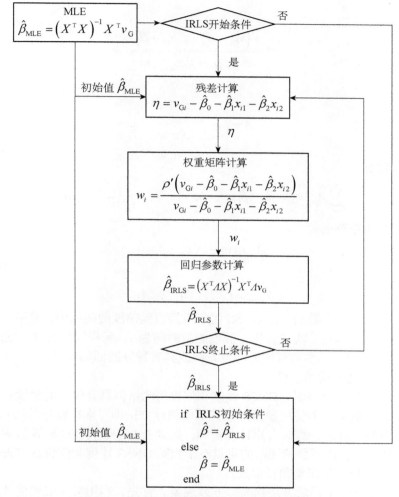

图 4.40 GNSS 天线速度鲁棒回归算法流程图

改写方程(4.76)为方程(4.78)：

$$
\begin{cases}
\dfrac{\partial J_H}{\partial \beta_0} = \displaystyle\sum_{i=1}^{n} \dfrac{\rho'\left(v_{Gi} - \hat{\beta}_0 - \hat{\beta}_1 x_{i1} - \hat{\beta}_2 x_{i2}\right)}{v_{Gi} - \hat{\beta}_0 - \hat{\beta}_1 x_{i1} - \hat{\beta}_2 x_{i2}}\left(v_{Gi} - \hat{\beta}_0 - \hat{\beta}_1 x_{i1} - \hat{\beta}_2 x_{i2}\right) = 0 \\[4mm]
\dfrac{\partial J_H}{\partial \beta_1} = \displaystyle\sum_{i=1}^{n} \dfrac{\rho'\left(v_{Gi} - \hat{\beta}_0 - \hat{\beta}_1 x_{i1} - \hat{\beta}_2 x_{i2}\right)}{v_{Gi} - \hat{\beta}_0 - \hat{\beta}_1 x_{i1} - \hat{\beta}_2 x_{i2}}\left(v_{Gi} - \hat{\beta}_0 - \hat{\beta}_1 x_{i1} - \hat{\beta}_2 x_{i2}\right)x_{i1} = 0 \\[4mm]
\dfrac{\partial J_H}{\partial \beta_2} = \displaystyle\sum_{i=1}^{n} \dfrac{\rho'\left(v_{Gi} - \hat{\beta}_0 - \hat{\beta}_1 x_{i1} - \hat{\beta}_2 x_{i2}\right)}{v_{Gi} - \hat{\beta}_0 - \hat{\beta}_1 x_{i1} - \hat{\beta}_2 x_{i2}}\left(v_{Gi} - \hat{\beta}_0 - \hat{\beta}_1 x_{i1} - \hat{\beta}_2 x_{i2}\right)x_{i2} = 0
\end{cases}
\tag{4.78}
$$

并令

$$\varLambda = \frac{\rho'\left(v_{Gi} - \hat{\beta}_0 - \hat{\beta}_1 x_{i1} - \hat{\beta}_2 x_{i2}\right)}{v_{Gi} - \hat{\beta}_0 - \hat{\beta}_1 x_{i1} - \hat{\beta}_2 x_{i2}} \tag{4.79}$$

则有

$$\varLambda = \begin{cases} 1, & |\varsigma| \leqslant \kappa \\ \dfrac{\kappa}{\varsigma}, & |\varsigma| > \kappa \end{cases} \tag{4.80}$$

整理后改写为

$$\sum_{i=1}^{n} \varLambda_{i0}\left(v_{Gi} - \hat{\beta}_0 - \hat{\beta}_1 x_{i1} - \hat{\beta}_2 x_{i2}\right) x_{ij} = 0, \quad j = 0, 1, \cdots, k \tag{4.81}$$

进一步改写为矩阵形式

$$X^{\mathrm{T}} \varLambda (v_G - X \hat{\beta}_{\mathrm{Recur}}) = 0 \tag{4.82}$$

最终得到回归参数估计值

$$\hat{\beta}_{\mathrm{Recur}} = \left(X^{\mathrm{T}} \varLambda X\right)^{-1} X^{\mathrm{T}} \varLambda v_G \tag{4.83}$$

解算得到回归参数后，在 GNSS 接收机接收到速度的间隔中，使用内插值得到间隔中的速度信息。实验表明，假设当前时间为 t，采样间隔为 T，则$[t-3T, t-2T]$时间区间内回归参数对速度和位置曲线具有较好的回归效果。

3)IRLS 算法的起始条件

在 GNSS 信号良好时，GNSS 速度和位置的测量值具有较高的精度且很少出现异常点，此时只需要使用普通的极大似然估计方法即可求得较好的回归参数，可避免在进行 IRLS 计算时占用计算资源，因此有必要设计 IRLS 算法的起始条件。判断是否需要进行鲁棒回归的难点在于判断 GNSS 速度和位置在过去一段时间内是否存在异方差现象和异常点。

采用 Spearman 检验方法判断异方差现象。首先，利用极大似然估计方法得到的回归参数计算速度采样点的残差 ς_i；然后对残差 ς_i 取绝对值，并将其递增排序，然后根据式(4.84)计算等级相关系数：

$$r_s = 1 - \frac{6}{n\left(n^2 - 1\right)} \sum_{i=1}^{n} s_i^2 \tag{4.84}$$

式中，n 为所使用到的速度和位置点的个数；s_i 为 t_i 和$|\varsigma_i|$对应的等级差。

最后，对所计算的等级相关系数进行 t 检验。t 检验时使用的统计量为

$$\upsilon = \frac{\sqrt{n-2} r_s}{\sqrt{1 - r_s^2}} \tag{4.85}$$

若$|\upsilon| \leqslant t_{\alpha/2}(n-2)$，则不存在异方差现象。异方差检验是对一段速度和位置测

量值进行的统计检验，当少数个点为异常值时，该方法可能会漏检，因此同时对某个或某两个异常点进行判断。对 GNSS 速度和位置的一段时间测量值做极大似然回归估计后，分析其残差以确认是否为异常点。

当 GNSS 位置与速度均为正常值时，经过回归估计后，其残差应满足高斯分布，即其残差落在 $[-3\sigma, 3\sigma]$ 的概率为 99.7%。因此可根据该原则判断 GNSS 速度和位置测量中是否存在异常点。假设每个点的残差为 ς_i，则残差的均值为

$$\bar{\varsigma} = \frac{1}{n} \sum_{i=1}^{n} \varsigma_i \tag{4.86}$$

残差标准差为

$$\sigma = \sqrt{\sum_{i=1}^{n} \frac{\left(\varsigma_i - \bar{\varsigma}\right)^2}{n-1}} \tag{4.87}$$

速度残差的残差为

$$\varsigma_{\varsigma_i} = \varsigma_i - \bar{\varsigma} \tag{4.88}$$

然后通过判断 ς_{ς_i} 是否属于 $[-3\sigma, 3\sigma]$ 即可粗判 GNSS 速度和位置中是否存在异常点，当存在异常点时，即开始 IRLS 算法。

4)实验效果

当车辆低动态行驶，即无连续快速加减速和连续紧急转向时，车辆行驶的速度曲线可通过二次多项式利用 Huber-M 估计的鲁棒方法进行回归。当车辆高动态行驶时，速度曲线出现较多的拐点，二次多项式拟合速度曲线残差较大，拟合效果不佳，需要通过更高次多项式进行拟合。下面将分别使用二次和四次多项式对 GNSS 速度曲线进行鲁棒回归以提升 GNSS 速度输出频率，并将得到的回归曲线结果与 S-Motion 测得的速度进行对比分析。

为了验证鲁棒回归算法的效果，将 GNSS 接收机速度配置为 10Hz 采样，然后在算法中将速度采样频率降至 5Hz。基于该信息通过鲁棒回归算法将速度提升至 10Hz 并与原 10Hz 速度信息对比以验证效果。通过鲁棒回归将速度采样频率从 5Hz 提升至 10Hz 的实验结果如图 4.41 所示。由图可知，通过鲁棒回归处理可将 5Hz 速度采样频率提升至 10Hz。当车辆处于低动态运行时，无论使用二次还是四次多项式回归模型，回归效果均较好；当车辆处于加速度连续改变的运动状态时，使用四次多项式的回归模型得到的速度曲线更加接近原始值，也更接近于二次多项式回归模型曲线，而 S-Motion 曲线在速度拐点处出现了明显失真，回归残差较大。从回归残差图(图 4.42)可进一步看到使用四次多项式曲线回归残差相较于二次多项式曲线回归残差分布更加集中，更加接近于正态分布。然而，使用四次多项式在鲁棒回归求解时，矩阵维数相较于使用二次多项式维数更高，计算

量稍大。因此可根据 GNSS 接收机的应用场景选择回归模型算法，对计算量与回归效果折中选择。

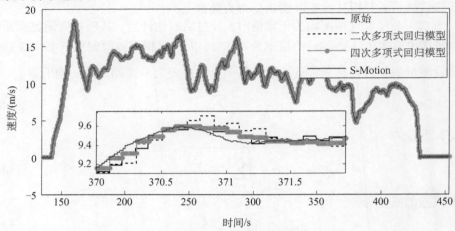

图 4.41 5Hz 速度曲线回归结果

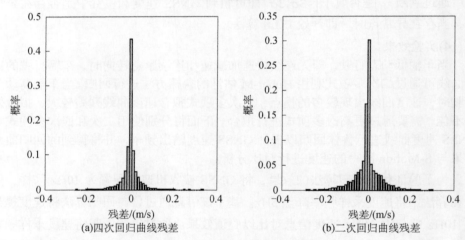

(a)四次回归曲线残差   (b)二次回归曲线残差

图 4.42 5Hz 速度曲线回归残差

    在将 GNSS 接收机接收速度的频率配置为 10Hz 的前提下，使用鲁棒回归算法将 GNSS 速度采样频率提升至 20Hz，回归结果如图 4.43 所示。相较于原始 GNSS 速度曲线，二次多项式回归模型的采样频率提升一倍，与 S-Motion 测得的速度曲线更加接近，其回归残差如图 4.44 所示。

    同样，当车辆加速度符号改变即速度曲线出现拐点时，四次回归曲线的回归效果相较于二次回归曲线更好，二次回归曲线在速度拐点处明显出现较大偏差，反映在残差曲线上即表现为残差与时间相关。从残差分布的概率图也可知，由于此工况中包含多数高动态驾驶工况，使用四次回归曲线的残差较使用二次回归曲线的残差更为集中，更加接近高斯分布。

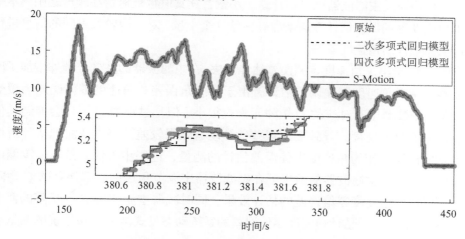

图 4.43　10Hz 速度曲线回归结果

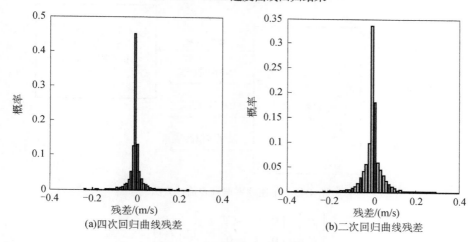

图 4.44　10Hz 速度曲线回归残差

　　至此，对 GNSS 速度进行鲁棒回归预处理即可提升 GNSS 速度原始信息采样频率，从而解决 GNSS 速度与 INS 速度采样频率相差较大的问题。在 GNSS 速度鲁棒回归预处理的基础上，可使用自适应卡尔曼滤波方法利用 GNSS 速度同时估计 INS 速度误差和姿态误差。

4.2.4　角速度零偏估计

经过初始化后，陀螺仪测得的角速度零偏误差较小，通常在 3×10^{-5}rad/s 的量级。直接通过主滤波器难以估计这个小量，其真值将被掩盖在噪声之中，本书提出角速度零偏误差估计方法来准确估计这个小量，对一段较长时间的信息进行统计从而估计出角速度零偏。

图 4.45 给出了角速度零偏误差估计方法，在主滤波器的基础上额外增加了副滤波器，用于角速度零偏误差估计。由于姿态角误差和角速度零偏误差为缓变量，在主滤波器中其对应的 Q 矩阵元素应很小，但是过小的 Q 矩阵会抑制其他状态误差的收敛速度，导致姿态误差估计动态效果较差。将主滤波器估计所得的姿态估计误差作为角速度零偏误差估计的测量，进一步可估计角速度零偏误差，可在不影响主滤波器的前提下在副滤波器中调节角速度零偏误差的 Q 矩阵元素，以保证角速度零偏误差的估计效果，同时减弱主滤波器中 Q 矩阵的调节难度。根据姿态误差估计角速度零偏误差的系统动态见式(4.89)，该系统的测量量为主滤波器中输出的姿态误差。

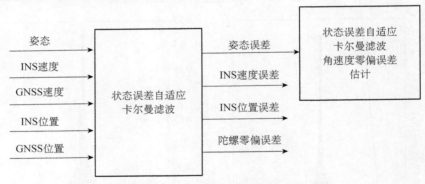

图 4.45　角速度零偏误差估计方法

$$\begin{bmatrix} \dot{\Psi} \\ \dot{\varepsilon}^b \end{bmatrix} = \begin{bmatrix} 0_{3\times3} & -C_b^n \cdot \varepsilon^b \\ 0_{3\times3} & 0_{3\times3} \end{bmatrix} + \begin{bmatrix} \eta_{6\times1} \end{bmatrix} \tag{4.89}$$

式中，η 为系统测量噪声。角速度零偏误差通常较小，但估计噪声较大，为了保证估计效果，当 GNSS 处于 RTK 条件下时，同样可按照均值处理，均值时间可根据实际效果调整。下面给出角速度零偏误差估计部分实验结果。

由于 z 轴姿态误差能观性较弱，其姿态误差角估计效果较差，影响了其零偏误差的估计效果，实验结果中不再给出 z 轴角速度零偏误差估计结果，只给出 x

和 y 轴角速度零偏误差估计结果。然而真实角速度零偏误差无法测量，所以在正常估计的基础上，人为加入已知的零偏误差项，以验证算法能否分辨出该误差项。图 4.46 给出了实验行车轨迹，车辆围绕同济大学嘉定校区主干道行驶。

图 4.46　角速度零偏误差估计实验位置轨迹

x 轴和 y 轴角速度零偏误差估计结果如图 4.47 和图 4.48 所示，其中图(a)是角速度零偏误差正常估计结果，图(b)是人为额外增加 1×10^{-4} rad/s 角速度零偏项后的估计结果。从图 4.47(a)和图 4.48(a)中可知，在 $t=337.4$ s 时，结束一段时间均值处理，最后角速度零偏误差可分别收敛至 1.75×10^{-5} rad/s 和 7×10^{-5} rad/s。在人为增加角速度零偏误差后，从图 4.47(b)和图 4.48(b)中可知，角速度零偏误差可分别收敛至 11.5×10^{-5} rad/s 和 17.2×10^{-5} rad/s，估计误差均小于 2×10^{-5} rad/s。

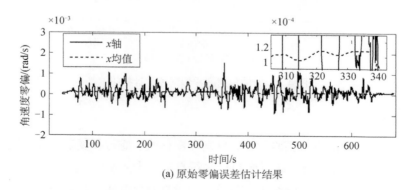

(a) 原始零偏误差估计结果

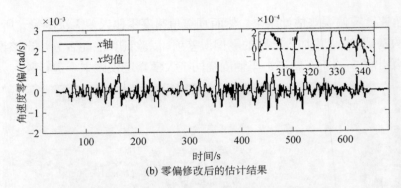

(b) 零偏修改后的估计结果

图 4.47　x 轴角速度零偏误差估计结果

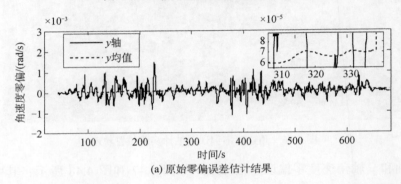

(a) 原始零偏误差估计结果

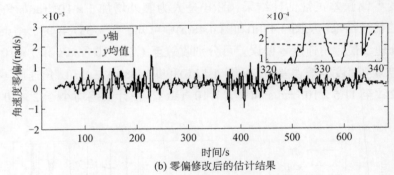

(b) 零偏修改后的估计结果

图 4.48　y 轴角速度零偏误差估计结果

4.2.5　实验结果

对本节所提算法进行实验验证，分别在双移线、蛇行和复杂行驶工况下进行了实验。实验结果中，PKF 表示多目标平行自适应卡尔曼滤波算法结果；RR 表示基于鲁棒回归算法的实验结果；Yoon 表示文献[55]中基于双 GNSS 速度与多轴

IMU 融合估计纵/侧向速度和侧偏角的工作，用于与本节所提算法进行对比；S-Motion 表示 S-Motion 测得的结果，用其作为参考值。实验使用的 GNSS 接收机均以 5Hz 输出位置和速度信息。

另外，GNSS/INS 组合系统输出的速度是在导航坐标系下，为得到车身坐标系下的侧偏角，需要将 INS 估计得到东/北/天三个方向速度 v^n 通过坐标投影变换计算车身坐标系下的三个方向速度 v^b，计算方法由式(4.90)给出，进一步，即可计算侧偏角，计算公式为式(4.91)：

$$v^b = C_b^n v^n \tag{4.90}$$

$$\beta = \arctan\left(\frac{v_y}{v_x}\right) \tag{4.91}$$

式中，β 为 INS 处的车身侧偏角；v_x 和 v_y 分别为车身坐标系 INS 处的纵/侧向速度。

1. 双移线工况

双移线工况下的实验结果如图 4.49 所示。图 4.49(a)是车辆行驶轨迹，图 4.49(b)和图 4.49(c)给出了行驶过程中加速度和角速度的变化曲线，可知侧向加速度峰值超过 8m/s²，轮胎力已接近附着极限能够提供的轮胎力。航向角估计结果如图 4.49(d)所示，可知在 64s 附近，虚线表示的 GNSS 输出航向值发生了异常跳点，而本节所提出的航向角估计器可过滤该跳点的影响，估计出平滑的航向角。图 4.49(e)和图 4.49(f)分别是侧倾角和俯仰角估计结果，对二者随机选取了一段时间片段局部放大，侧倾角和俯仰角误差均小于 0.2°，从姿态结果中看到，PKF 和 RR 姿态误差估计精度相当，并且由水平姿态误差角所导致的东向和北向速度误差也几乎相同，速度误差均小于 0.2m/s，如图 4.49(g)和图 4.49(h)所示。另外，从图 4.49(g)和图 4.49(h)中可知，通过测量噪声协方差矩阵的自适应，估计所得速度误差明显较测量速度误差光滑，由图 4.49(g) 75s 附近测点可知，测量速度误差波动较大，而估计所得速度误差所受影响较小。图 4.49(i)和图 4.49(j)分别是纵向速度和纵向速度误差估计结果。与姿态估计结果类似，由于存在直接速度测量反馈，PKF 和 RR 估计方法的纵向速度估计结果相近，与 S-Motion 比较，纵向速度误差均小于 0.1m/s。图 4.49(k)和图 4.49(l)分别是侧向速度和侧向速度误差，PKF 和 RR 估计方法的侧向速度估计结果相近，与 S-Motion 比较，侧向速度误差均小于 0.1m/s，估计误差明显小于 Yoon 提出的速度估计方法。由于 GNSS 信息与 IMU 信息多速率采样问题，从图 4.49(k)中可以看到，Yoon 提出的估计方法会随着 GNSS 信息到来以 5Hz 校正状态预测值，且其估计速度时未考虑姿态角变化对于加速度测量值的影响，卡尔曼滤波中的时间更新存在较大建模误差，导致每次 GNSS 信息到来时刻进行测量更新时需要较大幅度地修正卡尔曼滤波中的预测状态，即估计结果中存在较大跳变，这种跳变对于后续控制器使用时难以接受。

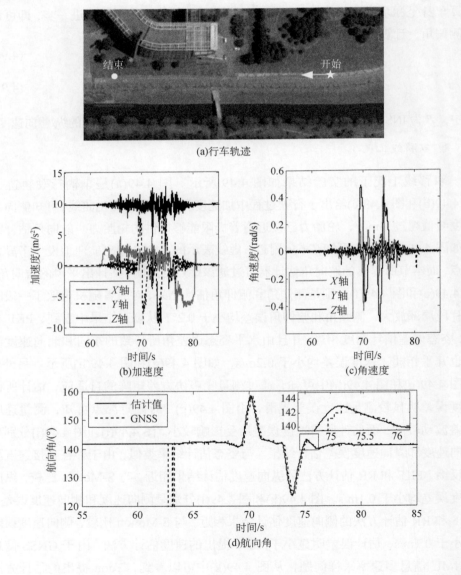

(a)行车轨迹

(b)加速度

(c)角速度

(d)航向角

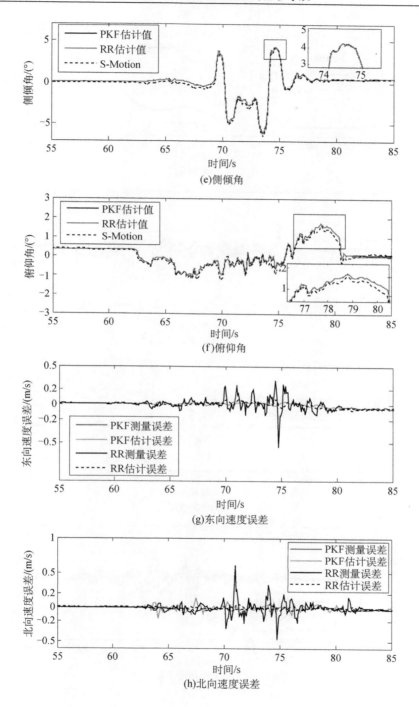

(e)侧倾角

(f)俯仰角

(g)东向速度误差

(h)北向速度误差

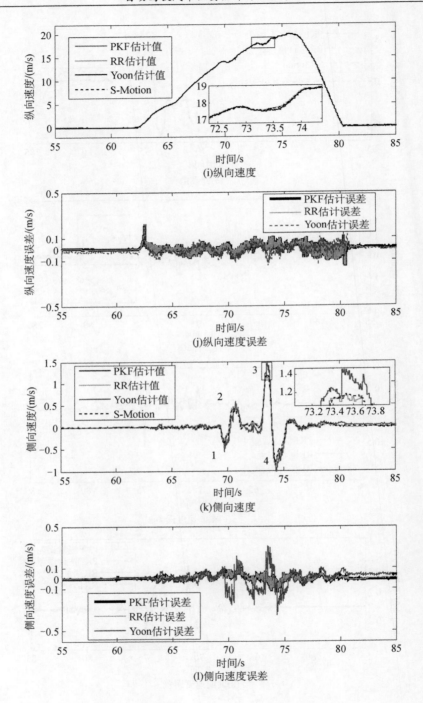

(i)纵向速度

(j)纵向速度误差

(k)侧向速度

(l)侧向速度误差

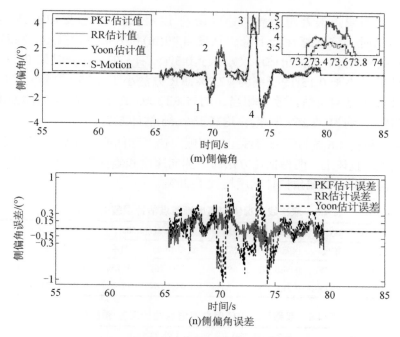

图 4.49　双移线工况估计结果

　　因为本节使用 GNSS/INS 组合系统估计车辆状态，并未使用到车辆底盘相应的传感器，而对于 GNSS/INS 组合系统而言，车辆在纵向或者侧向的运动并无本质区别，故估计所得的纵向和侧向速度绝对误差相当。不同的是，车辆在纵向的运行速度较大但在侧向运行速度较小，同样的速度误差下，纵向和侧向速度估计精度差异较大，即估计的纵向速度比侧向速度信噪比更高，因此在高速行驶时纵向速度比侧向速度估计精度更高。

　　根据式(4.91)计算侧偏角时，当纵向和侧向速度存在相同幅值的扰动 δv_x 和 δv_y 时，式(4.91)改写为式(4.92)，当纵向速度较大时，由于扰动项 δv_x 在分母上，对侧偏角误差影响较小，而侧向速度扰动项在分子上，对侧偏角误差影响较大，侧向速度误差导致的侧偏角误差 $\delta \beta$ 见式(4.93)。

$$\beta = \arctan\left(\frac{v_y + \delta v_y}{v_x + \delta v_x}\right) \tag{4.92}$$

$$\delta\beta = \arctan\left(\frac{\delta v_y}{v_x + \delta v_x}\right) \tag{4.93}$$

　　例如，假设纵向速度为 10m/s，侧向速度为 1m/s，0.1m/s 的纵向速度误差导致 0.06°的侧偏角误差，而 0.1m/s 的侧向速度误差即可导致 0.57°的侧偏误差，因此侧偏角误差对于侧向速度误差比纵向速度误差更加敏感，但当纵向速度增加时，该敏感性会下降。从图 4.49(m)和图 4.49(n)描述的侧偏角和侧偏角误差结果可知，侧偏角估计误差小于 0.3°(>1σ)，在一部分时刻 PKF 方法侧偏角估计结果小于 0.15°的概率为 77.7%，RR 方法小于 0.15°的概率为 78.46%，两种估计方法侧偏角估计效果相当，均与 RT3003 在 50km/h 下的侧偏角 0.15°精度相当(1σ，约为 68.26%概率)，均高于 Yoon 估计方法。

表 4.5 和表 4.6 统计了双移线工况下侧向速度和侧偏角 4 处峰值点处的估计误差和精度。整体上，两种估计方法对于侧向速度和侧偏角估计精度相当，峰值点处的侧向速度和侧偏角估计精度均大于 90%。

表 4.5 双移线工况侧向速度峰值点估计误差/精度统计

方法	第 1 处(69.7s)		第 2 处(70.64s)		第 3 处(73.58s)		第 4 处(74.35s)		平均精度
	误差/(m/s)	精度	误差/(m/s)	精度	误差/(m/s)	精度	误差/(m/s)	精度	
PKF	0.02(−0.4)	94.22%	0.04(0.37)	89%	−0.05(1.16)	95.8%	−0.08(−0.78)	90.4%	92.36%
RR	0.02(−0.4)	94.47%	0.03(0.37)	90.34%	−0.05(1.16)	95.6%	−0.07(−0.78)	90.6%	92.75%

表 4.6 双移线工况侧偏角峰值点估计误差/精度统计

方法	第 1 处(69.75s)		第 2 处(70.52s)		第 3 处(73.54s)		第 4 处(74.33s)		平均精度
	误差/(°)	精度	误差/(°)	精度	误差/(°)	精度	误差/(°)	精度	
PKF	0.11(−1.6)	93%	0.1(1.45)	92.79%	0.05(3.81)	98.7%	−0.30(−2.46)	87.8%	93.07%
RR	0.10(−1.6)	93.3%	0.09(1.45)	93.16%	0.05(3.81)	98.64%	−0.29(−2.46)	88.2%	93.33%

2. 蛇行工况

图 4.50 是蛇行工况估计结果，由图 4.50(b)可知，侧向加速度极限达 8m/s²，达到路面附着极限。航向角、侧倾角和俯仰角估计效果与双移线工况效果类似，俯仰角和侧倾角估计误差小于 0.2°。从图 4.50(h)北向速度误差可知，RR 方法估计得到的北向速度误差略小于 PKF 方法，表明 RR 方法水平姿态角估计精度略微高于 PKF 方法。从图 4.50(i)~图 4.50(l)表示的纵向速度和侧向速度及其误差可知，纵/侧向速度误差小于 0.1m/s(1σ)，精度高于 Yoon 方法。另外，相比于双移线工况，蛇行工况下 Yoon 方法表现较差，如图 4.50(l)所示，65~75s 和 85~95s 时段内，侧向速度误差无法收敛至零，这是因为相比于双移线工况，侧倾角在这段时间内较大，如图 4.50(e)所示，导致卡尔曼滤波时间更新存在较大误差，而 GNSS 速度频率较低，每次修正幅度又有限，造成了估计误差无法收敛的问题，而提出的 PKF 和 RR 方法均考虑了姿态角的影响，两种工况下侧向速度估计精度相当。对于侧偏角，与 S-Motion 相比较，提出的 PKF 和 RR 方法均能够较准确地估计

出侧偏角，侧偏角误差也小于 $0.3°(1\sigma)$，50km/h 下小于 $0.15°$ 的概率分别为 71.67% 和 74.22%，估计精度均高于 Yoon 估计方法。侧向速度和侧偏角 4 个峰值点的误差及其精度统计结果见表 4.7 和表 4.8，峰值点处平均估计精度大于 90%。

(a)行车轨迹

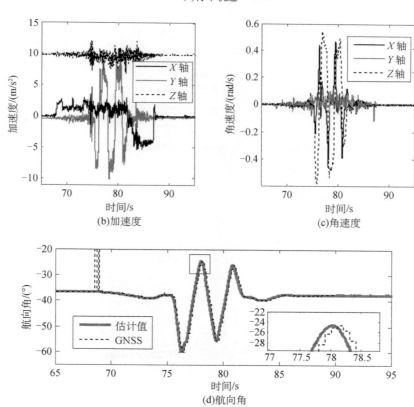

(b)加速度

(c)角速度

(d)航向角

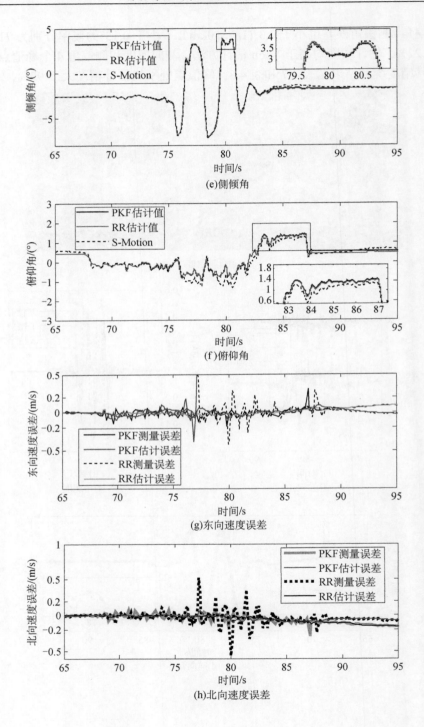

(e)侧倾角

(f)俯仰角

(g)东向速度误差

(h)北向速度误差

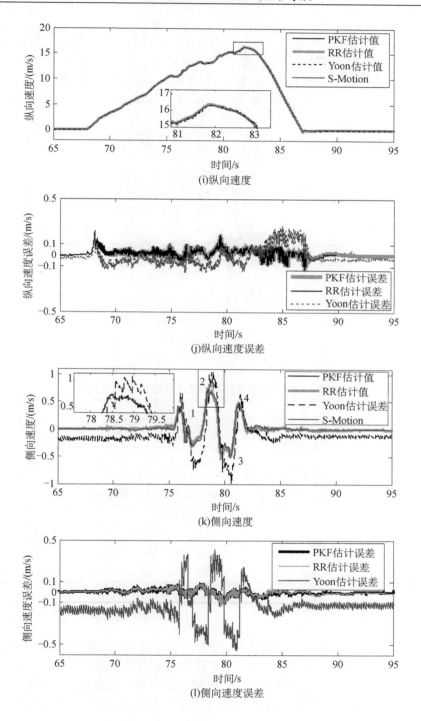

(i)纵向速度

(j)纵向速度误差

(k)侧向速度

(l)侧向速度误差

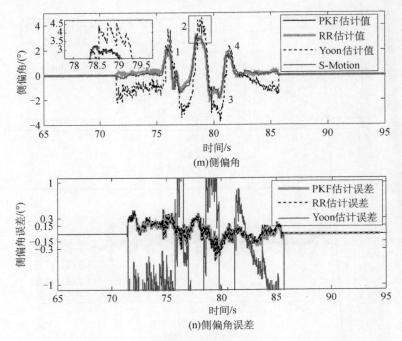

(m)侧偏角

(n)侧偏角误差

图 4.50　蛇行工况估计结果

表 4.7　蛇行工况侧向速度峰值点估计误差/精度统计

| 方法 | 第 1 处(75.93s) | | 第 2 处(78.48s) | | 第 3 处(79.71s) | | 第 4 处(81.23s) | | 平均精度 |
	误差/(m/s)	精度	误差/(m/s)	精度	误差/(m/s)	精度	误差/(m/s)	精度	
PKF	0.02(0.39)	94.9%	0.02(0.71)	97.2%	−0.05(−0.45)	88.9%	4×10^{-3}(0.44)	99.1%	95%
RR	0.02(0.39)	94.9%	0.01(0.71)	98.6%	−0.06(−0.45)	86.7%	3×10^{-3}(0.44)	99.3%	94.9%

表 4.8　蛇行工况侧偏角峰值点估计误差/精度统计

| 方法 | 第 1 处(75.93s) | | 第 2 处(78.48s) | | 第 3 处(79.71s) | | 第 4 处(81.26s) | | 平均精度 |
	误差/(°)	精度	误差/(°)	精度	误差/(°)	精度	误差/(°)	精度	
PKF	0.12(2.14)	94.4%	0.1(3.12)	97.0%	−0.2(−1.76)	88.6%	0.01(1.61)	99.4%	94.9%
RR	0.11(2.14)	94.9%	0.07(3.12)	97.8%	−0.23(−1.76)	86.9%	7×10^{-3}(1.61)	99.6%	94.8%

3. 复杂行驶工况

为了进一步验证估计算法的性能，在同济大学嘉定校区校园内进行了长时间实车测试，测试路线为校园主干道。图 4.51 是复杂行驶工况估计结果。图 4.51(a)是行车轨迹，行驶工况为正常驾驶、三段紧急转向和一次正常避障操作，极限工况和正常避障处位置已在轨迹图中标注。整个过程中的加速度和角速度如图

4.51(b)和图 4.51(c)所示，在 152~160s、226~234s 和 238~242s 三段时间范围内，极限侧向加速度均超过 8m/s²，车辆在 278~288s 时间范围内进行正常避障动作，极限侧向加速度接近 4m/s²。

(a)行车轨迹

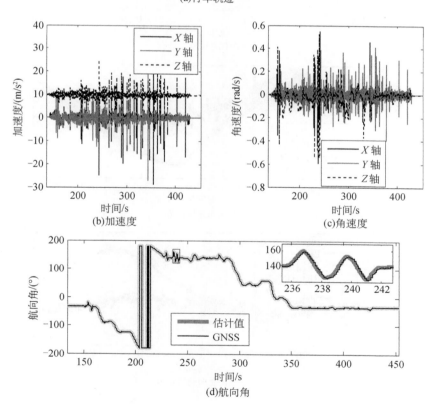

(b)加速度　　　　　　　　　　　　　(c)角速度

(d)航向角

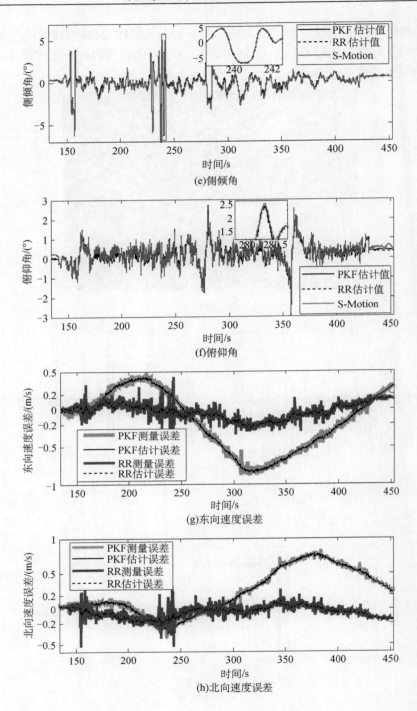

(e)侧倾角

(f)俯仰角

(g)东向速度误差

(h)北向速度误差

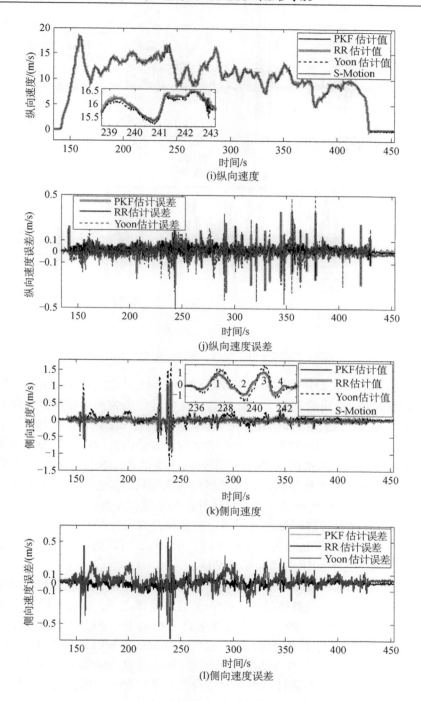

(i)纵向速度

(j)纵向速度误差

(k)侧向速度

(l)侧向速度误差

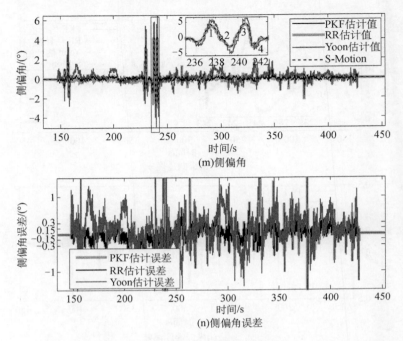

图 4.51　复杂工况估计结果

　　实验估计所得航向角能够滤除 GNSS 输出航向角中包含的异常值,可较平滑地估计出航向角。提出的 PKF 和 RR 两种方法估计所得俯仰角和侧倾角误差始终能够跟随 S-Motion 输出俯仰角和侧倾角,误差保持在 0.2°以内。另外,为了更好地说明姿态估计效果,根据图 4.38 所示的结构同时输出自适应卡尔曼滤波器 2 估计所得速度误差,其表征的是 INS2 中得到的速度误差,INS2 中只有姿态角被修正,速度和位置层均无反馈修正,速度误差的来源只有姿态误差,速度误差便可反映姿态角估计效果,两种估计方法所估计出的速度误差如图 4.51(g)和图 4.51(h)所示,基于 RR 估计方法所得东向和北向速度误差均保持在 0.2m/s 以下,而基于 PKF 方法所得的东向和北向速度误差达到了 0.7m/s,可以间接说明基于 RR 姿态角估计精度优于基于 PKF 姿态角估计精度。

　　本书提出的 PKF 和 RR 方法在整个过程中估计所得纵向速度和侧向速度误差小于 0.1m/s(1σ),误差曲线处于±0.1m/s 的误差带之间,这两种估计方法所得的侧偏角估计误差小于 0.3°(1σ),当速度达到 50km/h 时,PKF 方法和 RR 方法所得的侧偏角估计误差小于 0.15°的概率分别为 61.36%和 60.15%,略低于 RT3003的 68.26%。本书提出的两种方法的纵向速度、侧向速度和侧偏角估计效果均好于Yoon 方法,Yoon 方法在估计过程中对车身姿态依赖严重,因此当车身姿态角变化较大时,其估计出的纵向速度和侧向速度效果不佳。

本节同时统计了 4 个点的侧向速度峰值和侧偏角峰值的估计误差和精度，其结果见表 4.9 和表 4.10，提出的 RR 和 PKF 方法的侧向速度和侧偏角估计精度均高于 90%。

表 4.9　复杂行驶工况侧向速度峰值点估计误差/精度统计

方法	第 1 处(237.6s)		第 2 处(239.3s)		第 3 处(240.7s)		第 4 处(241.4s)		平均精度
	误差/(m/s)	精度	误差/(m/s)	精度	误差/(m/s)	精度	误差/(m/s)	精度	
PKF	8×10^{-3}(1.05)	99.2%	−0.04(−0.79)	94.9%	−0.06(1.18)	94.9%	−0.08(−0.76)	89.5%	94.6%
RR	4×10^{-3}(1.05)	99.6%	−0.04(−0.79)	94.9%	−0.06(1.18)	94.9%	−0.09(−0.76)	88.2%	94.4%

表 4.10　复杂行驶工况侧偏角峰值点估计误差/精度统计

方法	第 1 处(237.6s)		第 2 处(239.3s)		第 3 处(240.7s)		第 4 处(241.4s)		平均精度
	误差/(°)	精度	误差/(°)	精度	误差/(°)	精度	误差/(°)	精度	
PKF	0.06(4.13)	98.6%	−0.18(−2.75)	93.5%	−0.23(4.37)	94.7%	−0.28(−2.66)	89.5%	94.1%
RR	0.05	98.8%	−0.17	93.8%	−0.23	94.7%	−0.29	89.1%	94.1%

4.3　低速电动汽车航向角估计

在 4.2.1 节中介绍的 GNSS/INS 组合方法中，航向角通常与俯仰角、侧倾角、速度和位置等状态一同在惯性导航系统 INS 中被解算，然后通过一个滤波器估计 INS 的误差，从而对惯性导航的误差进行修正[3]。当车辆正常行驶时，由 GNSS/INS 组合系统的误差状态方程可知，航向角误差在一些工况下并不完全能观，航向角误差只有在载体满足一定水平加速度激励的条件下才可以被准确估计，进而使用该误差对惯性导航中的航向角进行修正[132]。但对低速智能电动汽车而言，车辆本身无法提供较大的加速度激励，在常用的 GNSS/INS 组合架构下，航向角误差的能观性较差，从而导致航向角的精度难以保证。本节利用智能汽车搭载的 GNSS 和 IMU 传感器设计了航向角估计器，基于自适应卡尔曼滤波器设计了双天线 GNSS/IMU 松耦合组合的航向角估计器。针对 GNSS 信号质量时变问题，使用残差自适应卡尔曼滤波算法对航向角误差进行了估计。在不同 GNSS 信号条件下进行的多组实车实验验证了该航向角估计方法。

4.3.1　基于 GNSS/IMU 组合的航向角估计

受 GNSS/INS 组合方式启发，本研究提出了 GNSS/IMU 组合的航向角估计方法。该方法架构如图 4.52 所示，主要包含 3 个模块：GNSS 航向角接收模块，基于 IMU 的航向角积分模块，二者的误差通过一个 RAE 自适应卡尔曼滤波模块进行滤波处理，滤波后的航向误差经过反馈作用于基于 IMU 的航向角积分模块。

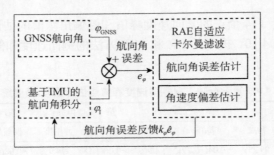

图 4.52　航向角估计方法架构

图 4.52 中，φ_{GNSS} 为 GNSS 接收机输出航向角，φ_{I} 为 IMU 积分所得航向角，e_φ 为航向角估计误差，k_φ 为反馈系数。

1. 基于 IMU 的航向积分方法

基于 IMU 的航向角积分方法由式(4.94)给出

$$\varphi_k = \varphi_{k-1} + d_{\varphi_k} + k_{\varphi_k} e_{\varphi_k} + b_{\varphi_k} \cdot \mathrm{d}t \tag{4.94}$$

式中，下标 k 为 k 时刻，$k-1$ 为 $k-1$ 时刻；φ_{k-1} 为航向值；d_{φ_k} 为 k 时刻横摆角速度增量，从 IMU 直接获取；e_{φ_k} 由航向角误差估计模块估计；b_{φ_k} 为角速度零偏，由静止时 IMU 输出的角速度获取；$\mathrm{d}t$ 为 IMU 采样时间。

2. 航向角误差估计方法

1)航向误差估计测量模型

假设 IMU 积分得到的航向角和 GNSS 接收机输出的航向角满足式(4.95)与式(4.96)所示的关系：

$$\varphi_{\text{I}} = \varphi_{\text{r}} + e_\varphi + w_{\text{I}} \tag{4.95}$$

$$\varphi_{\text{GNSS}} = \varphi_{\text{r}} + w_{\text{GNSS}} \tag{4.96}$$

式中，φ_{r} 为真实航向角；w_{I} 和 w_{GNSS} 分别为积分所得航向和 GNSS 接收机输出航向的高斯白噪声。

将式(4.95)与式(4.96)作差可得航向角误差的测量方程：

$$e_\varphi = \varphi_{\text{I}} - \varphi_{\text{GNSS}} + \eta \tag{4.97}$$

式中，η 为高斯白噪声 $\eta = w_{\text{I}} - w_{\text{GNSS}}$。

2)航向误差估计过程模型

航向角误差估计的动态为

$$\begin{cases} \dot{e}_{\varphi_k} = b_{\varphi_k} + w_1 \\ \dot{b}_{\varphi_k} = w_2 \end{cases} \tag{4.98}$$

式中，w_1 和 w_2 分别为航向角误差动态和零偏的白噪声。进一步将连续方程改写为离散方程可得

$$
\begin{bmatrix} e_{\varphi_k} \\ b_{\varphi_k} \end{bmatrix} = \begin{bmatrix} 1 & \Delta t \\ 0 & 1 \end{bmatrix} \begin{bmatrix} e_{\varphi_{k-1}} \\ b_{\varphi_{k-1}} \end{bmatrix} + \begin{bmatrix} w_1 \\ w_2 \end{bmatrix} \tag{4.99}
$$

基于式(4.98)和式(4.99)所描述的系统，即可通过卡尔曼滤波算法对航向角误差进行估计，然后即可根据 4.2.2 节中的卡尔曼滤波算法对航向角误差进行估计。

4.3.2　航向角误差反馈策略

由于 GNSS 信号易受外界环境干扰，如遮挡、多路径效应等，造成航向角测量中出现异常值，经过异常值进行量测更新后，即使测量噪声协方差矩阵已经进行了自适应处理，估计所得的航向角误差也不应再反馈至基于 IMU 的积分算法中，需要对这种异常情况设计策略对航向角误差反馈加以约束，如图 4.53 所示。当标志位 $F_\psi = 1$ 时，反馈的航向角误差为 0。

图 4.53 中，下标 GNSS 表示对应 GNSS 接收机的变量，变量下标 T 表示相应变量的阈值，$E(\ )$ 和 $\mathrm{Var}(\ )$ 分别表示变量的期望和方差，下标 E 和 V 分别表示期望和方差，$R_{\mathrm{RMS\_Lati}}$ 和 $R_{\mathrm{RMS\_Longi}}$ 分别表示 GNSS 接收机输出的纬度和经度的均方差误差，P_{PDOP} 表示几何精度因子。

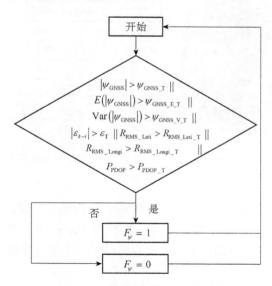

图 4.53　航向角误差反馈策略

4.3.3　实验结果

为了对提出的算法进行验证，进行离线和在线实验验证。离线实验是通过数据采集设备采集实车实验数据，然后使用 MATLAB/Simulink 运算平台对算法验证。在线实验是通过嵌入式处理器在线接收 IMU 和 GNSS 信息，在处理器中对算法在线实时验证。

1.　实验平台介绍

实验平台车为一台智能电动清扫车，如图 4.54 所示。该车作业最大车速为 5km/h。离线实验测试平台如图 4.55 所示。华测公司的 P2 组合导航产品测得的航向角作为参考值，Trimble BD982 GNSS 接收机用于提供测量航向角，ADIS16490 提供横摆角速度增量和横摆角速度信息，三者的串口信息通过 STM32F103 单片机转为 CAN 信号通过一台 NI CompactRIO 9082 数据采集设备采集，数据采集程序基于 LabView 2013 搭建，实车实验采集的数据在 MATLAB/Simulink 中经过本节提出的算法对航向角进行估计。

图 4.54　实验平台车——
低速智能电动清扫车

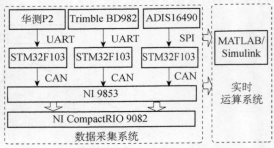

图 4.55　离线实验平台

在线实验验证平台如图 4.56 所示，使用一块内核为 DSP28335 的工业级嵌入式控制器作为算法运算平台，控制器运行周期为 10ms。由于控制器在线数据采集变量个数受限于控制器资源，故只展示主要结果，更多算法细节在离线实验结果中展示。

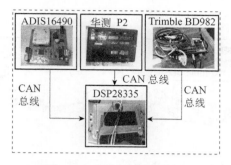

图 4.56　在线实验验证平台

2. 实验结果与讨论

1)离线实验结果

离线实验结果如图 4.57 和表 4.11 所示。

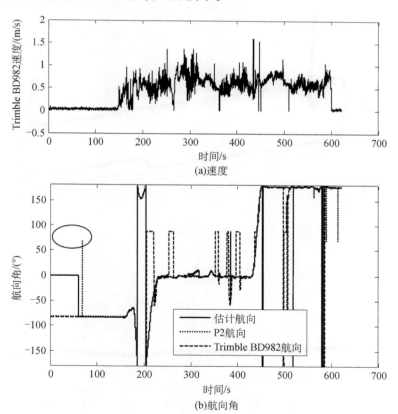

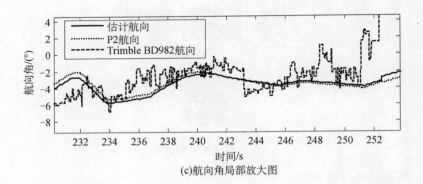

(c)航向角局部放大图

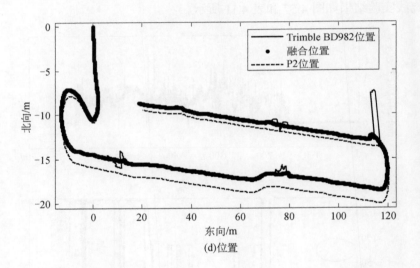

(d)位置

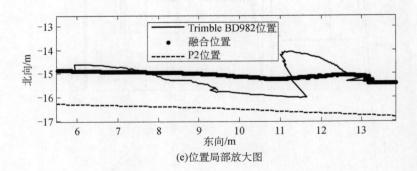

(e)位置局部放大图

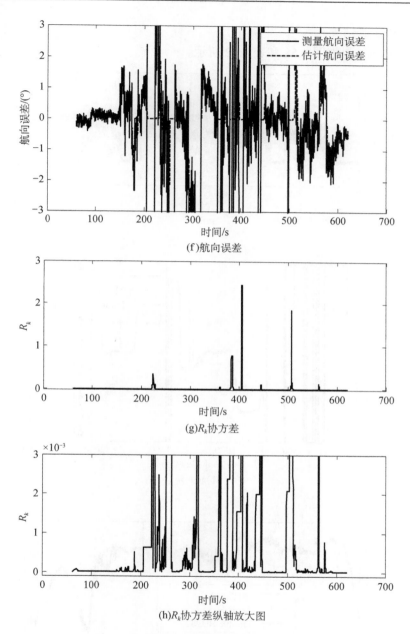

(f)航向误差

(g)R_k协方差

(h)R_k协方差纵轴放大图

图 4.57　离线实验结果

表 4.11　离线实验误差

指标	平均误差	误差均方差	最大误差
误差/(°)	0.035	0.57	2.74

2)在线实验结果

在线实验结果如图 4.58 和表 4.12 所示。

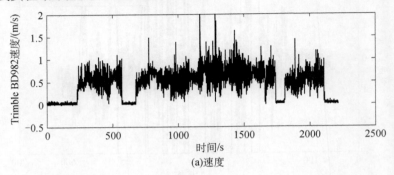

(a)速度

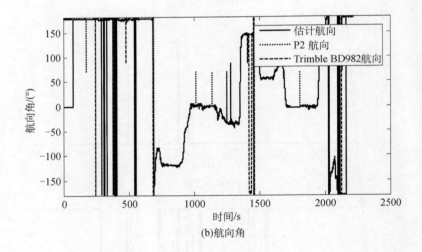

(b)航向角

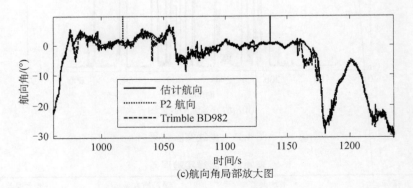

(c)航向角局部放大图

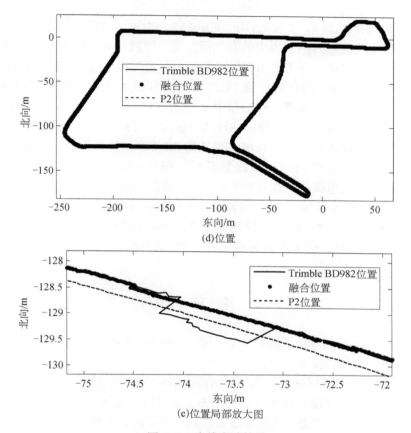

(d)位置

(e)位置局部放大图

图 4.58　在线实验结果

表 4.12　在线实验误差

指标	平均误差	误差均方差	最大误差
误差/(°)	0.195	0.425	2.61

3)讨论与分析

图 4.57 和图 4.58 分别给出了离线和在线实验结果。由于离线仿真软件设置的计算精度与在线控制器相同，两种实验结果也基本相同，在离线实验中额外给出了测量协方差自适应结果。实验过程中，车辆行驶速度在 1.5m/s 以下。Trimble BD982 GNSS 接收机直接输出的航向角噪声较大，由图 4.57(b)、图 4.57(c)、图 4.58(b)和图 4.58(c)可以看到，航向角误差经过自适应卡尔曼滤波后噪声明显被削弱。由图 4.57(c)可以看出，估计所得的航向角误差被用于修正航向角的累积误差，由航向角局部放大图可以看到，修正后航向角相比Trimble BD982 更加平滑。图 4.57(b)中圈出的和图 4.58(b)中的 GNSS 测量航向异

常值也可经过算法滤除。从图 4.57(g)和图 4.57(h)中也可看到,自适应卡尔曼滤波中的协方差矩阵可随着测量噪声的变化而改变,以减弱时变噪声对算法的影响。在实际应用中,将估计所得航向应用于车辆组合定位中,通过航向将车速分解至导航坐标系,进一步积分得到位置,如图 4.57(d)和图 4.58(d)。当 GNSS 接收机输出位置产生异常点时,如图 4.57(e)和图 4.58(e)所示,位置反馈被切断,位置由积分算法推算得到。可以看到,使用估计所得航向进行推算得到的位置能够避免跳点,平滑度过 GNSS 信号异常区域,与华测 P2 推算所得位置较为接近。

总体上,由图 4.57 与图 4.58 以及表 4.11 和表 4.12 可以看出,航向角平均误差小于 0.2°,航向角误差均方差小于 0.6°,最大误差小于 3°。误差较大的点出现在 GNSS 信号异常区域,由于华测 P2 中所使用的 GNSS 接收机为 NovAtel OEM718D 板卡,而此工作中所使用的是 Trimble BD982,二者的差异可能也会导致航向产生误差,在未来的研究中将更换 GNSS 接收机对该航向估计算法进行进一步验证。

4.4 本 章 小 结

本章在 GNSS 信号正常的条件下,基于 GNSS 和 IMU 信息,设计了自动驾驶汽车姿态、速度和位置估计方法。

由于 GNSS 信息相对于 IMU 信息存在采样迟滞和空间位置不匹配现象,针对 GNSS 采样迟滞问题,基于直接状态法,应用估计预测一体化迟滞补偿算法,先估计过去时刻车辆状态,再根据过去时刻与当前时刻车辆的状态耦合关系,预测得到车辆当前状态信息。针对 GNSS 采样频率较低,相邻两个 GNSS 采样周期会造成误差累积的问题,设计了反向平滑与灰色预测融合的误差估计算法,对没有 GNSS 校正时刻的状态估计结果进行误差补偿,有效地减小了相邻两个 GNSS 采样时刻质心侧偏角的估计误差。

基于误差状态法,设计了 GNSS/INS 组合系统算法架构,并介绍了 11 维惯导误差状态方程和 4 维误差测量方程。11 维惯导误差状态包括速度、姿态、角速度零偏和经/纬度误差,4 维误差测量包括东/北向速度误差和经/纬度位置误差。通过 GNSS(5Hz)/INS(100Hz)组合系统,基于 Sage-Husa 测量新息自适应卡尔曼滤波算法估计速度和位置误差,进而反馈至 INS 中对其相应误差进行反馈修正。然而,GNSS/INS 多速率采样问题对姿态误差估计影响较大。针对该问题,提出两种姿态误差估计方法:基于多目标平行自适应卡尔曼滤波算法架构,使用一段时间速度和位置累积误差估计姿态误差;基于 Huber-M 估计的鲁棒回归算法对 GNSS 速度进行回归分析,提升 GNSS 速度频率,从而对姿态误差估计。针对车辆正常行驶水平激励不足时航向角误差能观性弱导致其估计精度较低的问题,提出基于 GNSS/IMU 松耦合的航向角估计方法,基于自适应卡尔曼滤波算法设计了航向角误差估计器,利用估计所得航向角误差对积分方法估计航向角累积误差进行了反馈修正,保证了航向角估计精度。

在 GNSS 信号正常的条件下,根据研究成果总结了自动驾驶汽车位姿估计与组合导航方法,然而这些估计方法存在一定的局限性:当车辆水平激励不足时,航向角误差的能观性不佳导致其估计精度有限。本章使用了双天线 GNSS 输出的航向信息加以辅助以提升航向角估计精度,然而在实际使用中,在这种工况下,基于车辆动力学的车辆速度估计精度较高,因此可进一步可考虑车辆动力学信息。另外,在误差状态法中,对于低成本的 IMU,其加速度零偏稳定性较差,可考虑将加速度零偏误差也纳入状态方法中,以进一步研究算法在一些低成本的 IMU 上的应用。

参 考 文 献

［1］ Karlsson R, Gustafsson F. The future of automotive localization algorithms: Available, reliable, and scalable localization: Anywhere and anytime. IEEE Signal Processing Magazine, 2017, 34(2): 60-69.

［2］ 余卓平, 高晓杰. 车辆行驶过程中的状态估计问题综述. 机械工程学报, 2009, 45(5): 20-33.

［3］ 秦永元. 惯性导航. 北京: 科学出版社, 2014.

［4］ Wan G W, Yang X L, Cai R L, et al. Robust and precise vehicle localization based on multi-sensor fusion in diverse city scenes. IEEE International Conference on Robotics and Automation (ICRA), Brisbane, 2018: 4670-4677.

［5］ 高翔, 张涛. 视觉 SLAM 十四讲: 从理论到实践. 北京: 电子工业出版社, 2017.

［6］ Zhang J, Singh S. LOAM: Lidar odometry and mapping in real-time. Robo-tics Science and Systems Conference, Berkeley, 2014.

［7］ Yoon J H, Peng H. Robust vehicle sideslip angle estimation through a distur-bance rejection filter that integrates a magnetometer with GPS. IEEE Transactions on Intelligent Transportation Systems, 2014, 15(1): 191-204.

［8］ Wang T. Heading attitude drifts controlled by the angular accelerations instead of using magnetometers. IEEE International Conference on Mechatronics and Automa-tion (ICMA), Changchun, 2018: 563-567.

［9］ Ahmed H, Tahir M. Accurate attitude estimation of a moving land vehicle using low-cost MEMS IMU sensors. IEEE Transactions on Intelligent Transportation Systems, 2017, 18(7): 1723-1739.

［10］ Javed M A, Tahir M, Ali K. Cascaded Kalman filtering-based attitude and gyro bias estimation with efficient compensation of external accelerations. IEEE Access, 2020, 8: 50022-50035.

［11］ Makni A, Fourati H, Kibangou A Y. Energy-aware adaptive attitude estima-tion under external acceleration for pedestrian navigation. IEEE/ASME Transactions on Mechatronics, 2016, 21(3): 1366-1375.

［12］ Weber D, Gühmann C, Seel T. Neural networks versus conventional filters for inertial-sensor-based attitude estimation. 2020 IEEE 23rd International Conference on Information Fusion (FUSION), Rustenburg, 2020: 1-8.

［13］ Deng Z H, Wang J W, Liang X Y, et al. A coupling method of geomagnetic aided inertial attitude errors. IEEE Sensors Journal, 2020, 20(23): 14282-14289.

［14］ Zhu R, Sun D, Zhou Z Y, et al. A linear fusion algorithm for attitude determination using low cost MEMS-based sensors. Measurement, 2007, 40(3): 322-328.

[15] Shi G, Li X S, Jiang Z F. An improved yaw estimation algorithm for land vehicles using MARG sensors. Sensors, 2018, 18(10): 3251.

[16] Roh M S, Kang B S. Dynamic accuracy improvement of a MEMS AHRS for small UAVs. International Journal of Precision Engineering and Manufacturing, 2018, 19(10): 1457-1466.

[17] Vlastos P, Elkaim G, Curry R. Low-cost validation for complementary filter-based AHRS. IEEE/ION Position, Location and Navigation Symposium (PLANS), Portland, 2020: 1444-1451.

[18] Odry Á, Kecskes I, Sarcevic P, et al. A novel fuzzy-adaptive extended Kalman filter for real-time attitude estimation of mobile robots. Sensors, 2020, 20(3): 803.

[19] Fazelinia M, Ebadollahi S, Dian F J, et al. Augmented state approach for simultaneous estimation of sensor biases in attitude determination system. 2019 IEEE 10th Annual Information Technology, Electronics and Mobile Communication Conference (IEMCON), Vancouver, 2019: 303-309.

[20] Xia X, Xiong L, Liu W, et al. Automated vehicle attitude and lateral velocity estimation using a 6-D IMU aided by vehicle dynamics. 2018 IEEE Intelligent Vehicles Symposium (IV), Changshu, 2018: 1563-1569.

[21] Xiong L, Xia X, Lu Y S, et al. IMU-based automated vehicle slip angle and attitude estimation aided by vehicle dynamics. Sensors, 2019, 19(8): 1930.

[22] Li X, Liu X Q, Shi Q. Dynamic acceleration compensation for attitude and heading reference system based on recurrent neural network. 2020 IEEE 3rd International Conference on Electronics Technology (ICET), Chengdu, 2020: 212-216.

[23] Mazhar M K, Khan M J, Bhatti A I, et al. A novel roll and pitch estimation approach for a ground vehicle stability improvement using a low cost IMU. Sensors, 2020, 20(2): 340.

[24] Xia X, Xiong L, Lu Y S, et al. Vehicle sideslip angle estimation by fusing inertial measurement unit and global navigation satellite system with heading alignment. Mechanical Systems and Signal Processing, 2021, 150: 107290.

[25] Xiong L, Xia X, Lu Y S, et al. IMU-based automated vehicle body sideslip angle and attitude estimation aided by GNSS using parallel adaptive Kalman filters. IEEE Transactions on Vehicular Technology, 2020, 69(10): 10668-10680.

[26] Corrsys-Datron Optical Sensors. https://www.kistler.com/en/product/type-2053-2055/, [2020-9-1].

[27] Oxford Technical Solutions. RT3000 Inertial and Measurement System User Manual, 2004.

[28] 齐志权, 刘昭度, 时开斌, 等. 基于汽车 ABS/ASR/ACC 集成化系统的 ABS 参考车速确定方法的研究. 汽车工程, 2003, 25(6): 617-620.

[29] Hedrick J K, Song C K, Uchanski M. Vehicle speed estimation using accelerometer and wheel speed measurements. SAE Technical Papers, 2002-01-2229.

[30] 刘国福, 张屺, 王跃科, 等. ABS 系统基于数据融合技术的车速估计方法. 仪器仪表学

报，2004，25(S1)：944-946.

[31] 褚文博，李深，江青云，等. 基于多信息融合的全轮独立电驱动车辆车速估计. 汽车工程，2011，33(11)：962-966.

[32] Klomp M, Gao Y L, Bruzelius F. Longitudinal velocity and road slope estimation in hybrid electric vehicles employing early detection of excessive wheel slip. Vehicle System Dynamics, 2014, 52(sup1)：172-188.

[33] Hwang J K, Song C. Fuzzy estimation of vehicle speed using an accelerometer and wheel sensors. International Journal of Automotive Technology, 2005, 6(4)：359-365.

[34] Neto P, Pires J N, Moreira A P. 3-D position estimation from inertial sensing: Minimizing the error from the process of double integration of accelerations. 39th Annual Conference of the IEEE Industrial Electronics Society, Vienna, 2013：4026-4031.

[35] Lotfi B, Huang L L. An approach for velocity and position estimation through acceleration measurements. Measurement, 2016, 90：242-249.

[36] Karl B. Joint wheel-slip and vehicle-motion estimation based on inertial, GPS, and wheel-speed sensors. IEEE Transactions on Control Systems Technology, 2016, 24(3)：1020-1027.

[37] Abdel-Hafez M F, Saadeddin K, Jarrah M A. Constrained low-cost GPS/INS filter with encoder bias estimation for ground vehicles applications. Mechanical Systems and Signal Processing, 2015, 58-59：285-297.

[38] Bonnabel S, Salaün E. Design and prototyping of a low-cost vehicle localiza-tion system with guaranteed convergence properties. Control Engineering Practice, 2011, 19(6)：591-601.

[39] Saadeddin K, Abdel-Hafez M F, Jarrah M A. Estimating vehicle state by GPS/IMU fusion with vehicle dynamics. Journal of Intelligent & Robotic Systems, 2014, 74(1-2)：147-172.

[40] Lahrech A, Boucher C, Noyer J C. Accurate vehicle positioning in urban areas. IEEE Instrumentation and Measurement Technology Conference, Warsaw, 2007：5.

[41] Gao S W, Liu Y H, Wang J, et al. The joint adaptive Kalman filter (JAKF) for vehicle motion state estimation. Sensors, 2016, 16(7)：1103.

[42] Lins R G, Givigi S N, Kurka P R G. Velocity estimation for autonomous vehicles based on image analysis. IEEE Transactions on Instrumentation and Measurement, 2016, 65(1)：96-103.

[43] Han J, Heo O, Park M, et al. Vehicle distance estimation using a mono-camera for FCW/AEB systems. International Journal of Automotive Technology, 2016, 17(3)：483-491.

[44] Chen C H, Lee C A, Lo C C. Vehicle localization and velocity estimation based on mobile phone sensing. IEEE Access, 2016, 4：803-817.

[45] Zhao S Y, Lin F, Peng K M, et al. Vision-aided estimation of attitude, velocity, and inertial measurement bias for UAV stabilization. Journal of Intelligent & Robotic Systems, 2016, 81(3-4)：531-549.

[46] Andersh J, Cherian A, Mettler B, et al. A vision based ensemble approach to velocity estimation for miniature rotorcraft. Autonomous Robots, 2015, 39(2)：123-138.

[47] Chung T, Yi K. Design and evaluation of side slip angle-based vehicle stability control scheme on a virtual test track. IEEE Transactions on Control Systems Technology, 2006, 14(2): 224-234.

[48] Farrelly J, Wellstead P. Estimation of vehicle lateral velocity. Proceedings of the 1996 IEEE International Conference on Control Applications, Dearborn, 1996: 552-557.

[49] Chen B C, Hsieh F C. Sideslip angle estimation using extended Kalman filter. Vehicle System Dynamics, 2008, 46(sup1): 353-364.

[50] 施树明, Lupker H, Bremmer P, 等. 基于模糊逻辑的车辆侧偏角估计方法. 汽车工程, 2005, 27(4): 426-430.

[51] Bevly D M, Ryu J, Gerdes J C. Integrating INS sensors with GPS measurements for continuous estimation of vehicle sideslip, roll, and tire cornering stiffness. IEEE Transactions on Intelligent Transportation Systems, 2006, 7(4): 483-493.

[52] Bevly D M. Global Positioning System (GPS): A low-cost velocity sensor for correcting inertial sensor errors on ground vehicles. Journal of Dynamic Systems Measurement & Control, 2004, 126(2): 255-264.

[53] Bevly D M, Gerdes J C, Wilson C. The use of GPS based velocity measurements for measurement of sideslip and wheel slip. Vehicle System Dynamics, 2002, 38(2): 127-147.

[54] Miao Z B, Zhang H T, Zhang J Z. An accurate and generic testing approach to vehicle stability parameters based on GPS and INS. Sensors, 2015, 15(12): 30469-30486.

[55] Yoon J H, Peng H E. A cost-effective sideslip estimation method using velocity measurements from two GPS receivers. IEEE Transactions on Vehicular Technology, 2014, 63(6): 2589-2599.

[56] 谢伯元, 王建强, 秦晓辉, 等. 基于车路协同的车辆状态估计方法. 汽车工程, 2014, 36(8): 968-973.

[57] Matsui T, Suganuma N, Fujiwara N. Measurement of vehicle sideslip angle using stereovision. Transactions of the Japan Society of Mechanical Engineers C, 2005, 71(711): 3202-3207.

[58] Botha T R, Els P S. Digital image correlation techniques for measuring tyre-road interface parameters: Part 1—Side-slip angle measurement on rough terrain. Journal of Terramechanics, 2015, 61: 87-100.

[59] Ko S Y, Ko J W, Lee S M, et al. Vehicle velocity estimation using effective inertia for an in-wheel electric vehicle. International Journal of Automotive Technology, 2014, 15(5): 815-821.

[60] Guo H Y, Chen H, Xu F, et al. Implementation of EKF for vehicle velocities estimation on FPGA. IEEE Transactions on Industrial Electronics, 2013, 60(9): 3823-3835.

[61] Antonov S, Fehn A, Kugi A. Unscented Kalman filter for vehicle state estima-tion. Vehicle System Dynamics, 2011, 49(9): 1497-1520.

[62] Zhao Z G, Chen H J, Yang J, et al. Estimation of the vehicle speed in the driving mode for a hybrid electric car based on an unscented Kalman filter. Proceedings of the Institution of Mechanical Engineers, Part D: Journal of Automobile Engineering, 2015, 229(4): 437-456.

[63] 赵治国, 朱强, 周良杰, 等. 分布式驱动 HEV 自适应无迹卡尔曼车速估计. 中国科学:

技术科学，2016，46(5)：481-492.

[64]　Yu H X，Duan J M，Taheri S，et al. A model predictive control approach combined unscented Kalman filter vehicle state estimation in intelligent vehicle trajectory tracking. Advances in Mechanical Engineering，2015，7(5)：1-14.

[65]　张家旭，李静. 采用自适应无迹卡尔曼滤波器的车速和路面附着系数估计. 西安交通大学学报，2016，50(3)：68-75.

[66]　Hashemi E，Kasaiezadeh A，Khosravani S，et al. Estimation of longitudinal speed robust to road conditions for ground vehicles. Vehicle System Dynamics，2016，54(8)：1120-1146.

[67]　Moaveni B，Abad M K R，Nasiri S. Vehicle longitudinal velocity estimation during the braking process using unknown input Kalman filter. Vehicle System Dynamics，2015，53(10)：1373-1392.

[68]　Wenzel T A，Burnham K J，Blundell M V，et al. Dual extended Kalman filter for vehicle state and parameter estimation. Vehicle System Dynamics，2006，44(2)：153-171.

[69]　赵林辉，刘志远，陈虹. 车速和路面附着系数的滚动时域估计. 汽车工程，2009，31(6)：520-525.

[70]　Zhao L H，Liu Z. Vehicle velocity and roll angle estimation with road and friction adaptation for four-wheel independent drive electric vehicle. Mathematical Problems in Engineering，2014，2014：1-11.

[71]　Fujii K，Fujimoto H. Traction control based on slip ratio estimation without detecting vehicle speed for electric vehicle. Power Conversion Conference，Nagoya，2007：688-693.

[72]　Imsland L，Johansen T A，Fossen T I，et al. Vehicle velocity estimation using nonlinear observers. Automatica，2006，42(12)：2091-2103.

[73]　Zhao L H，Liu Z Y，Chen H. Design of a nonlinear observer for vehicle velocity estimation and experiments. IEEE Transactions on Control Systems Technology，2011，19(3)：664-672.

[74]　Li L，Song J，Kong L，et al. Vehicle velocity estimation for real-time dynamic stability control. International Journal of Automotive Technology，2009，10(6)：675-685.

[75]　Zhang X W，Xu Y，Pan M，et al. A vehicle ABS adaptive sliding-mode control algorithm based on the vehicle velocity estimation and tyre/road friction coefficient estimations. Vehicle System Dynamics，2014，52(4)：475-503.

[76]　Magallan G A，de Angelo C H，Garcia G O. Maximization of the traction forces in a 2WD electric vehicle. IEEE Transactions on Vehicular Technology，2011，60(2)：369-380.

[77]　Canale M，Fagiano L，Novara C. A DVS-MHE approach to vehicle side-slip angle estimation. IEEE Transactions on Control Systems Technology，2014，22(5)：2048-2055.

[78]　武冬梅，丁海涛，郭孔辉. 基于线性估计模型的电动汽车质心侧偏角估计. 吉林大学学报(工学版)，2014，44(4)：901-906.

[79]　Li J，Zhang J X. Vehicle sideslip angle estimation based on hybrid Kalman filter. Mathematical Problems in Engineering，2016，2016：1-10.

[80]　Blom H A P，Bar-Shalom Y，The interacting multiple model algorithm for systems with Markovian switching coefficients. IEEE Transactions on Automatic Control，1988，33(8)：

780-783.

[81] Sun T, Guo H, Cao J Y, et al. Study on integrated control of active front steering and direct yaw moment based on vehicle lateral velocity estimation. Mathematical Problems in Engineering, 2013, 2013: 1-8.

[82] Baffet G, Charara A, Lechner D. Estimation of vehicle sideslip, tire force and wheel cornering stiffness. Control Engineering Practice, 2009, 17(11): 1255-1264.

[83] Gadola M, Chindamo D, Romano M, et al. Development and validation of a Kalman filter-based model for vehicle slip angle estimation. Vehicle System Dynamics, 2014, 52(1): 68-84.

[84] Li L, Jia G, Ran X, et al. A variable structure extended Kalman filter for vehicle sideslip angle estimation on a low friction road. Vehicle System Dynamics, 2014. 52(2): 280-308.

[85] Jia G, Li L, Gao D P. Model-based estimation for vehicle dynamics states at the limit handling. Journal of Dynamic Systems Measurement and Control, 2015, 137(10): 1-8.

[86] 朱绍中, 高晓杰, 余卓平. 极限行驶条件下车辆质心侧偏角观测器设计. 同济大学学报 (自然科学版), 2009, 37(8): 1070-1074, 1114.

[87] Gao X J, Yu Z P, Neubeck J, et al. Sideslip angle estimation based on input-output linearisation with tire-road friction adaptation. Vehicle System Dynamics, 2010, 48(2): 217-234.

[88] Hiraoka T, Kumamoto H, Nishihara O, et al. Cooperative steering system based on vehicle sideslip angle estimation from side acceleration data at percussion centers. IEEE International Vehicle Electronics Conference, Tottori, 2001: 79-84.

[89] Stephant J, Charara A, Meizel D. Virtual sensor: Application to vehicle sideslip angle and transversal forces. IEEE Transactions on Industrial Electronics, 2004, 51(2): 278-289.

[90] Stephant J, Charara A, Meizel D. Evaluation of a sliding mode observer for vehicle sideslip angle. Control Engineering Practice, 2007, 15(7): 803-812.

[91] Zhang H, Huang X Y, Wang J M, et al. Robust energy-to-peak sideslip angle estimation with applications to ground vehicles. Mechatronics, 2015, 30: 338-347.

[92] Zhang H, Zhang G G, Wang J M. Observer design for LPV systems with uncertain measurements on scheduling variables: Application to an electric ground vehicle. IEEE/ASME Transactions on Mechatronics, 2016, 21(3): 1659-1670.

[93] Delibaşı A. Fixed-order robust H_∞ estimator design for side-slip angle of vehicle. Mathematical Problems in Engineering, 2014, 2014: 1-11.

[94] You S H, Hahn J O, Lee H. New adaptive approaches to real-time estimation of vehicle sideslip angle. Control Engineering Practice, 2009, 17(12): 1367-1379.

[95] Solmaz S, Başlamışlı S Ç. Simultaneous estimation of road friction and sideslip angle based on switched multiple non-linear observers. IET Control Theory and Applications, 2012, 6(14): 2235-2247.

[96] Phanomchoeng G, Rajamani R, Piyabongkarn D. Nonlinear observer for bounded Jacobian systems, with applications to automotive slip angle estimation. IEEE Transactions on Automatic Control, 2011, 56(5): 1163-1170.

[97] Grip H F, Imsland L, Johansen T A, et al. Nonlinear vehicle side-slip estimation with friction adaptation. Automatica, 2008, 44(3): 611-622.

[98] Chen Y H, Ji Y F, Guo K H. A reduced-order nonlinear sliding mode observer for vehicle slip angle and tyre forces. Vehicle System Dynamics, 2014, 52(12): 1716-1728.

[99] Lian Y F, Zhao Y, Hu L L, et al. Cornering stiffness and sideslip angle estimation based on simplified lateral dynamic models for four-in-wheel-motor-driven electric vehicles with lateral tire force information. International Journal of Automotive Technology, 2015, 16(4): 669-683.

[100] Du H, Lam J, Cheung K C, et al. Side-slip angle estimation and stability control for a vehicle with a non-linear tyre model and a varying speed. Proceedings of the Institution of Mechanical Engineers Part D Journal of Automobile Engineering, 2015, 229(4): 486-505.

[101] Li B Y, Du H P, Li W H. A novel method for side slip angle estimation of omni-directional vehicles. SAE International Journal of Passenger Cars—Electronic and Electrical Systems, 2014, 7(2): 471-480.

[102] Li B Y, Du H P, Li W H, et al. Side-slip angle estimation based lateral dynamics control for omni-directional vehicles with optimal steering angle and traction/brake torque distribution. Mechatronics, 2015, 30: 348-362.

[103] Sasaki H, Nishimaki T. A side-slip angle estimation using neural network for a wheeled vehicle. SAE Technical Papers Series. 400 Commonwealth Drive, Warrendale. 2000: 1026-1031.

[104] Wang W, Bei S Y, Zhang L C, et al. Vehicle sideslip angle estimation based on general regression neural network. Mathematical Problems in Engineering, 2016, 2016: 1-7.

[105] Boada B L, Boada M J L, Gauchía A, et al. Sideslip angle estimator based on ANFIS for vehicle handling and stability. Journal of Mechanical Science and Technology, 2015, 29(4): 1473-1481.

[106] Boada B L, Boada M J L, Diaz V. Vehicle sideslip angle measurement based on sensor data fusion using an integrated ANFIS and an unscented Kalman Filter algorithm. Mechanical Systems and Signal Processing, 2016, 72: 832-845.

[107] Zhang B J, Du H P, Lam J, et al. A novel observer design for simultaneous estimation of vehicle steering angle and sideslip angle. IEEE Transactions on Industrial Electronics, 2016, 63(7): 4357-4366.

[108] Basset M, Zimmer C, Léon G G. Fuzzy approach to the real time longitudinal velocity estimation of a FWD car in critical situations. Vehicle System Dynamics, 1997, 27(5-6): 477-489.

[109] 高博麟, 陈慧, 谢书港, 等. 分布式电驱动车车速及路面附着系数融合估计. 汽车工程, 2016, 38(2): 216-220.

[110] 余卓平, 夏新, 熊璐, 等. 分布式驱动电动汽车纵向车速非线性自适应估计. 同济大学学报(自然科学版), 2016, 44(5): 779-786.

［111］ Katriniok A, Abel D. Adaptive EKF-based vehicle state estimation with online assessment of local observability. IEEE Transactions on Control Systems Technology, 2016, 24(4): 1368-1381.

［112］ Pi D W, Chen N, Wang J X, et al. Design and evaluation of sideslip angle observer for vehicle stability control. International Journal of Automotive Technology, 2011, 12(3): 391-399.

［113］ Cheli F, Sabbioni E, Pesce M, et al. A methodology for vehicle sideslip angle identification: comparison with experimental data. Vehicle System Dynamics, 2007, 45(6): 549-563.

［114］ Chen J, Song J, Li L, et al. UKF-based adaptive variable structure observer for vehicle sideslip with dynamic correction. IET Control Theory & Applications, 2016, 10(14): 1641-1652.

［115］ Li X, Song X, Chan C. Reliable vehicle sideslip angle fusion estimation using low-cost sensors. Measurement, 2014, 51: 241-258.

［116］ Nishio A, Tozu K, Yamaguchi H, et al. Development of vehicle stability control system based on vehicle sideslip angle estimation. SAE Technical Paper Series. 400 Commonwealth Drive, Warrendale. 2001: 115-122.

［117］ Piyabongkarn D, Rajamani R, Grogg J A, et al. Development and experimental evaluation of a slip angle estimator for vehicle stability control. IEEE Transactions on Control Systems Technology, 2009, 17(1): 78-88.

［118］ Gonzales J, Zhang F, Li K, et al. Autonomous drifting with onboard sensors. International Symposium on Advanced Vehicle Control, Munich, 2016: 133.

［119］ Kaiser J, Martinelli A, Fontana F, et al. Simultaneous state initialization and gyroscope bias calibration in visual inertial aided navigation. IEEE Robotics and Automation Letters, 2017, 2(1): 18-25.

［120］ Wang Y F, Nguyen B M, Fujimoto H, et al. Multirate estimation and control of body slip angle for electric vehicles based on onboard vision system. IEEE Transactions on Industrial Electronics, 2014, 61(2): 1133-1143.

［121］ Wu Z W, Yao M L, Ma H G, et al. Improving accuracy of the vehicle attitude estimation for low-cost INS/GPS integration aided by the GPS-measured course angle. IEEE Transactions on Intelligent Transportation Systems, 2013, 14(2): 553-564.

［122］ Skog I, Handel P. Time synchronization errors in loosely coupled GPS-aided inertial navigation systems. IEEE Transactions on Intelligent Transportation Systems, 2011, 12(4): 1014-1023.

［123］ Dong Y, Wang D J, Zhang L, et al. Tightly coupled GNSS/INS integration with robust sequential Kalman filter for accurate vehicular navigation. Sensors, 2020, 20(2): 561.

［124］ Wen W S, Pfeifer T, Bai X W, et al. Comparison of extended Kalman filter and factor graph optimization for GNSS/INS integrated navigation system. arXiv preprint arXiv, 2020,

2004.10572.

[125] 高社生，何鹏举，杨波. 组合导航原理及应用. 西安：西北工业大学出版社，2012.

[126] Shan T X，Englot B，Meyers D，et al. LIO-SAM：Tightly-coupled lidar inertial odometry via smoothing and mapping. IEEE/RSJ International Conference on Intelligent Robots and Systems，Las Vegas，2021：5135-5142.

[127] Gong Z，Ying R D，Wen F，et al. Tightly coupled integration of GNSS and vision SLAM using 10-DoF optimization on manifold. IEEE Sensors Journal，2019，19(24)：12105-12117.

[128] Ilci V，Toth C. High definition 3D map creation using GNSS/IMU/LiDAR sensor integration to support autonomous vehicle navigation. Sensors，2020，20(3)：899.

[129] Wang L，Zhang Y H，Wang J. Map-based localization method for autonomous vehicles using 3D-LiDAR. IFAC-PapersOnLine，2017，50(1)：276-281.

[130] Aldibaja M，Suganuma N，Yoneda K. Robust intensity-based localization method for autonomous driving on snow-wet road surface. IEEE Transactions on Industrial Informatics，2017，13(5)：2369-2378.

[131] 丁继成，吴谋炎，赵琳，等. 基于嵌入式平台的 GNSS/INS 组合导航时间同步方法研究. 遥测遥控，2016，37(3)：15-22.

[132] Hong S，Lee M H，Chun H H，et al. Observability of error states in GPS/INS integration. IEEE Transactions on Vehicular Technology，2005，54(2)：731-743.

[133] Goshen-Meskin D，Bar-Itzhack I Y. Observability analysis of piece-wise constant systems. I. Theory. IEEE Transactions on Aerospace and Electronic Systems，1992，28(4)：1056-1067.

[134] Larsen T D，Andersen N A，Ravn O，et al. Incorporation of time delayed measurements in a discrete-time Kalman filter. Proceedings of the 37th IEEE Conference on Decision and Control，Tampa，1998：3972-3977.

[135] Khosravian L，Trumpf O，Mahony O. State estimation for nonlinear systems with delayed output measurements. The 54th IEEE Conference on Decision and Control，Osaka，2015：6330-6335.

[136] 金贤建，殷国栋，陈南，等. 分布式驱动电动汽车的平方根容积卡尔曼滤波状态观测. 东南大学学报(自然科学版)，2016，46(5)：992-996.

[137] Khalil H K. Nonlinear Systems. 3rd ed. New York：Pearson Education，2002.

[138] Ding W D，Wang J L，Rizos C，et al. Improving adaptive Kalman estimation in GPS/INS integration. The Journal of Navigation，2007，60(3)：517-529.

[139] 严恭敏，翁浚. 捷联惯导算法与组合导航原理. 西安：西北工业大学出版社，2019.